被消失的中國史一

藩鎮割據到靖康之難

白逸琦◎著

故事，正要開始；歷史，仍在延續

「學歷史有什麼用？」

經常被人抱著不同的眼光，以不同的方式提出這樣的問題。

我通常默不作聲，或許一笑置之。

歷史還沒學好，哪能回答這樣的問題？

可是，不回答卻又不甘心！

後來，我決定說故事。

五千年的故事，好沉重！

或許我們可以這麼認為：為了證明那終究無法證明的真理，人們開始研究人們曾經作過的事，於是產生了歷史。

打打殺殺的歷史，嘗試錯誤的歷史，學習教訓的歷史，學習不到教訓的歷史，只要是人們曾經作過的事，就可以替它冠上這個沉重的名詞：「歷史」。

「人」是一種奇妙的動物，總喜歡自認爲萬物之靈，喜歡主宰，喜歡操控，喜歡打打殺殺，這些行爲說穿了，與其他動物實在沒什麼不同。有機會逛逛動物園的話，也許有幸能夠在長臂猿島與獼猴子的柵欄裡，看見類似的情形。

不久之前終於成功破解的DNA密碼告訴我們，作爲一種生物，人類與果蠅之間的差異，其實是微乎其微的。

生物學家大概不會高興吧！他們努力了幾輩子，結果只證明出，人類和所謂的「低等動物」，幾乎沒有什麼差別。

宗教家大概不會高興吧！人類是上帝的選民，是上帝照著祂自己的外型創造的，怎麼能與動物們相提並論？

財閥們大概會不高興吧！我擁有數也數不完的金錢，享受著無與倫比的物質生活，你竟然告訴我，我和一隻果蠅差不多？

政客大概會不高興吧！當他動員了無數支持的群眾，在他面前高喊著：「凍蒜、凍蒜！」的時候，他竟然必須思考，究竟他與動物園裡的猴子有什麼不同。

那麼人類究竟有什麼好驕傲的呢？

人類懂得把自己的行爲記錄下來，分析自己到底幹過什麼蠢事，以後盡量不要再犯，這大概就是人類值得驕傲的地方吧！

果蠅永遠會鑽進爛水果裡，猴子永遠是力氣最大的稱王，人類卻有機會，證明自己懂得記取教訓，懂得從前人的錯誤中學習，懂得繼承過去的文化，開拓一個比較光明的未來，而非僅靠著本能生存。

正因爲這個機會，讓人們被比喻爲「笨豬」、「死狗」，甚至「豬狗不如」的時候，會有不高興的感覺。

所以，「學歷史有什麼用？」

我的回答是：「沒什麼用，只想給自己一個驕傲的機會。」

可是，現在的我，根本驕傲不起來呀！

於是，我決定說故事。

故事，正要開始；歷史，仍在延續。

CONTENTS

目錄

被消失的中國史6：藩鎮割據到靖康之難

第一章：大唐殘局與五代十國

藩鎮、宦官與黨爭，使唐朝很難再有起色，連皇帝都無力挽回。政治上的腐敗，造成百姓生活困苦，災荒連年，沒有人能照顧他們，逼不得已之下，百姓只好起來造反。

黃巢的動亂，如同一場難以控制的暴風，橫掃全國各地，將唐朝賴以維生的江南財賦重鎮徹底破壞，一個曾經有著輝煌過去的帝國，終於瓦解。

為了平亂，再度向外族借兵，再度封賞了大量的藩鎮，這些藩鎮，互相交戰，眼中完全沒有朝廷，最後，朝廷也在他們的混戰之中趨於滅亡。

往後的五十多年，就是所謂的五代十國，那是藩鎮相互交兵的延續，軍閥割據的動亂年代。

郭子儀單騎盟回紇

就在安史之亂結束的第二年，平亂有功的大將僕固懷恩，起兵造反。

僕固懷恩也是少數民族出身的優秀將才，他的功勞，在於聯絡回紇，替唐朝搬救兵，因此他與回紇的關係不錯，平亂之後，朝廷封他爲朔方節度使河北副元帥、單于鎮北大督護，加僕射中書令，高官厚祿，十分顯赫。

河東節度使辛雲京的轄區與僕固懷恩接臨，史朝義被平定之後，僕固懷恩把碩方的兵力屯駐在河東境內，威脅到辛雲京的勢力，所以他們鬧得很不愉快，辛雲京上書控告僕固懷恩勾結回紇謀反，僕固懷恩也上書申冤。

唐代宗得到這兩封上書，左右爲難，就徵召兩人一同入朝，打算由皇帝出面，當個和事佬。他的想法太天眞了，對手握重兵的邊將而言，突如其來的入朝，象徵著兵權即將被剝奪，這是很危險的事，僕固懷恩哪肯接受？疑懼萬分之下，說什麼也不肯入朝。

唐代宗也火了，便以郭子儀擔任朔方節度使，取代僕固懷恩的地位，僕固懷恩於是反叛。郭子儀是朔方將士的老長官，待人忠厚，甚得軍心，眾將士聽說郭子儀要回來了，高高興興地迎接，都不願意跟從僕固懷恩，僕固懷恩只好領著三百騎兵，逃往朔方靈武，派人與回紇、吐蕃聯絡，欺騙他們，說唐代宗與郭子儀都被宦官魚朝恩殺害，朝廷亂成一團，要求他們聯合入關平亂。

唐代宗永泰元年，公元七六五年，僕固懷恩引誘回紇、吐蕃幾十萬大軍入寇，分路進攻，吐蕃在前，回紇在後，僕固懷恩領軍壓陣，不料行軍至中途，僕固懷恩忽然生病，暴斃而亡。進犯的各軍失去聯繫，回紇和吐蕃繼續前進，一路縱掠，兵臨涇陽（今陝西涇陽），威脅長安，朝廷上下震動，魚朝恩勸代宗再一次逃出長安，由於大臣反對，才沒有逃走。

那時候，駐守涇陽的，正是郭子儀，他的手下沒有多少兵力，一面構築防禦工事，嚴陣以待，一面偵察敵情。

根據情報得知，回紇和吐蕃兩支大軍，雖是聯軍，卻並不團結，他們在僕固懷恩利誘下進兵，僕固懷恩一死，誰也不願聽誰的指揮，兩軍各行其是。

郭子儀知道這個情況，打算採取分化敵人的辦法，從前，郭子儀也曾經率領回紇作戰，雙方關係不錯，於是他決定先拉攏回紇。

一天晚上，郭子儀派部將李光瓚悄悄來到回紇大營，拜見回紇都督藥羅葛，說道：「回紇本與大唐友好，爲何聽信奸人之計，輕啓戰端？現在守涇陽的，乃是郭令公，看在過去情面上，你們還是退兵吧！」

藥羅葛搖頭道：「郭令公還在人世？不要拿他的名號來嚇我，我不會上當的。」

「你已經上當啦，還執迷不悟！」

藥羅葛道：「如果他還在人世，爲什麼不親自前來會面？」

李光瓚道：「好，我這就去請他。」回到大營，將事情回報。

郭子儀笑道：「看這樣子，他們還記得咱們的老交情啊！既然如此，我就親自走一趟，也許能勸退他們。」

將領們認爲，讓主帥親自前去敵營，實在太過冒險，有人說道：「將軍應帶五百精銳騎兵一同前往，萬一動起手來，也有人保護。」

郭子儀道：「不行！人一多反而誤事，輕裝簡從，較爲妥當。」說著，命令兵士牽過馬來。

他的兒子郭晞上前攔住他的馬說道：「您老人家現在是國家元帥，怎麼能這樣到虎口去冒險呢。」

郭子儀道：「敵強我弱，眞的打起來，不但我們父子性命難保，國家也要遭難。我這次前去，如果談判成功，那是國家的幸運，如果有什麼三長兩短，還有你們在啊！」說著，跳上了馬，揚長而去。

郭子儀騎馬出城，向回紇陣營的方向前去，隨行兵士一面走，一面叫喊：「郭令公來了，郭令公來了！」

回紇士兵遠遠望見有幾個人騎馬過來，又隱約地聽見吆喝聲，連忙通報，藥羅葛和回紇將領們大吃一驚，連忙擺開陣勢，準備迎戰，可是仔細看看，來人不過數騎，不免有些懷疑。

郭子儀來到陣前，摘下頭盔，卸掉鎧甲，拉緊馬鞍，緩緩靠近，藥羅葛等人目不轉睛望著，異口同聲叫道：「啊，是郭令公，原來你眞的沒死！」

說著，一同翻身下馬，圍住郭子儀寒暄問候。

郭子儀上前握住藥羅葛的手，溫和地說道：「你們曾經立過大功，唐朝待你們也不錯，爲何要幫僕固懷恩叛亂？我今日來此，就爲了勸你們懸崖勒馬，單身前來，就不打算活著回去，但是我的部下會跟你們拚命的。」

藥羅葛笑道：「您別這麼說啦，僕固懷恩對我們說，皇帝和令公都已被奸臣所害，中原無主，這才前來此地。如今知道令公還在，怎會不知好歹，與您作對？」

郭子儀道：「吐蕃與大唐本是姻親，也來掠奪我們百姓財物，實在可惡！我決心要回擊他們，你們能幫我們打退吐蕃，或許我可以相信你的誠意。」

藥羅葛連連點頭道：「我們一定全力配合，將功贖罪。」

郭子儀單刀赴會，與回紇結爲同盟，歷史上稱做「郭子儀單騎盟回紇」，雙方就在陣前立下盟約，回紇還派了酋長石野那等六人，前往長安朝見唐代宗，宣示效忠。吐蕃聽說了這個情況，連忙引兵退回，郭子儀又率領回紇與唐兵追擊，將吐蕃擊敗，替朝廷雪恥。

這件事本身帶有濃厚的英雄色彩，也是國事頹弊，才會塑造這樣的英雄，郭子儀是安史之亂造就的英雄，與他齊名的李光弼、僕固懷恩，前者已經病死，後者晚節不保，落得身敗名裂，只有郭子儀功業全終，堪稱國之棟梁，多少危難局面，都是由郭子儀所挽回。

平定大亂後，郭子儀晉爵汾陽王，受封太尉，此後長期屯兵西北，抵禦吐蕃的入寇，屢次擊破強敵。每當他入朝晉見，與皇帝談起西北邊防之事，總是激動萬分，慷慨流涕，他的功勳蓋世，卻對朝廷忠心耿耿，幾次面對艱困，從不畏懼，在那樣的時代裡，郭子儀的確是個十分難得的存在。

可是，並不是每個藩鎮都像郭子儀這樣忠誠，大部分只是表面上臣服，實際上軍政自專，只求擴張自己的勢力，強化自身的武裝。

層出不窮的藩鎮叛亂

大曆十四年，公元七七九年五月，唐代宗去世，太子李适繼位，是爲唐德宗，他頗想要有一番作爲，於是與宰相楊炎合作，針對當時已經無法落實的租庸調稅制，進行改革，將全國各地人民，依照他們所擁有的田地與男丁的數目，劃分等級，制訂稅額，每年夏天與秋天繳納，稱爲「兩稅法」，讓國家的收入，略有起色。

不過在唐德宗心裡，最大的願望，還是希望能在自己在位期間，解決藩鎮的問題，重建當年強大的中央集權政府。

這個理想，其實是父親的遺願，代宗在位的時候，曾經兩次下詔，禁止各藩鎮隨意招募，以補充逃亡士兵，並且嚴格限制各藩鎮兵員數目，限定地方官俸祿，希望藉由這樣的辦法，限制藩鎮的發展。

建中二年，公元七八一年，成德節度使李寶臣去世，他的兒子李惟岳打算繼承父業，請魏博節度使田悅代爲請奏，唐德宗沒有答應，想要就此裁撤成德兵鎮，這讓田悅面子掛不住，就聯合了淄青節度使李正己之子李納、山南東道節度梁崇義，與李惟岳共同舉兵造反。

那時有人勸唐德宗道：「李惟岳已經據有他父親的基業，陛下何不做個順水人情，承認他當節度使呢？」

唐德宗道：「這些傢伙本來毫無憑藉，要不是仗著朝廷給他的土地與名號，那能作亂？李惟岳眞的有叛變之心，讓他當節度使也會叛亂，不讓他當也會叛亂的。」

朝廷採取以藩制藩之策，起初十分順利，梁崇義被淮西節度使李希烈擊潰，田悅又在魏州（今河北大名縣）被馬燧、李晟所包圍，李惟岳則被部下王武俊所殺。

誰知，叛亂尚未削平，又有新的叛亂興起，建中三年，盧龍鎮朱滔自稱冀王，田悅自稱魏王，李納自稱齊王，王武俊自稱趙王，他們以朱滔爲盟主，對抗朝廷，不久，野心勃勃的淮西節度使李希烈，也因爲朝廷不肯讓他兼任山南東道節度使，起而反叛，自稱天下都元帥、太尉、建興王，由於他的實力最大，因此他成爲其他幾股叛軍的領袖。

五鎮叛亂，使朝廷大爲震驚，唐德宗找宰相盧杞商量，盧杞心胸狹窄，陷害趕走了宰相楊炎，又忌憚太子太師顏眞卿，於是向唐德宗建議道：「李希烈年輕氣盛，左右將領不敢勸諫，才讓他恃功而驕，只要派遣一位儒雅重臣，前去向他諄諄教誨，李希烈必定洗心革面。放眼朝廷，只有太子太師顏眞卿，可以擔負這樣的重責大任。」

顏眞卿在安史之亂中，立了大功，唐代宗封他爲魯郡公，爲人正直，威望也高，這時候，他已經是七十開外的老人，文武官員聽說朝廷派他前往淮西，大驚失色，都爲他的安全擔心。

但是，顏眞卿卻不以爲意，留了一封信與兒子訣別，帶了幾個隨從，就到淮西治所許州去了。

李希烈聽說顏眞卿前來，想要立威恐嚇，在帳外埋伏了一批刀斧手，等到顏眞卿入帳宣旨，刀斧手便忽然叫囂著，衝入帳中，對著顏眞卿揮舞刀劍。

顏眞卿臉上一點表情也沒有，宣讀完聖旨，冷冷地瞪著李希烈，道：「你玩夠了沒有？」

李希烈連忙起身，對著刀斧手們怒斥：「太師宣旨，你們跑來鬧些什麼！」還親自護送顏眞卿前往住處休息。

幾天後，朱滔、田悅、王武俊與李納派了使者，前來勸李希烈即位稱帝，李希烈大擺筵席招待他們，也請顏眞卿參加，並對他說道：「如今四王遣使來推舉我，您也瞧見了，我是被朝廷所忌，爲求自保啊！」

「四王？哼！這根本是四凶！」顏眞卿怒道：「閣下不自保功業，還想和這些亂臣賊子同流合污，想等著和他們一同滅亡嗎？」

宴席上，使者見到顏眞卿，都向李希烈祝賀道：「久聞顏太師德高望重，如今元帥將要稱帝，正好太師來此，不是有了現成的宰相嗎？」

顏眞卿揚起眉毛，罵道：「什麼宰相！你們聽過有個痛罵安祿山而死的人，叫做顏杲卿的嗎？他就是我的兄長。我這一大把年紀，但求守節，不負我兄長忠名，難道會受你們所誘嗎？」

使者被他的正氣凜然嚇得說不出話。

李希烈也生氣了，把顏眞卿關起來，派兵士監視，命人在庭院裡掘了一個土坑，揚言要把顏眞卿活埋，顏眞卿神色自若道：「生死已定，何必玩弄花招？不如把我一刀砍了，豈不痛快！」

如此視死如歸，李希烈反而不敢下手，只好暫時將他收押，直到他稱帝之時，顏眞卿的頭顱方才成爲祭品，讓這一代忠正之臣，死在政治鬥爭之下。

建中三年八月，李希烈領兵三萬圍攻襄城，唐德宗從西北抽調涇原（今甘肅涇川縣北）的人馬去增援，涇原節度使姚令言接到命令，帶了五千人出發，他們興沖沖地進軍，滿心以爲朝廷會有豐厚犒賞，途中經過長安，正碰上暴雨，兵士們渾身透濕，凍得發抖，就在長安城外駐紮。

第二天，他們期待已久的犒賞來了，定神一看，竟然只是一些粗飯冷菜，士兵們萬分失望，氣得把飯菜踢翻了，嚷道：「我們冒著生命危險打仗，連飯都不讓吃飽，打個屁呀？」

有人跳出來說道：「長安錢多的是，聽說皇宮兩邊有兩座倉庫，一座叫瓊林，一座叫大盈，裡面的錢和帛多得放不下，既然朝廷不捨得賞賜，咱們就自己去拿吧！」

於是這些士兵穿上鎧甲，鼓譟著往長安城而去。

涇原兵譁變，唐德宗連忙派宦官帶著二十車錢帛，前去慰勞，士兵們正在盛怒之中，根本不理，殺了宦官，衝向皇宮，唐德宗想要派遣中央禁軍神策軍抵抗，想不到情況緊急，居然一個人也叫不到，原來神策軍有許多缺額都是長安商人掛名，坐領乾餉，平時忙著做生意，眞要他們作戰，哪裡敢出頭？

唐德宗沒辦法，只好帶著王妃、諸王子和公主從後北門逃走，前去奉天（今陝西乾縣）避難。

涇原兵士進宮，聽說皇帝跑了，就打開官庫，大肆劫掠，並且擁立他們的老長官朱泚爲領袖，朱泚是朱滔的兄長，原本是涇原節度使，受到朱滔反叛的牽連，被解除兵權，留在長安，掛個太尉的虛名。他的野心很大，接管了長安兵權，就有一批失意政客和藩鎮將領擁護他，有了兵力，朱泚就在長安立起新朝廷來，自稱大秦皇帝，親自帶兵進攻奉天。

唐德宗才剛逃到奉天，驚魂未定，朱泚居然又打過來了，禁衛軍將軍渾瑊、論惟明等人，日夜血戰，連太子也親自城頭督戰，朱泚全力進攻一個月，還沒有攻下來，但是奉天糧食將盡，情況十分危急。

那時朔方節度使李懷光正在魏博與田悅交戰，接到戰報，立即率軍晝夜奔馳，趕赴奉天，並將朱泚擊敗，朱泚一看形勢不妙，趕快撤了對奉天的包圍，退回長安。

李懷光立了大功，卻又萌生叛意，駐紮在咸陽，遲遲不肯奉皇帝的命令進攻長安，反而計畫攻打奉天城，這個陰謀被部下發現，告知唐德宗，於是唐德宗趕緊逃離奉天，奔往梁州，留渾瑊繼續在奉天防守。

那時候在咸陽與長安之間，還有一個效忠於唐朝的神策軍節度使李晟，率領著長安城四周的唐軍，將士士氣始終很旺盛。李晟有勇有謀，面對腹背受敵的窘境，仍能激勵將士，分撥調度得宜。

李懷光的謀叛，只是出於一時之間的野心與誤會，連他的部下都不支持他，他命令部將向李晟發動攻擊，部下們都不肯行動，讓李懷光騎虎難下，只好率領著親信，逃往河中（今山西永濟），不少部下投往李晟營中效命。

如此李晟終於可以專心攻打長安，他與奉天的渾瑊聯絡，一同進軍，聲勢浩大，嚇得朱泚躲在長安城裡不敢出來。

長安城十分巨大，就算是孤城一座，也不好著手，李晟召集將領商量，將領們說道：「先打下外城，佔領街坊，再進攻皇城、宮城，循序漸進。」

李晟說道：「如果大軍在長安街坊之中作戰，不但傷害百姓，對城池破壞也大，聽說敵軍將重兵集結皇宮後面的御苑之中，我們不如從城北攻打城牆，集中兵力進攻御苑，如此，宮室不會遭到破壞，百姓也不受驚擾。」

於是全軍就在李晟的籌畫之下進攻，從長安北面打進皇城，朱泚無法抵抗，棄城逃走，不久之後被殺，來不及逃走的士兵也都繳械投降。

李晟命令全軍將士道：「長安居民，已在戰亂中受盡苦難，我們不能再去驚擾他們。」全軍紀律嚴明，秋毫無犯。

涇原兵變平定，唐德宗的車駕在渾瑊等人的護送之下，回到長安，李晟率領全軍十餘萬人，排列在城外，綿延數十里迎接，過了一年，渾瑊又進攻河中，消滅了李懷光。

可是在這個時候，河北地區的王武俊等四鎮，仍然擁兵作亂，淮西的李希烈，打下了汴州，國號大楚，與唐朝相抗。

唐德宗返回長安之後，對這些藩鎮採取懷柔政策，下旨招安，赦免他們反叛的罪過，田悅被他的堂弟田緒所殺，朝廷就以田緒接任魏博節度使；朱滔生病而死，朝廷便以他的部下劉怦繼任爲盧龍節度使；王武俊、李納也都去掉王號，上表謝罪。

只剩下已經稱帝的李希烈，不願意屈服，唐德宗本來想要派兵討伐，大臣陸贄上奏道：「陛下已經赦免了關東諸鎮的罪過，河北四鎮也已臣服，李希烈雖然不臣，但是並不對朝廷構成威脅，陛下這時討伐他，未必成功，而河北四鎮，將會心存疑懼，可能再度作亂。」唐德宗採納這個意見，停止征伐淮西，並且繼續招降，還在詔書中保證李希烈可以不死。

李希烈自從稱帝之後，局面每況愈下，四處進攻，都被唐軍打敗，氣得生了病，他的一名大將陳仙奇，與醫生勾結，下藥毒死李希烈，並將他一家人全部誅殺，隨即領軍向朝廷投降，全部的動亂，到這時才告結束。

宦官亂政與「永貞內禪」

這場大亂，唐德宗逃亡了好幾年，好不容易回到長安，即位時的理想早已消磨殆盡，變得膽怯而懦弱，逃亡的期間，陪伴在他身邊的，只有一些宦官，讓他覺得，只有這些宦官是可以信任的，於是他把李晟等平亂有功的臣子徵召入朝，封給他們高官，拔除他們的兵權，然後把兵權交給宦官，貞元十二年，公元七九六年，成立左右神策護軍中尉，給宦官擔任，讓中央兵權落入宦官手中。

宦官大多貪得無厭，不擇手段地掠奪財物，欺壓百姓，他們在長安城設立「宮市」，讓宦官採購宮廷必需品，見到老百姓在市上出售貨物，只要他們需要，就強行以十分之一的價錢購買，到後來索性連錢也不付了，看中什麼，搶了就走，這叫做「白望」。

還有一些宦官在長安開設「五坊」，專替宮廷飼養一些飛禽走獸，供帝王貴族玩賞，在五坊當差的太監叫做「五坊小兒」，平日沒什麼事，到處向百姓敲詐勒索，他們看中哪一家人有錢，就把鳥網張在人家的門口或者井架上，當他們出入家門或是去井邊打水，五坊小兒就誣賴他們嚇走了供奉皇帝的鳥雀，直到他們出錢賠償，方才罷休。

宦官在城中的酒肆大吃大喝，喧譁叫鬧，把客人都嚇跑了，酒足飯飽後，當然不會付錢，遇見不識相的店家要收錢，他們就扔下一袋蛇鼠，說道：「咱們當差的向來不帶錢，如果你要錢，就把這些當作抵押吧，過幾天再拿錢來贖，不過這些蛇鼠都是宮裡捉鳥雀用的，你得小心飼養，要是餓死了一條，小心你的狗命！」店家只能苦苦哀求，請他們把蛇鼠帶走，至於酒飯錢，當然不敢再要。

唐德宗最不希望的，就是亂事重演，所以對地方藩鎮，改採姑息政策，從來不敢得罪，每當一位跋扈的節度使去世，他就派遣宦官前往探視，如果那個鎮的將士擁戴某位將領，唐德宗便任命那位將領續任節度使。

有些將領知道皇帝的作法，於是當宦官前來探視之時，便以重金賄賂，讓那些宦官在皇帝面前大說好話，獲得繼承節度使的機會，當他們繼承節度使之後，又與當初保薦他們的宦官互通聲息，於是宦官除了中央禁軍之外，連地方的軍權都能控制，權力幾乎比皇帝還大。

朝廷裡的大臣，為了求得晉升管道，也會以重金賄賂宦官，一些原本清廉的官吏，在這樣的風氣下，為了自身的安危，不得不同流合污，跟著一同賄賂。賄賂的錢從哪裡來？當然是貪污！貪污的對象是誰？當然是百姓，於是從中央官員到地方官員，無不卯足了勁，竭力搜刮民脂民膏，這些現象，皇帝全都知道，可是他從不制止，還放縱大臣們這樣做，鼓勵他們把搜刮來的錢，奉獻給大內。

這樣的情況，看在一些有識之士的眼中，不但心痛，而且憤怒，同時對他們自身所學，產生了疑問，孔孟之道，總在教人忠君愛國，面對這樣的情況，他們實在不知道應不應該繼續忠君，因為忠君，只會讓他們的道德淪喪，只會讓他們成為荼毒百姓的兇手，這又和「忠恕」、「仁愛」觀念背道而馳。

唯一能夠衡量的，只剩下他們的良心而已了。

那時候，在太子李誦的東宮裡，有兩個伴讀的官員，一個叫王叔文，擅長下棋；另一個叫王伾，擅長書法，太子除了讀書之外，就喜歡下棋與書法，王叔文、王伾就經常陪伴在太子身邊。

王叔文出身下級官員，對百姓疾苦感觸良多，他利用跟太子一起下棋的機會，向太子反映外面的情形，太子聽了，義憤塡膺，經常與侍讀的官員在東宮一同議論這些事，太子常說：「下次面見父皇，必定要上奏勸諫。」官員們聽了，都讚揚太子賢明，只有王叔文不發一語。

等官員們走了，太子留下王叔文，問道：「平常你不是很多意見嗎？怎麼剛才不說話！」王叔文道：「殿下還是謹言愼行爲妙，如果有人在陛下面前挑撥，說殿下想收買人心，到時候要辯白也難了。」

太子恍然大悟，說道：「若非先生提醒，我還想不到此處。」從此更加信任王叔文。

王叔文認爲德宗年老，就暗中替太子物色有才能的官員，讓太子與他們結交，私下建議太子，誰適合當宰相，誰適合當將軍，漸漸地，在太子身邊，聚集了一群有理想有抱負的青年士子，包括陸淳、呂溫、李景儉、柳宗元、劉禹錫、凌準、程異等人。

不料，貞元二十年，公元八〇四年九月，四十五歲的太子李誦忽然中風，講不出話來，也無法下床走動，這時候，老年的唐德宗也臥病在床，眼看著就快要不行了，卻沒能來得及對太子的問題做出處置，這讓一場嚴峻的宮廷鬥爭，隱然爆發。唐德宗身旁的宦官，知道王叔文那些人總在太子耳邊說他們的壞話，因此對太子十分記恨。

四個月後，唐德宗去世，太子李誦抱病即位，是爲唐順宗，那時，竟有宦官說道：「內宮已經商量過了，由誰來繼承皇位，還沒有決定。」

翰林學士衛次公說道：「皇太子雖有疾病，但他是嫡長，足以維繫內外人心，如果別有所圖，必定會使國家災禍不斷，相信這也是你們不希望見到的吧！」

一旁有些官員開始附和，宦官們也無話可說，唐順宗勉強支撐著病體，在旁人的攙扶下，來到宮城西北禁衛軍駐紮的九仙門外，召見各軍將領，穩定軍心，下詔更改年號爲永貞，讓短暫的混亂暫時安定下來。

唐順宗不能說話，只好依靠王叔文、王伾來幫他處理朝政，王叔文知道自己聲望不夠，不便公開掌握大權，於是請來素有聲望的韋執誼出面做宰相，自己擔任翰林學士，幫助順宗起草詔書。他和韋執誼、王伾裡外配合，又起用劉禹錫、柳宗元等官員，總算成功掌握了大權。

內閣人事底定，就在王叔文的主導下，展開一連串的改革，首先罷除了朝廷之中許多不必要的冗官，以節省開支，禁止苛捐雜稅，杜絕搜刮與貪污的名目，並且將貪虐的京兆尹（長安市長）李實流放爲地方官，隨即又針對宦官進行改革，罷除宮市、五坊小兒，禁止宦官危害人民，贏得百姓的歡心。

這些改革，不但觸怒了當權的宦官，而且還與朝中既得利益的大臣發生衝突，賈耽、鄭珣瑜等官員，爲了杯葛王叔文集團，相繼辭職抗議，留下來的百官，也多半與王叔文採取不合作的態度，讓王叔文推行改革的時候，倍感艱辛。

王叔文知道，想與宦官爭鬥，沒有兵權是不行的，就派右金吾大將軍范希朝去接管神策軍，但是神策軍將領大都是宦官的親信，不聽范希朝的指揮，宦官俱文珍發覺王叔文的腦筋動到兵權上來了，界逼迫唐順宗調王叔文爲戶部尚書，免除他翰林學士的職務。

就在此時，王叔文的母親去世了，王叔文只好請假回家守喪，俱文珍就聯合了地方的節度使以及一批附和他們的老臣，上表抨擊王叔文，並宣佈順宗因爲病重，不能執政，由太子李純監國。

又隔了一個月，太子正式即位，是爲唐憲宗。

順宗一下臺，王叔文、王伾等人立刻遭到革職，貶逐到外地去，第二年，王叔文又被處死，永貞年間的諸多革新，不到一年就以失敗告終，那些支持王叔文改革的官員，也受到了株連，這件事，在歷史上被稱做「永貞內禪」，是宦官與朝臣鬥爭的一次大勝利，也開啓了唐朝後期皇帝由宦官擁立的序幕。

元和中興

唐憲宗繼位的第二年，改年號爲元和，他由宦官所擁立，自然必須對支持他的人們，做出一些妥協，才能維持自己的地位，所以即位當年，便將王叔文黨人分別貶逐：韋執誼貶爲崖州司馬、韓泰貶爲虔州司馬、韓曄貶爲饒州司馬、柳宗元貶爲永州司馬、劉禹錫貶爲朗州司馬、陳諫貶爲臺州司馬、凌準貶爲連州司馬、程異貶爲柳州司馬，這稱做「八司馬事件」。

然而在貞元、元和之際，一股改革的思想，已經蔓延在士大夫階級之中。一批新興的士人，透過進士科舉考試，當上了官吏，而進士科考中，「策問」的比重很高，也就是詢問考生如何從歷朝歷代的統治當中，尋求一個可以解決當前問題的方法。因此，這些士人在當官之前，就經常在思索這樣的問題。

唐憲宗必定受到了這種思潮的影響，所以當他打擊了王叔文、王伾與八司馬之後，仍然繼續他們的事業，針對唐德宗以來的弊政，進行改革，並且能夠注意到百姓的困苦，經常派遣官員至各地訪查民情。

不過在他心目中，最嚴重的問題，仍然是尾大不掉的藩鎮割據，當時全國共有四十八處藩鎮，統轄了兩百九十五個州府、一千四百五十三縣，其中有十五個藩鎮，從來不向中央繳納賦稅，尤其以河北地區的藩鎮，最爲強大跋扈，他們是安史之亂的餘孽，爲了安撫他們，朝廷讓他們繼續擔任節度使，此外，淮西地區的藩鎮，也是朝廷心腹之患。

永貞元年，唐憲宗剛剛即位，西川節度使韋皋病死，副使劉闢自任爲西川節度使留後（節度使出征或入朝，常留下親信處理本藩之軍政，爲權知節度兵馬留後事，簡稱留後），唆使諸將上表，要求繼任節度使的地位。那時政局不穩，唐憲宗只能答應劉闢的要求。

第二年，劉闢得寸進尺，要求兼任東川節度使，意圖擁有蜀中全境，唐憲宗不准，於是劉闢派兵包圍東川，與朝廷對抗。在宰相杜黃裳與翰林學士李吉甫等人的支持下，憲宗派遣左神策行營節度使高崇文，與山南道節度使相配合，率軍討伐劉闢，最後終於獲勝。

同年，又有夏綏節度使留後楊惠琳抗命，遭到斬首。

元和二年，鎮海節度使李錡眼看朝廷對付各鎮如此果決，感到不安，便自請入朝晉見，想試探朝廷的態度，想不到唐憲宗竟然一口答應了，而且還要他來長安擔任左僕射的職務，李錡不願意兵權被奪，於是反叛，唐憲宗下詔以淮南節度使王鍔爲招討處置使，聯合宣武、武寧、宣歙、江西、浙東節度使，共同討伐，結果李錡被部下所殺，亂事遂平。

所有動亂中，最艱苦的就是討伐淮西的戰鬥，元和九年，公元八一四年，淮西節度使吳少陽死去，他的兒子吳元濟自立，並且縱兵四處攻擊，甚至打到了東都，唐憲宗動員十六鎮兵力對抗，花了兩年，耗費了大量財力，都沒有結果。

許多大臣都覺得不應該再打下去了，唐憲宗也猶豫了起來，思索著是不是該改採安撫政策，這時，大臣裴度卻上奏道：「淮西如同朝廷的毒瘡，不可不除，如果放任下去，終會成爲大患。」

唐憲宗覺得很有道理，拜裴度做宰相，決心繼續征討。

元和十一年，公元八一六年，朝廷派李晟之子李愬擔任唐州（今河南唐河）等三州節度使，要他負起爭討吳元濟的責任，進兵蔡州（今河南汝南）。唐州的將士作戰數年，疲憊萬分，聽到李愬要來，很不高興。

李愬抵達唐州，宣佈道：「我不懂軍事，朝廷派我來，乃是爲了安頓秩序，至於攻打吳元濟，與我無關。」

吳元濟輾轉聽說這個消息，再加上打了幾次勝仗，本來就有點驕傲，聽到李愬不懂得打仗，更不把防備放在心上。

李愬果然不提軍事，只是努力安穩地方的治理，城中有許多士兵因爲作戰而受傷，李愬一一登門問候，從來不擺架子，贏得了將士的愛戴。

唐州與淮西接壤，雙方偶有衝突，李愬均採取守勢，不主動進攻，有一回交戰，俘虜了吳元濟手下的一名勇將丁士良，唐州鎮兵有許多都認得他，因爲他經常帶兵來騷擾，因此請求李愬將他斬首，爲死去的唐軍兵士報仇。

李愬沒有殺他，反而替他鬆綁，溫言問道：「吳元濟乃是朝廷叛賊，你爲何要跟隨他呢？」丁士良道：「我本來也不是淮西士兵，被吳元濟俘虜，爲了保命，只好跟隨他。」他覺得，李愬性情寬厚，是個更有吸引力的長官，就投降了。

李愬靠丁士良的幫助，打下了文城柵和興橋柵兩個據點，又俘虜兩員降將，李祐與李忠義，這兩個人都是智勇雙全之人，李愬對他們推心置腹地信任，經常與兩人秘密討論攻蔡州的計劃，這讓唐州原本的將領很吃味，都說李祐是敵人派來的內應，還有人指證歷歷，說俘虜了敵人探子，也供認李祐是間諜。

「既然大家認爲李祐不可靠，」李愬道：「那麼我就把他送往長安，請皇上發落。」這是他保護李祐的辦法，一面吩咐兵士把李祐押送到長安，一面秘密派人送了一道奏章給朝廷，說他已經與李祐擬定好攻取蔡州的計劃，如果殺掉李祐，攻蔡州的計劃恐怕無法執行。

密奏先一步抵達長安，唐憲宗看了，下詔釋放李祐，並讓他仍舊回到唐州協助李愬。

李愬看見李祐回來，握著他的手道：「平亂有望，國家有福了啊！」立刻派他擔任軍職，允許他任意進出大營。

李祐知道李愬爲了保護自己，用心良苦，感動得經常偷偷掉淚，發誓要向他效忠。他向李愬獻計道：「吳元濟的精兵都駐紮在四面邊境上，守蔡州城的不過是一些老弱殘兵，我們應當直接進攻蔡州，想要活捉李元濟，乃是輕而易舉。」

「這的確是個重要的情報啊！」李愬笑道：「直到今日，你才眞心向我效忠。」

李祐有些不好意思，李愬沒有多說什麼，便把這個情報告之前來營中視察的宰相裴度，裴度對他十分支持，於是，李愬下令動員，由李祐、李忠義帶領精兵三千充當先鋒，自己親率主力出發。

那時，唐州鎭兵都不知道忽然動員，要前去何處，有人跑來詢問，李愬道：「只管向東前進吧，別管這麼多！」

大軍前進了六十里，停下來稍做休息，這時李愬才對全軍宣布：「我軍的目標，是蔡州城，大夥加油吧，不拿下吳元濟的人頭，咱們都別回來了。」

將士們大多不願意與吳元濟作戰，一聽到這個命令，嚇得臉都綠了，甚至有人當場流淚說道：「我們果然中了李祐的奸計！」只是李愬平日治軍很嚴，又得軍心，誰也不敢違抗命令。

入夜了，天上飄起了大雪，李愬命令全軍不得停止，繼續趕路，連續趕了七十里，終於抵達蔡州城邊。他們先派偵察兵前去探查，回報的結果是：「蔡州城內果然沒有強敵，連上哨的兵都躲著打瞌睡！」

此語一出，唐州鎮兵才知道李祐被他們冤枉了，信心大增，鼓起勇氣，聽從指示。蔡州城外有些養鴨人家，天氣冷，鴨子叫得特別大聲，掩蓋了他們的聲音，於是李愬命人在城牆上鑿洞，踩著這些洞攀進城頭，就這樣一個接一個地爬進蔡州城。

第二天一早，吳元濟醒來，發現城池竟然已經被佔領，驚愕萬分，但也只能乖乖投降了。李愬命人將他綑綁起來，押往長安，並且派人前去招降吳元濟屯駐在外的軍隊。

劉禹錫的〈平蔡州詩〉三首，其中有一首是這樣寫的：

汝南晨雞喔喔鳴，城頭鼓角音和平。
路旁老人憶舊事，相與感激皆涕零。
老人收泣前置辭，官軍入城人不知。

忽驚元和十二載，重見天寶承平時。

平定淮西、活捉吳元濟的消息傳遍天下，使河北藩鎮大為震動，紛紛表示服從政府，到了元和十四年，公元八一九年，全國各地跋扈難制的藩鎮，或者遭到剷除，或者向中央表示順服，這是安史之亂以後五十多年以來，從未有過的景況。

唐憲宗在位期間，在內政上，鼓勵大臣上諫，並且任用賢良，努力追求貞觀、開元時代的政治風氣，在軍事上，讓全國藩鎮臣服朝廷，讓唐朝彷彿從無止境的墮落之中，忽然又變得強大起來，因此號稱「元和中興」。

只可惜這種中興局面僅是曇花一現，唐憲宗晚年，自以為天下太平，生活日漸奢侈驕縱，大興土木，營造宮殿，並且也聽不進大臣的諫言了，此外，他還迷信佛法，經常為了舉辦一場法會，就耗費大量財力。

元和十三年底，有人上奏說鳳翔府的法門寺裡，有一座護國眞身塔，塔中供奉佛祖釋迦牟尼的一節指骨，每三十年開放一次讓人瞻仰，就能風調雨順，國泰民安。

唐憲宗相信了，派出盛大的儀仗，前往法門寺隆重地迎接佛骨來到長安，先把佛骨放在皇宮裡供奉三天，再送到寺裡，讓民眾瞻仰。

這在長安城裡掀起一股拜佛風潮，王公士民爭相施捨，甚至有人傾家蕩產地把所有家當都奉獻給寺廟，也有人在手上燙了香疤，作爲捨身供養，整座城都瀰漫在這種詭異的氣氛當中。

刑部侍郎韓愈，雖說並非全然不信，但他更關切的，是儒家聖人之道，對這樣鋪張浪費來迎接佛骨，很不能接受，就給了一道奏章〈論佛骨表〉，勸諫憲宗不要幹這種迷信的事。

他在表中說，佛法之事，古代中國是沒有的，後來才從西域傳進來，因此佛法乃是夷狄之法，根本不足信。他又說，歷史上最爲信奉佛法的朝代，魏晉南北朝，國祚都短，由此可見，想要藉由佛法來使國泰民安，根本是無稽之談。

唐憲宗看完奏章，氣得火冒三丈，把宰相裴度叫來，對他說道：「韓愈誹謗朝廷，朕非把他處死不可。」

裴度連忙替韓愈求情，一旁大臣也說道：「韓愈向來忠直敢言，雖然狂妄，卻也是出於一片忠心，請陛下寬容！」

唐憲宗緩和了情緒，道：「韓愈說朕迷信，朕還可寬恕他，說信佛的皇帝，壽命都短，信佛的朝代，國祚都不長，這不但詛咒朕，也詛咒大唐。光憑這一點，就不能饒他！」

替韓愈求情的人越來越多，唐憲宗沒殺韓愈，把他外放到潮州去當刺史。

唐憲宗不但迷信佛教，也迷信道教，對方士煉丹之術，很感興趣，經常服食丹藥，這些丹藥大多含有重金屬，吃了之後只會中毒，沒有好處，唐憲宗丹藥吃多了，變得暴躁易怒，動不動就責打左右侍臣。

元和十五年正月，唐憲宗忽然暴斃，有人說他是被宦官陳弘志所殺，但事實的眞相，沒有人弄得清楚。

病入膏肓

憲宗死得離奇，正月三十日，在宦官的擁立下，他的第三子，二十六歲的李恆在太極殿繼位，是爲唐穆宗。他登基之後沒幾天，派人把父親生前十分親信的道士柳泌與僧人大通亂棍打死，似乎想要掩蓋唐憲宗之死的眞相。

之後，他就沒做什麼事了，除了觀賞歌舞表演與服食丹藥之外，這個年紀輕輕的皇帝，什麼事也不管，把朝政丟給宦官們去治理，長慶元年，也就是他即位的第二年，河北的盧龍、魏博、成德三鎭，又與朝廷決裂，憲宗好不容易取得的成果，轉眼間又成爲泡影。

這些他都不在乎，只幻想著要成仙，於是四年之後，這個荒唐的皇帝，以三十歲的年紀，就中毒而死，眞的成了仙。

他的長子，十六歲的李湛繼位，是爲唐敬宗，他頗有「乃父之風」，甚至青出於藍，派人到處尋訪長生不老藥，還在皇宮裡修建道觀，供奉了二十多個道士，整天替他講解道術。

兩年後，一個企圖掌權的宦官劉克明，在皇帝的酒裡下了毒藥，把這個十八歲的青年皇帝，送上極樂世界。

劉克明等人毒死了皇帝，假傳遺詔，打算擁立憲宗的第六子絳王李悟為帝，可是，掌握禁軍的宦官左神策中尉魏從簡、右神策中尉梁守謙、樞密使王守澄等人，並不同意這樣的決定，他們擁立敬宗的弟弟江王李涵，入宮將劉克明與李悟等人全部殺死，於是李涵繼位，改名李昂，是為唐文宗。

這位新皇帝，總算不像前面兩個皇帝那樣荒唐了，他對宮廷用度，務求節儉，釋放了三千多名宮女，裁撤了一千兩百多名皇室官員，並且經常與大臣們討論政事，人們都以為，太平盛世可以在這位皇帝身上重現。

大和二年，公元八二八年，各地的舉人齊集長安應試，其中有一個叫做劉蕡，他在策試當中，振筆疾書，公開反對宦官掌權，認為國家如要安定，應該排斥宦官，把政權交給宰相，把兵權交給將帥。

主考官們輪流傳閱這份試卷，看過的都讚不絕口，不但文采斐然，而且立論精闢，是一篇難得的佳作，然而，到了評選錄取人的時候，沒有人敢讓劉蕡錄取，因為文章裡面得罪宦官的地方實在太多，而如今宦官權勢熏天，連皇帝的命運都掌握在他們的手裡，更何況只是一般的官員？

結果劉蕡落選了，那些與他同考的人，全都中選。劉蕡的才學，同科之人都知道，劉蕡的政治主張，同科之人也都瞭解，他們都覺得慚愧，並且對宦官掌政的現象恨之入骨。

這件事在當年鬧得十分激烈，儘管如此，劉蕡仍然終身不得在朝廷為官，只因為他還沒當官，就得罪了那些大人物。

唐文宗在宦官淫威下生活，覺得自己這個皇帝說不出的窩囊，他十分沮喪，也十分氣惱，總在盤算著除掉宦官，並且從他身邊物色可以幫助他的人。

有一次，唐文宗生病，宦官王守澄手下有個精通醫道的官員叫鄭注，替文宗治病，唐文宗發現鄭注思路敏捷，頗有才幹，就提拔他爲御史。

鄭注有個朋友李訓，在官場打滾，鬱鬱不得志，聽到鄭注受到重用，就帶了一些禮物求見，剛好鄭注需要幫手，就請王守澄代爲推薦，於是，李訓便跟著鄭注，在唐文宗身邊辦事，很受唐文宗信任，擔任翰林侍講學士。

唐文宗覺得，鄭注與李訓，都是透過宦官的推薦，才得以入宮，不會受到宦官的猜忌與懷疑，又覺得李訓足智多謀，可以參與大事，就把自己剷除宦官的想法，告訴了兩人。

李訓、鄭注都覺得，皇帝對他們如此推心置腹，眞是皇恩浩蕩，感激涕零，於是都將剷除宦官當成自己的責任，日夜聚在一起商量對策，唐文宗對他們也是言聽計從，寵信日漸加深。

在他們的共謀之下，將扶立文宗有功的宦官仇士良提拔爲左神策中尉，逐步削弱王守澄的兵權，還把傳聞當中殺害唐憲宗的主謀宦官陳宏志處死，初步打擊了一些不法的宦官，李訓也因此升任禮部侍郎，同平章事，成爲宰相的一員。

李訓當上宰相，開始實行誅殺宦官的計畫，他們奏請文宗，改任王守澄爲六軍十二衛觀軍容使，消去王守澄掌管禁軍的權力，王守澄新官還沒到任，文宗就賜給他一杯毒酒，將他鴆殺。

成功除去王守澄，讓李訓的聲望大大提升，每次上朝，其他的宰相都要順著李訓的意思行事，宦官們對他也十分恭順，一些趨炎附勢之徒，競相巴結，讓李訓的府邸，門庭若市，不過李訓也能提拔一些有才幹的人，所以天下之人很多都把太平的希望寄託在他身上。

經過一番策劃，李訓聯絡了禁衛軍將軍韓約，決定對仇士良動手。

大和九年，公元八三五年十一月二十一日，唐文宗在紫宸殿接見文武百官，韓約喜孜孜地上殿啓奏道：「金吾廳後院的一棵石榴樹上，昨夜降下甘露，此乃祥瑞之兆，神策軍的弟兄們，都高興得跳起來啦！」

文武百官聽了，紛紛祝賀，紫宸廳裡一片和樂融融。

李訓奏道：「甘露既然降於後宮，陛下理當親自移駕觀看。」

唐文宗道：「不忙，你先替朕去看一看，到底這甘露是眞是假。」

李訓帶著幾名官員前去兜了一圈，回來稟奏道：「臣等前去，端詳了半天，看不出什麼名堂，恐怕不是眞的甘露，請陛下派人復查。」

唐文宗道：「仇士良，甘露降在你的地方，你就替朕去看一看吧！」

仇士良領命，帶著禁軍將領以及所有的宦官，前去金吾廳，李訓韓約陪著一起去，他們到了樹下，抬頭張望，韓約神情緊張，臉色發白，渾身冒冷汗，直打哆嗦，仇士良覺得奇怪，問道：

「韓將軍，你何故如此驚恐？」

正在問時，一陣風吹來，吹動了金吾廳門邊布簾，仇士良赫然發現布幕後面埋伏了不少兵士，又傳出一陣兵器碰撞之聲，驚覺大事不妙，領著宦官們回頭逃跑，守衛大門的士兵正要關門，被仇士良吼了一聲，嚇得逃跑了去。

宦官們來到紫宸殿上，向唐文宗道：「陛下，有奸人圖謀不軌！」

李訓見狀，知道機密洩露，於是大聲喊道：「金吾衛士聽令，速速上殿，保護天子，每人賞錢百貫！」

宦官們卻說道：「請陛下回宮！」強拉著唐文宗坐上軟轎，抬了就走，李訓趕上去，拉住文宗的轎子，說道：「陛下不可入宮，爲臣還有要事稟奏！」

正在此時，三百多名金吾士兵登上紫宸殿，在殿中揮刀亂砍，砍死了幾個宦官，但是其他的宦官還在仇士良帶領下，簇擁著唐文宗往內殿離去，李訓仍拉著軟轎不肯放手，被一名宦官當胸一拳，打倒在地，宦官便將皇帝擁入東閤門內，緊緊關閉了大門。

不久，宦官們便調來五百名神策軍，衝入殿中，逢人便殺，這些士兵遠比隸屬於京兆府的金吾兵士裝備精良，不但將士兵全部砍死，而且還砍死了宰相王涯、舒元輿以及中書省官員數百人之多，李訓計謀失敗，從小吏身上討了一件便衣，變裝逃走，不久被仇士良派出的追兵殺死。

鄭注當時正在鳳翔府當節度使，打算帶兵進京，得到消息，想退回鳳翔，也被監軍的宦官殺死，殺宦官的計謀徹底失敗，後來又有一千多名官員受到株連而死，這件事史稱「甘露之變」。

從此，宦官氣焰更加囂張，朝中大事，只有仇士良說了才算，唐文宗眞的成了孤家寡人，整天只能鬱鬱寡歡地待在後宮，即使宦官替他安排了樂舞表演，他的臉上也極少露出喜悅之色。

學士周墀精通歷史，經常隨侍皇帝身旁講解，唐文宗問他：「你瞧朕可與從前的哪些帝王相比？」

周墀道：「陛下宅心仁厚，勤於政事，可比堯、舜！」

「朕哪裡敢比堯舜呢……」唐文宗苦笑道：「朕之所以如此問你，是想知道朕像不像當年的周赧王與漢獻帝？」

周墀大驚失色道：「這些都是亡國之君啊！怎麼能和陛下相比呢？」

唐文宗嘆道：「周赧王、漢獻帝只是受制於諸侯外藩，如今朕不只受制於外藩，更受制於家奴，如此看來，朕還比不上他們哪！」說完，流淚哭泣，從此心灰意冷，再也不上朝了。

宦官專權，朝廷裡的官員，反對者大多遭到排擠，剩下來的官員又分成兩派，各自樹立朋黨，相互攻訐，爭吵不休，一直延續了四十年，其中一派以憲宗朝的宰相李吉甫之子李德裕爲首，另外一派則以科舉出身的新貴牛僧孺、李宗閔爲首，他們各自代表了自己的出身背景與社會地位，爭論的原因，大多只出於意氣之爭，對於朝政沒有多大的幫助，只讓原本昏暗的局面，更添混亂而已。

兩派的爭執，早在憲宗時代便已埋下種子，元和三年，公元八〇八年，李宗閔與牛僧孺一同參加長安城舉辦的賢良方正科考試，他們在考卷裡批評朝政，毫無避諱，言詞激烈，但是文章作得很好，主考官認爲這他們符合選拔的條件，就讓他們錄取。

當時的宰相李吉甫知道了這件事，相當氣憤，他本來就瞧不起科舉出身的官員，如今出身低微的李宗閔、牛僧孺居然敢批評朝政，還在考卷中對他大加撻伐，讓他更生氣，於是他在唐憲宗面前說道：「臣聽說李宗閔、牛僧孺二人會被推薦，是受了別人請託的緣故，並沒有眞才實學。」

唐憲宗聽信了李吉甫的話，把幾個主考官降職，李宗閔和牛僧孺也沒有受到重用。

後來李吉甫死了，他的兒子李德裕以門蔭入仕，由於他善於起草詔書、敕令，很受皇帝信任，被任命爲監察御史，那時李宗閔也在當監察御史，李德裕從沒忘記當年他抨擊父親的往事，因此對他懷恨在心。

其實李德裕也參加過科舉，他考進士的時候，把文章先拿給文壇領袖韓愈、皇甫湜等人觀看，韓愈很欣賞他的文章，將他的文章到處宣傳，讓李德裕的聲名漸漸爲人所知，可是李宗閔等人，卻指責韓愈的處置不當，造成考試不公，結果李德裕沒有考上，兩人之間的仇恨更深。

唐穆宗時又舉行進士科考，正好李宗閔有個親戚應考，被選中了，有人向唐穆宗告發主考官錢徽徇私舞弊，唐穆宗詢問當時擔任翰林學士的李德裕，李德裕答道：「錢徽、李宗閔等人，把持科考，錄用的都是他們的私人，因此徇私舞弊之說，恐怕其來有自。」唐穆宗就把錢徽降職，貶李宗閔爲劍州刺史。

李宗閔認爲自己被李德裕排擠，心中無比怨恨，牛僧孺當然同情李宗閔，從那時候起，李宗閔、牛僧孺就與一些科舉出身的官員結爲一派，李德裕也與士族出身的官員結爲一派，兩派互相傾軋。

唐文宗時代，兩派之間的鬥爭最爲激烈，不是你攻擊我，就是我推倒你，此起彼落，劍拔弩張，連唐文宗也說道：「想要除去河北三鎮的叛變不難，想要除去朝中這些朋黨，恐怕就難了！」

大和三年，公元八二九年，李宗閔在宦官的協助之下，成爲宰相，他擔心李德裕威脅他，就把李德裕調往四川當節度使，又向唐文宗推薦牛僧孺，於是牛僧孺也成爲宰相，他們在朝廷當中廣布自己的黨羽，專權弄政，還接受賄賂，因此惹來唐文宗極度不滿。

西川節度使治所成都附近有個吐蕃將領投降，李德裕趁機收復了一個重鎮維州（今四川理縣），立了一件功勞，但是牛僧孺卻對唐文宗說道：「爲了一個無足輕重的維州，搞壞我朝與吐蕃的關係，這實在是划不來，請陛下降旨，命李德裕儘速歸還維州。」唐文宗覺得有理，便下令歸還維州。

李德裕氣得咬牙切齒，買通朝中一些親信，向唐文宗說道：「維州地方雖然不大，卻是西川要衝，歸還吐蕃實在是失策，在下立下的功勞，牛僧孺嫉妒，這才出言排擠，望陛下明察。」唐文宗聽完，感到十分懊悔，對牛僧孺也疏遠起來。

太和七年，李德裕又回朝，官拜兵部尚書，同中書門下平章事，也成爲宰相，李宗閔失勢，調爲山南西道節度使，他的黨羽也相繼被貶出京師，第二年，李德裕又被李訓、鄭注等人排擠，調往外地，長期無法回到朝廷任職，李宗閔便與李訓等人密切交往，又成爲中書侍郎、同平章事。

甘露之變後，宦官仇士良成爲最有權力的太監，他和李德裕的關係比較好，因此，唐文宗死後，唐武宗繼位，李德裕又回朝廷，擔任宰相，將牛僧孺、李宗閔排擠出去。

唐武宗在位六年，那是李德裕一黨勢力最爲強盛的年代，武宗迷信道教，下令毀棄天下佛寺，這都是在李德裕等人的協助下完成的，直到宣宗繼位，由於皇帝喜歡進士科出身的官員，每次上朝看見朝臣，就會問他：「你是哪一科登第的呀？」如果大臣回答了他的科名，唐宣宗就會十分高興。

這樣的局面，對李德裕而言自然大爲不利，於是唐宣宗一登基，李德裕就被貶爲荊南節度使，後來又被貶去當潮州司馬，宣宗大中二年，公元八四八年，李德裕更被貶到位於海南島上的崖州當司戶，第二年，李德裕就死在海南島上，蔓延了四十年的黨爭，總算告一段落，而唐朝的政治，也被這種你爭我奪的政治風氣，弄得烏煙瘴氣，難以挽救了。

困獸之鬥

會昌六年，公元八四六年二月，篤信道教的唐武宗，與他之前的幾個皇帝一樣，吃多了丹藥，生了重病，躺在床上不能說話。

夜深了，一群宦官們在後宮之中，商量該立誰當皇帝，「皇上整天求神仙道，不敢提及一個死字，沒立太子，五個皇子年紀都小，依我看，隨便立哪一個都成，反正年紀小都會聽話。」

另一人說道：「年紀小會長大啊，萬一新皇帝長大之後不聽話，又和一些自以爲是的大臣串通，來謀害咱們，那也挺麻煩。」

神策軍中尉馬元贄說道：「不錯，照我看，光王李怡挺不賴。」

此語一出，哄堂大笑，他們笑的不是馬元贄，而是馬元贄口中的光王。

光王李怡是唐憲宗的兒子，唐穆宗的弟弟，論輩份比敬宗、文宗、武宗都高，然而他從小就是個木訥寡言的孩子，很多人都覺得他資質魯鈍，是個呆瓜，文宗在世的時候，與諸王飲宴，經常逗這個年紀和自己差不多的叔父說話，但他仍然一句話都說不出來，武宗對光王更是一點也不尊重，把他當作一個小丑看待，因此在一般人的眼中，光王李怡只是個有趣的皇族成員，根本無足輕重。

「馬中尉這話說得妙啊，光王不是出了名的笨蛋嗎？假如咱們立光王爲帝，他就可以任憑咱們擺佈啦！」

馬元贄想起了當初掌權二十多年的前輩仇士良，說道：「仇公曾經對咱們說過，千萬別讓皇帝閒下來，要讓皇帝沉溺在嬉戲聲色的娛樂當中，這樣，咱們便可以從容得志。我瞧這樣還不夠好！整天要想主意逗皇帝開心，那也挺麻煩的，如果立了光王，咱們不是可以落得清閒嗎！」

眾人連連稱妙，忽然有人說道：「可是光王是皇帝的叔叔啊，立為皇太子，豈不是不合輩份？」

「皇帝的叔叔，那當然是皇太叔，你以為大夥都像你這麼笨啊？」

「我看你是還沒等新皇登基，就被新皇帝給傳染囉！」

眾人再度哄堂大笑，笑聲震動屋瓦，後宮之中人人都能聽見，但他們仍然肆無忌憚，因為他們知道，沒有人敢來干涉他們，他們大聲討論著皇帝的死，不把臥病在床的武宗放在眼裡，對他們而言，皇帝的更替，只不過是他們進一步掌權的開始。

就這樣，第二天一早，馬元贄便拿著由宦官們撰寫的詔書，對著文武百官宣布道：「皇子年幼，難以擔負重任，需選賢德之人嗣位。光王李怡，性情敦厚，才學出眾，冊封為皇太叔，以繼大寶。」

朝中大臣們都知道宦官們的想法，但是，又有誰敢跳出來與宦官們爭論呢？

三月二十五日，唐武宗駕崩，三十七歲的皇太叔繼位，是為唐宣宗，登基大典那天，人人都在等著新皇帝鬧笑話。

誰知唐宣宗坐上龍椅，穩如泰山，聲若洪鐘，不但思路清晰，口才辨給，而且還十分明確地表達了自己的好惡，他轉頭對馬元贄說道：「剛剛站在朕身邊的那個老傢伙，該不會就是太尉李德裕吧？」

馬元贄楞了一下，道：「是……是啊！」

「怪不得，朕向來就對他沒什麼好感，只要他一靠近，朕就覺得渾身不舒服！」

馬元贄那時正因爲宣宗的表現與他原先設想的大不相同，感到無比困惑，臉上一陣青一陣白，聽了宣宗的話，沒有仔細玩味話中的含意。

「只要是朕看不順眼的人，朕絕對不會留情的。」唐宣宗說道。

這次馬元贄總算聽清楚了，原本怪異的臉色就更難看了，唐宣宗笑道：「你別害怕，你保舉朕登基，立了大功，朕不會虧待你的！」

越這樣說，馬元贄越害怕，回到後宮，與眾宦官們議論道：「看來，這位皇帝並不是咱們所想的那樣啊，以後不可以太放肆，免得讓皇帝記恨，到時候就吃不了兜著走了。」

唐宣宗果斷地處置了李德裕，不斷將他貶官，總算結束了四十多年來的黨爭，但是，這只是皇帝個人的好惡，李德裕並沒有那麼大的過錯，事實上武宗年間李德裕掌政時期，頗有建樹，曾經平定昭義節度使留後劉稹的叛變，替朝廷收復了五個州，也曾成功抵禦回鶻（即回紇）的入侵，重振大唐聲威。

在武宗滅佛期間，李德裕也替朝廷收回了許多被寺廟所霸佔的土地人口，武宗會昌末年，全國有四百九十五萬的稅戶，比憲宗元和年間增加兩倍多，是安史之亂以後，全國最爲強盛的時期，這些成果，李德裕不能不說沒有功勞。

因此唐宣宗處置李德裕，朝中有不少人都替李德裕叫屈，只不過，唐宣宗展現出來的強勢，讓他們不敢開口，怕被指稱爲李黨之人，成爲黨爭再起的罪魁禍首。

唐宣宗處理政事十分精明，即位之前的木訥與遲鈍，似乎都是假裝的，武宗一朝的所作所爲，在唐宣宗眼裡，幾乎都是錯誤，除了放逐李德裕之外，他還把唐武宗最寵信的道士趙歸眞處死，下詔重新恢復佛教寺廟，並讓那些被迫還俗的僧尼可以再次出家。

他最崇拜的本朝皇帝，就是唐太宗和自己的父親唐憲宗，處處都以唐太宗作爲自己行事的榜樣，他命人將《貞觀政要》抄寫在寢宮的屛風之上，經常誦讀，並由書中總結出一個論點：「憲宗皇帝之所以能再造中興，那是因爲任用賢能的緣故啊！」

於是唐宣宗任用了貞觀名臣魏徵的後人魏謨擔任宰相，魏謨爲人十分正直，敢於上諫，唐宣宗稱讚他道：「魏謨眞有乃祖之風啊！」

他經常與大臣們商議政事，治國極爲認眞，嚴格考核官員的任用，對於地方刺史，必定詳加查問，在他統治期間，吐蕃的勢力衰退，唐朝乃趁機收復了長期被吐蕃佔領的河西走廊，而藩鎮的囂張跋扈與宦官的氣焰，都在他統治的十三年之間收斂了許多，有人稱這段時間乃是貞觀之治的重現，把宣宗稱爲「小太宗」，但他仍然戰戰兢兢，毫不懈怠。

只可惜，病入膏肓的朝政，並不是一個人的努力，就可以振衰起弊，唐宣宗的努力，不過是困獸之鬥：黨爭之所以結束，是因爲他偏袒進士新貴，而這些人並非有什麼眞才實學，只能聽命行事而已；藩鎭之所以不鬧事，並非他們都向朝廷效忠，只不過是因爲宣宗對他們採取放任安撫的政策；宦官的干政之所以收斂，只不過是因爲宣宗從來沒有危害他們的利益，繼續讓他們把持禁軍，收受賄賂，滿足他們的貪婪。

所以對於那些讚美，唐宣宗總是很不好意思地說道：「並不是這樣，並不是這樣！」

唐宣宗晚年，也犯了每個唐朝皇帝都會犯的毛病，迷信起修練神仙之術，不許左右在他面前提到「死」這個字，也遲遲不肯立太子，他一共有十一個兒子，其中長子鄆王李溫的資質十分庸劣，宣宗很不喜歡，想要立他的第三個兒子夔王李滋當繼承人，卻又猶豫不決。

大中十三年，公元八五九年六月，宣宗服下一顆由太醫李玄柏、道士虞紫芝與方士王樂共同進獻的丹藥，開始感到身體不適，背上長了爛瘡，八月，病情惡化，無法上朝，在病床上，他召見樞密使王歸長、馬公儒以及宣徽南院使王居方、右軍中尉王茂玄等親信宦官，對他們說道：「朕決定了，要讓夔王繼位，你們幾個替朕擬一道詔書，不要讓王宗實他們那一夥人知道。」

王宗實是左神策軍中尉，當時後宮宦官之中，以他的勢力最大，眼線也多，唐宣宗密詔王歸長等人進宮之事，他不會不知道，於是在他的親信齊元實等人的策劃下，帶領著上百名神策軍士兵，衝入寢宮，拘捕王歸長等人。

那時，唐宣宗才剛剛去世，王宗實怒喝道：「你們這些人想造反了嗎？竟敢矯立陛下遺旨！」隨即派人前往鄆王府，迎接鄆王李漼爲皇太子，將王歸長等人處死之後，宣布皇帝駕崩的消息，立皇太子即位，是爲唐懿宗，第二年改年號爲咸通。

宣宗生前的眼光沒有錯，這個兒子果然難堪重任，十七歲的唐懿宗即位之後，整日尋歡作樂，每過幾天就要舉行大宴會，通宵達旦地觀賞歌舞，還鋪張浪費地大擺排場，動不動就要出巡，每次都有十幾萬人護送。

就在唐懿宗登基的第一年，浙東地區的農民裘甫，聚集了數百名流離失所的百姓，憤而起身反抗，他們迅速攻佔了象山、剡縣（今浙江省嵊縣西南）等地，浙東觀察使鄭祗德命部將率領五百人前去討伐，卻被裘甫殺得大敗，裘甫一戰成名，勢力發展到三萬多人，陸續佔領浙東許多州府。

這是唐朝立國兩百多年以來，第一次由百姓發起的動亂，以前雖然也有一些生活不下去的百姓，落草爲寇，但他們搶到了足夠的財物以後，就自行散去，沒有釀成更大的禍亂，可是這一次不同，裘甫不但打下了據點，建立自己的勢力範圍，同時還擊敗了官軍，自稱爲天下都知兵馬使，還建立年號，這表示百姓已經對唐朝的統治失去信心。

可是唐懿宗沒把它當一回事，派了安南都護王式領兵平亂，王式到了越州（今浙江紹興），重組軍隊，擊敗裘甫，這場動亂前後歷時七個多月。

在唐懿宗的眼裡，這不過是打敗了一群盜匪，根本不値得擔憂，所以他繼續沉醉在音樂與遊宴之中，他篤信佛教，在宮中設置講席，由他親自主講經文，並且多次前往長安城中大小寺廟，動輒賞賜大筆金錢。

開銷大，財政就吃緊，唐懿宗不管這一套，仍然揮霍無度，各地徵稅的官員，只好不斷想出各種名目，增加稅收，以供官員貪污與皇帝浪費，讓原本就已經十分困苦的百姓，負擔更爲沉重。

咸通九年，公元八六八年七月，防守桂林抵禦南詔的邊境戍卒發動叛變，他們是從外地調派來的士兵，當初朝廷曾經答應他們，只要戍邊三年，就會有人來替換，可是他們守了六年，仍不見接替的軍隊，於是氣憤不已，殺了大將王仲甫，推舉糧料判官龐勛爲首領，打算返回他們的故鄉徐州，一路之上，大肆劫掠，沿途的州縣都無法抵禦。

徐泗觀察使崔彥曾派了三千兵馬前去討伐龐勛，雙方在宿州（今安徽宿縣）交戰，三千多的官軍，竟然被一千多人的戍卒所擊敗，龐勛的名氣響了，徐州附近的百姓紛紛加入，十月，龐勛打下了徐州，俘虜崔彥曾，兵力迅速暴增至二十多萬。

唐懿宗曾經下詔赦免這群被逼得叛變的士兵，不料龐勛卻上表請求朝廷給予節度使的名號，表中文字威脅意味很重，意思說如果你封我當節度使，我就效忠你，不然我就繼續征討，到時候誰勝誰敗還很難說。

十一月，朝廷以金吾大將軍康承訓為徐州行營都招討使，率領附近各藩鎮兵征討龐勛，同行之中，還有投效朝廷的沙陀人部落兵數千人，不料，各地藩鎮接到朝廷敕令，不大願意出兵，姍姍來遲，反而這批驍勇的沙陀士兵，成了唐軍作戰的主力。

康承訓到了新興（今河南永城），各鎮前來會合的，只有幾萬人，不敢貿然行動，部將戴可師立功心切，率領所屬的三萬人馬，搶先渡過淮河，打算直搗黃龍，想不到在都梁城遇上了龐勛的部隊，雙方一場激戰，戴可師兵敗被殺，全軍覆沒。

龐勛戰勝官軍，聲勢更為浩大，離他不遠的淮南節度使令狐綯擔心龐勛會入侵自己的地盤，派人送信去給龐勛，寫道：「你暫且先退兵，朝廷必定會封你為節度使。」

這是龐勛最大的願望了，他向來沒有爭奪天下的野心，只期望能成就一方割據的局面，所以就按兵不動，興沖沖地等待朝廷給他的封賞。

日夜盼望，盼來的不是封賞，而是更多的軍隊，就在他翹首觀望的這段時間裡，各地的藩鎮兵馬集結完成，向龐勛展開猛攻，咸通十年九月，龐勛的部下張玄稔投降，並且引導官軍打下徐州，龐勛則在回兵救援的途中，遭到沙陀士兵的猛烈攻擊，戰敗身亡。

這場結合了兵亂與民變的戰爭，持續了一年又三個月，表面上，似乎是以朝廷方面的征討獲勝，實際上引發戰亂的背後根本問題，諸如政治腐敗、官員無能、百姓離心、社會不安等等，那些高高在上的皇帝宰相們，並沒有看見，他們看得見的，只有長安城的繁華，只有一群糜爛的公卿，在昏庸的皇帝帶領下，享受著末日來臨之前的豪奢。

咸通十四年三月，距離唐憲宗迎佛骨已將近六十個年頭，傳說中，每三十年迎接佛骨一次，就會國泰民安，唐懿宗以爲，他的父親唐宣宗，就是因爲沒有迎接佛骨，才會造成那兩次動亂，所以派了太監，前往鳳翔法門寺，迎接佛骨舍利。

如果這只是一般的宗教活弄那也罷了，可是以這位皇帝的個性，在迎接佛骨舍利的同時，伴隨而來的必然是前所未有的鋪張浪費，不少大臣鼓起勇氣勸諫，唐懿宗卻說道：「朕要是能夠親眼瞧瞧佛骨舍利，就算死了也沒有遺憾！」

四月八日，佛骨舍利被迎接到長安，在那之前，朱雀大街上已經用金玉、錦繡、珍珠翡翠等等裝飾，點綴得華麗異常，浮圖、寶帳、香輦，綿延了幾十里，長安到法門寺之間的三百里路上，車水馬龍，晝夜不絕，富豪之家在沿途之上興建好幾丈高的法壇、彩樓，並且還以此作爲比較。

唐懿宗親自率領文武百官，頂禮膜拜，恭恭敬敬地將佛骨舍利迎接至宮中，安放了三天，誠心祭祀，又將佛骨舍利移往安國崇化寺，接受官員百姓的膜拜，人人競相施捨，難以計數，他們奉獻的金錢物資，可以讓關東的窮苦百姓活好幾輩子。

典禮持續了一個月才結束，唐懿宗滿足了他的願望，瞧見了佛骨舍利，於是就在這年七月，不過三十出頭的他，眼睛一閉，兩腿一伸，就前往西方極樂世界去了。

黃巢之亂

唐懿宗的死，很可能與宦官的爭權奪力有關，宦官的權力大，人數多，都想分一杯羹，於是也分了派系，失寵的那一派，聯合起來，害死了皇帝，擁立一個小皇帝當傀儡，他們就翻身變成掌權派了。

小皇帝唐僖宗只有十二歲，與他最親近的宦官是小馬坊使田令孜，皇帝登基那一天，田令孜就取代了宦官劉行深的地位，成為左神策軍中尉，朝中大事，都由田令孜處理。

田令孜讀過書，為人十分機智，在他一手遮天下，官員的任用與升遷都操縱在他的權力之下，只要賄賂他，就可以當官，唐僖宗與他十分親密，不叫他的名字而尊稱他為「阿父」，兩人在後宮相見，田令孜總會準備幾盤好吃的，相對而坐，一同吃喝，彷彿他是皇帝的父親一般。

唐僖宗年紀小，說他荒淫無度，倒也不大公平，但他真的什麼都不懂，整天在後宮和太監們觀賞鬥鵝，諸王與他玩在一起，嬉笑怒罵，不分上下，一隻善鬥的鵝，身價往往高達好幾十萬錢。

他還善於擊球，而且技藝超群，一次擊球獲勝後，他得意洋洋地對身旁的戲子石野豬說道：

「朕如果開設一個擊球狀元科，應該可以考上狀元吧！」

石野豬笑道：「假如讓堯、舜那些不懂擊球的人來當禮部侍郎，陛下就考不上了啦！」

一群人相對大笑，渾然不覺這些話有什麼不對。

唐僖宗就像個敗家子，對那些討好他的戲子樂工，動輒賞賜數萬錢，揮霍的程度比他的父親還要誇張，於是府庫空虛，財政困難，田令孜想出了一個辦法，他下令長安東西兩市的商人，必須把所有珍貴的寶物送進宮中，不得任意變賣，否則就要處以極刑。

他還訂了許多怪異的法規，要人民遵守，只要違法，就要重罰，或者以錢財來抵免刑罰，讓唐僖宗的揮霍得到部分的彌補。

這樣搜刮百姓，與土匪強盜有什麼兩樣？

那時，災荒連年，關東地區不是水災就是旱災，好不容易麥子快要熟了，又遇上蝗災，把農夫一整年的辛苦化為烏有，百姓沒東西可以吃，也沒衣服可以穿，餓死凍死的人隨處可見，在這樣窘困的局面下，地方官員仍要向他們徵稅，他們繳不出來，官員就派了軍隊去把他們的房子剷平，或是擄走他們的妻子兒女，變賣為奴隸。

濮州（今山東濮縣）有個人名叫王仙芝，是個販賣私鹽的，經常往來南北各地，交遊廣闊。

鹽是生活必需品，歷來的政府都將鹽務視為一項極重要的財政來源，可是當時政治腐敗，鹽官惡意提高鹽價，一般百姓根本買不起，於是一些靠海的百姓，便會私自煮鹽，以便宜的價格販售給有需要的人，由於數量龐大，利潤極為可觀。

隨著財政吃緊，中央與地方官員查緝私鹽的行動日趨積極，不少鹽商因此被捕。

王仙芝覺得這樣下去，遲早有一天會輪到他，於是利用他長年累積下來的人際關係，在長垣（今河南長垣縣）聚集了數千人，對他們說道：「官府逼人太甚，平常欺壓百姓，濫加賞罰也就算了，現在連鹽都不讓我們吃，我看他們不打算讓我們活著了，如果這樣，倒不如把他們打垮，讓我們自己起來當家作主！」

這是唐僖宗乾符元年，公元八七四年十一月的事。

王仙芝自封為「天補平均大將軍兼海內諸豪督統」，期望能建立一個「平均」的世界，他們利用半年的時間，攻佔了濮州、曹州（今山東荷澤），附近的飢民紛紛前來投靠，發展到數萬人之多，天平節度使薛崇領兵攻擊，被王仙芝擊潰。

就在這時，曹州有個鹽販黃巢，也率領了好幾千人，前來投靠王仙芝。

黃巢與王仙芝過去曾有一點交情，他和王仙芝不盡相同，曾經讀過書，考過科舉，不過都沒有考上，所以繼承家業，從事私鹽的買賣。他為人豪爽，能文善武，嫉惡如仇，只要有看不慣的事情，他就會立刻跳出來打抱不平，因此交到了許多朋友，也得罪了不少人，聽說王仙芝起兵，便也開始糾集群眾，等王仙芝打到曹州，黃巢便與他會合。

朝廷對於這場變亂，並沒有特別注意，只以唐僖宗名義，下了一道詔書給平盧節度使宋威，命他擔任諸道行營招討使，負責與各地藩鎮聯絡，討伐王仙芝。

那時候關東到處都是災害，官員們也不放在心上，乾符二年八月，王仙芝與黃巢繼續攻城掠地，一大群蝗蟲，從關東飛越潼關，飛進關中，如烏雲一般撲天蓋地而來，所到之處，草木都被啃得一乾二淨，田裡的農作物也難以倖免。

最後，蝗蟲在距離長安不遠的地方停了下來，漸漸地消散了，京兆尹謊報道：「這些蝗蟲沿路飛來，從來沒有啃食莊稼，到了長安，就抱在荊棘上死掉了。」

文武百官連連祝賀道：「此乃皇氣聚集所致，陛下登基，五穀豐登，海內晏然，大吉之兆，大吉之兆啊！」

國難當頭，這群人只知道自欺欺人，想不出一點解決的辦法。

乾符三年年底，王仙芝攻下蘄州（今湖北蘄春），蘄州刺史裴偓派了使者對王仙芝說道：「將軍英武，朝廷久聞大名，派我設下宴席，請將軍務必賞光。」

王仙芝看了看使者，轉頭對黃巢說道：「你瞧著如何？」

黃巢道：「我們的大軍已經兵臨城下，不相信他能搗什麼鬼，當然去，不去的話，還以為我們怕了他！」

王仙芝便帶著黃巢與三十多名將領一同前往。

宴席之中，有個身著宦官服飾之人，起身向王仙芝說道：「小人是皇上派來的，皇上聽說將軍能征善戰，十分仰慕，打算授給將軍左神策軍押牙和監察御史的官職，這是任命狀，請將軍過目。」

王仙芝看著那份文件，臉上露出欣喜的表情，宦官也在一旁笑著說道：「恭喜將軍，賀喜將軍，以後大家都是朋友啦，同朝爲官，多多關照！」

誰知黃巢忽然拍桌大罵道：「當初大家起過誓，要同心協力，橫行天下，如今你一個人跑去神策軍當官，要我們這些兄弟何去何從？」

在座眾人大驚失色，王仙芝微笑道：「兄弟你別氣，我又還不一定會奉命當官，不過……如果我當了官，自然也少不了你的好處……」

「我看你是鬼迷心竅了！」

黃巢衝動的脾氣一發不可收拾，跳起來掄起拳頭朝著王仙芝揍過去，王仙芝閃避不及，被打得滿臉是血，跟隨他們一同前來的三十多人，也紛紛指責王仙芝不應該貪圖權位，王仙芝眼見眾怒難犯，只好拒絕了朝廷的官職。

從那時候起，黃巢又與王仙芝分道揚鑣了，黃巢往東方攻打齊魯地區（今山東省），王仙芝南下掃蕩荊州（今湖北省），兩股兵馬，如同流寇一般，行蹤飄忽，橫掃了大半個中國，造成極爲慘重的破壞。

王仙芝對於這樣的結果似乎不甚樂見，他起兵反抗，只是爲了保命，如今他已不用擔心活不下去的問題，看著那些無辜的百姓因為他的緣故，飽受戰亂荼毒，心生不忍，於是在乾符四年十一月，宦官楊復光以招討副都監軍的身分，派人前來招降王仙芝的時候，王仙芝就同意投降。

他派自己的大將尚君長前往楊復光之處投降，招討使宋威卻在半路上埋伏兵馬，將尚君長俘虜，並且謊報朝廷說他與尚君長大戰一場，將尚君長生擒，以此邀功。

楊復光很生氣，也寫了奏表告知朝廷事實眞相：「尚君長是來投降的，不是宋威俘虜的，宋威這樣做，只會壞了大事！」

朝廷方面同時接到兩份不同的奏表，一時難以分辨眞假，就派了一個御史歸仁紹前來審查，歸仁紹糊裡糊塗，見了尚君長，說道：「你這個叛賊，人人得而誅之！」不分青紅皀白地就將他斬首。

王仙芝聽說尚君長被斬首了，大為震怒，不再相信朝廷，繼續進兵，乾符五年元月來到江陵（今湖北江陵）附近，縱兵大肆劫掠。

位於江陵的荊南節度使楊知溫十分驚恐，寫信去向位於襄陽（今湖北襄樊市）的山南東道節度使李福求救，這時候剛好有五百多名沙陀兵駐紮在襄陽，李福就率領著他們以及其他部眾南下救援江陵。

沙陀兵的驍勇是出了名的，一戰便將王仙芝擊敗，王仙芝率眾向北方逃亡，又在申州（今河南信陽）遭到招討副使曾元裕的伏兵襲擊，死傷兩萬多人，王仙芝被迫退往大別山區，於二月間又與曾元裕交戰，結果在黃梅（今湖北黃梅）被殺了五萬多人，自己也陣亡。

王仙芝這一路以敗亡收場，黃巢那一路卻越打越強，曾與忠武、平盧、宣武三鎮節度使麾下兵馬作戰，獲得勝利，威脅宋州（今河南商邱），直逼東都洛陽。王仙芝敗亡之時，他正在攻打亳州（今安徽亳縣），尚君長的弟弟尚讓領著王仙芝的殘兵，與黃巢會合，使得黃巢聲勢大振。

他們共同推舉黃巢爲最高領袖，黃巢自稱爲沖天大將軍，建立了年號，建制官吏，徒眾聚集到十萬人。

儘管如此，黃巢大軍的流寇習性還是不改，亳州沒有打下，沿著黃河向東前進，打算打洛陽，發現洛陽的防禦極爲嚴密，暫時放棄了這個想法，隨即領兵南下，穿越淮水，渡過長江，一路攻打饒州（今江西鄱陽）、信州（今江西上饒），打進浙東，沿著仙霞嶺進入福建，再沿著海邊南下，圍攻廣州。

黃巢飄忽不定的行蹤，令朝廷議論紛紛，各地藩鎮，只能等著黃巢來攻擊，被動地防禦，無法整合出一個比較有效率的討伐大軍。朝中大臣分爲兩派意見，一派主張安撫，一派主張力剿，兩派爭執不休，遲遲無法將決議交給地方去執行。

廣州是唐朝南方的最大貿易港口，城中聚集了不少富商，黃巢見朝廷遲遲沒有反應，於是大舉進攻，衝進城中燒殺搶奪，幾乎把廣州城夷爲平地。

黃巢的軍隊大多是北方人，他們不適應廣州的濕熱天氣，在廣州待了幾個月，軍中爆發瘟疫，死了將近一半的人，左右勸道：「咱們這樣到處流竄也不是辦法，乾脆一鼓作氣，打進長安，消滅李唐，取而代之吧！」

乾符六年十月，全軍集結在桂州（今廣西桂林），決定返回北方，在此之前，黃巢命人撰寫了一篇檄文，歷數唐朝皇帝昏庸、宦官專政與官吏貪污等等罪行，隨即利用湘江漲水的機會，乘坐木伐順流而下，抵達衡州（今湖南衡陽），擊敗了湖南觀察使李系的五萬軍隊，繼續向江陵挺進。

留守在江陵的唐將劉漢宏看見黃巢來勢洶洶，不敢與他交戰，竟然放縱兵馬，幹起土匪的勾當，在江陵附近大肆劫掠，附近的百姓驚慌失措，逃進山谷之中，餓死凍死的，屍橫遍野。

十一月，黃巢越過江陵，直逼襄陽，山南東道節度使劉巨容率領著沙陀兵，在荊門關（今湖北荊門）大敗黃巢，使他的部眾又損失了一大半。黃巢率領著殘兵敗將渡過長江，往東方逃竄，有人勸劉巨容道：「將軍應當趕緊追擊，黃巢遭逢慘敗，無心作戰，必定可以一舉剿滅。」

劉巨容笑道：「朝廷有什麼好？黃巢有什麼糟？國家有事，朝廷就會封賞各地將士，把大家捧得像天那麼高，等到變亂平息了，就棄之如敝屣，處心積慮的想要欺壓各地將士，我看，不如放黃巢一馬，做為咱們將來富貴的憑藉！」

荊門之戰失利，黃巢並不氣餒，他笑著對部下說道：「此地必定是一處考驗吧，當初王仙芝就是在這裡死的呢，如今我雖嘗敗績，卻沒送命，老天是在給我機會吧！」他重振旗鼓，繼續領軍在今日的江西、安徽、浙江一帶徘徊，部眾又增加到二十多萬。

廣明元年，公元八八〇年七月，黃巢在信州擊敗了唐軍大將張璘，引兵北上，佔領宣州（今安徽宣城），從采石磯（今安徽當塗縣西北）渡過長江，十月渡過淮河，向西方前進，沿途收編前來投效的民眾，擴張到六十萬人，他向各地州縣發出通牒：「我軍即將進兵東都，直搗長安，弔民伐罪，你們如果安分地待在原地，就能活命，如果逆天而行，必當嚴懲不貸！」

十一月，東都留守劉允率領百官開城投降，黃巢對部將們說道：「東都不做抵抗，就開城投降，我軍必須秋毫無犯，才能收買人心，將來打長安的時候，才不會遭到頑強抵抗，所以傳我軍令，不許動群眾的一針一線，否則一定以軍法處置！」

東都失陷，長安君臣大為驚恐，整天遊戲的唐僖宗總算開始正視這件事，問田令孜道：「你不是說各方大軍已經把叛賊包圍，遲早就要剿滅了嗎？怎麼居然連洛陽都被叛賊打下來了呢？」

「這個……」田令孜猶豫了一下，如果說實話，那是他接受各地藩鎮賄賂，把他們的連連戰敗說成捷報，以騙取朝廷的賞賜，但是真的這樣說的話，恐怕連唐僖宗都會生他的氣，於是他把責任全都推給藩鎮：「想必是各地將領謊報戰功，欺瞞朝廷，不要緊，咱們還有神策軍，還有潼關，一定可以把那些烏合之眾打垮的。」

唐僖宗聽完，又回去看鬥鵝了。

黃巢在洛陽沒有逗留，繼續向東進發，唐軍守在潼關的軍隊約莫有萬餘人，毫無鬥志，看見黃巢六十多萬大軍撲天蓋地而來，呼喊聲響徹雲霄，還沒交戰，就嚇得兩腿發軟，沒過多久，潼關也被黃巢攻下。

長安城的最後一道防線也陷落，滿朝文武，徬徨失措，宰相盧攜畏罪自殺，百官面面相覷，流著眼淚說不出話。

田令孜爲求保命，趁著深夜，領著五百名神策軍，與唐僖宗、四名皇子以及少數幾個皇帝特別喜愛的嬪妃，與當年安史之亂的唐玄宗一樣，拋棄了公卿百官，逃出長安城，向西蜀前進。

十二月八日，黃巢派遣大將柴存率領先鋒，進攻長安，這裡是大唐國都，柴存滿心以爲會遭遇一場激烈的戰鬥，想不到唐朝的金吾大將軍張直方早已率領文武百官，跪在城外迎接。

黃巢得意洋洋地進入長安，想起了自己過去作的一首詩：

待到秋來九月八，我花開時百花殺。
沖天香陣透長安，滿城盡戴黃金甲。

此情此景，與詩中意涵，差之不遠，他的大軍，身上雖然沒有披著黃金戰甲，倒也秩序井然，威武雄壯。長安城的百姓聚集在街頭，夾道圍觀，黃巢命大將尙讓對百姓們宣布道：「黃王起兵，本爲百姓，不像李氏那樣暴虐無道，各位可以儘管安居樂業。」

幾天之後，黃巢在長安宮城中的含元殿，宣布登基成為皇帝，國號大齊，年號金統，在投降官員的協助下，建立了新的朝廷，以尚讓為太尉兼中書令，趙璋為侍中，楊希古為同平章事，一切制度，均比照唐朝。

黃巢以一個鹽梟的身分，席捲天下，此時竟成為皇帝，這讓四方諸鎮的節度使與地方官大為震驚，他們人人自危，覺得自己的功名、地位甚至軍權，都是大唐所賞賜的，一個與他們毫不相干的人成為皇帝，將來他們的命運會如何？誰也說不上來。

中和元年，公元八八一年，唐僖宗逃到了成都，號召天下藩鎮，出兵征討黃巢，各方藩鎮從來沒有那麼合作過，奉了號令，從四面八方趕來，包圍了長安，朔方節度使唐弘夫屯兵渭河北岸，義成節度使王處存屯兵渭橋，夏綏節度使拓拔思恭屯兵武功，鳳翔節度使鄭畋在長安西邊虎視眈眈，遠在西北的沙陀將領雁門節度使李克用也領兵趕來。

黃巢先是命令部將朱溫領軍出擊，結果被河中節度使王重榮擊敗，後來黃巢又以為，鄭畋是個書生，必定不熟悉陣戰，派了尚讓、王播等人率領五萬人進攻鳳翔，由於輕敵，被鄭畋擊潰，損失兩萬多人。

鄭畋趁機傳檄天下，進一步號召各地藩鎮，結果又有許多藩鎮奉召趕來，密密麻麻的數十萬人把長安城團團包圍起來，位於成都的唐僖宗朝廷，乃派人傳旨，封鄭畋為諸道行營都統。

黃巢覺得敵人勢力大，人數多，便把大軍撤出城外，唐弘夫、王處存等人率軍進入長安，爭先恐後地搶奪財物，燒殺擄掠。

在城外，黃巢探知唐朝大軍人數雖多，指揮卻不統一，各行其是，於是又反攻長安，與唐軍發生巷戰，唐弘夫死在街上，底下的士兵身上背負了大量的財物，跑不動，也不靈活，被黃巢軍隊像切菜瓜一樣殺了十之八九，王處存領著殘兵逃出，黃巢重新佔領了長安。

這一次重回長安，他不再像前一次那樣，嚴禁部下騷擾百姓了，不少部下覺得，長安城的百姓順風使帆，反反覆覆，一下支持他們，一下支持官軍，十分可惡，於是帶著士兵到處殺人，尤其看見唐朝的官員，更是不肯放過，他們把這樣的屠殺，戲稱爲「洗城」，到後來情況有些失控，黃巢都無法制止了。

這群百姓出身的人，一旦掌握了對別人的生殺大權，同樣會犯下殺人殺上癮的毛病。

中和二年，包圍長安的唐朝各路軍隊重新整合，鄭畋被拔除了主帥的地位，改由宰相王鐸接任，指揮各軍隊長安展開猛攻，互有勝負，而一座富麗堂皇的長安城，竟淪爲戰場，百姓紛紛逃亡，十室九空。

有個忠武節度使名叫周岌，在之前的交戰中，投降了黃巢，成爲黃巢旗下一員重要的將領，隨他一同投降的監軍楊復光勸說道：「大人自一匹夫而拜將封侯，這都是大唐天子的恩德，怎麼你竟然捨棄天子而去向一群盜賊稱臣？」

周岌想了想，覺得很對，又看見唐軍一天比一天強盛，黃巢則是日漸困窘，於是又倒戈回唐朝的那一邊去了。

另外一員黃巢旗下大將朱溫，也覺得繼續待在黃巢底下沒前途，再加上他與黃巢的愛將孟楷處不好，所以就率領著部下，以他所負責鎮守的同州，舉兵向曾經擊敗他的王重榮投降，王鐸就地任命朱溫爲同華節度使，並且向成都發出捷報，唐僖宗得到消息，十分高興，授朱溫爲右金吾大將軍、宣武節度使、河中行營招討使等職務，還賜給他一個響亮的名字：朱全忠。

既得到黃巢降將的支持，又有沙陀族李克用的大軍到來，唐軍方面的聲勢，終於超越了黃巢。

沙陀族屬於西突厥的一個部落，由於駐地名爲沙陀磧（今新疆古爾班通古沙漠），所以對外號稱沙陀部，並以朱邪爲姓，李克用的父親朱邪赤心，因征討龐勛立功，被唐朝廷任命爲單于大都護、振武軍節度使，還賜國姓李，賜名國昌。

李克用出生時就有一隻眼睛失明，外號獨眼龍，年少時便驍勇而善騎射，隨父親四處作戰，所向無敵，後來因諸部忌恨，爲避禍端，便帶族人歸依唐朝，被任命爲雲州刺史，佔領了雲州（今山西大同），叛服不定，唐僖宗時，任命他爲大同軍防禦使。

黃巢之亂，唐朝徵召李克用出兵，於是他率軍南下，並且向朝廷要脅官職，唐朝便授之以雁門節度使，他的部下，全都身穿黑衣，如同一群掠食的烏鴉，當他領著大軍接近時，黃巢部眾都感到無比畏懼，紛紛喊著：「鴉軍來了，大夥快點閃哪！」

中和三年，公元八八三年正月，黃巢的弟弟黃揆在沙苑（今陝西大荔）被李克用擊潰，二月，大將尚讓以十五萬大軍與李克用在華州（今陝西華縣）交戰，又遭到慘敗，超過一半的士兵被斬首，附近三十多里地到處都是屍體，悽慘萬分。

三月，李克用收復華州，進逼長安，黃巢覺得長安城中的糧食日漸耗竭，無法長久固守，於是派了三萬人阻擋在藍田通武關，自己率領主力，準備撤退。李克用與黃巢軍在渭河南岸展開激戰，官軍大勝，黃巢命人放了一把火，把長安城的宮殿給燒了，趁亂逃出，沙陀兵便從光泰門進入長安。

官軍與沙陀軍如同盜匪一般，在長安城裡大搶大掠，幾乎讓這座曾經是世界上最大的都市成爲一座空城，黃巢又讓部下在撤退的路上灑下許多金銀財寶，讓那些搶紅了眼的官軍無暇追擊，居然成功地讓他逃了出去。

這一場仗，李克用立下最大的功勞，當時他才二十八歲，是各路將領之中最爲年輕的，但是各路將領都對他畢恭畢敬，「獨眼龍」的名號也就日漸響亮了起來。

黃巢退出長安，再度展開過去如同流寇一般的生活，他命孟楷攻陷蔡州（今河南汝南），迫使唐朝蔡州節度使秦宗權投降，聲勢又振，接著，又叫孟楷去打陳州（今河南淮陽），卻讓孟楷在這場戰役中陣亡。黃巢大爲震怒，與秦宗權聯兵，圍攻陳州，發誓要爲孟楷報仇，圍攻了整整十個月，都沒有打下來。

據說當時陳州附近缺少糧食，雙方僵持不下之際，竟然分兵去抓附近的老百姓，把他們推進石磨裡，連骨帶肉的一起磨碎，丟進鍋裡煮成肉湯來吃，黃巢「殺人魔王」的名號，也由此而傳開。

事實上，黃巢之亂蔓延了十年之久，其間黃巢所殺的人，不比官軍殺的人多，只因為黃巢並沒有成功地推翻唐朝，以致於他的歷史地位，成為一位「盜匪領袖」，所有因為這場動亂而造成的損失與死傷，全部都算在黃巢的頭上，成王敗寇，就是這個意思。

黃巢在陳州耗費了太久的時間，讓唐軍有時間積極部署，中和四年，在朱全忠、李克用的合力攻擊之下，陳州之圍解除，中牟（今河南中牟）一戰，李克用大敗黃巢，迫使大將尚讓投降。黃巢領著殘兵一路逃亡，部將死傷殆盡，最後逃到了泰山東南方的狼虎谷，自知面臨窮途末路，於是對跟在他身邊的外甥林言說道：「我當初只不過想要討伐奸臣，肅清朝廷，達到了目的，卻不知道罷手，所以才失敗，唉！現在說這些也來不及了。」

說完，黃巢自刎而死，林言割下他的首級，前去唐軍陣營投降。

這場動亂席捲全國，把唐朝賴以維生的江南財賦地區徹底摧毀，黃巢死了，動亂並沒有結束，隨之而來的，是更為嚴重的戰亂，藩鎮、流民、盜匪等等問題接踵而至，所謂的朝廷，只能當個旁觀者，想要解決，卻是有心無力。

軍閥混戰

黃巢死後，秦宗權繼之而起，他本來是唐朝的節度使，投降之後，也像黃巢那樣，到處流竄縱掠，所到之處焚燒屠殺，遠比黃巢更加兇殘，直到三年之後，才被朱全忠所平定，但是他造成的破壞，已經無法挽回。

還有比秦宗權更爲嚴重的問題，那就是藩鎭之間的惡戰，他們各自因爲不同的利害關係，動輒兵刃相向，就算朝廷出面下詔調解，也無法平息紛爭，這顯示著，黃巢之亂以後，中央政府對於各地的藩鎭控制能力，已經蕩然無存。

如果拿前朝史事來比喻的話，唐朝在安史之亂以後，局面就有點像是春秋時代，各地藩鎭如同諸侯，卻還能奉朝廷爲共主；黃巢之亂以後的軍閥割據，成爲戰國時代，而朝廷的共主地位，甚至比戰國時代的周天子還不如。

藩鎭的戰禍，肇因於朱全忠與李克用的交惡，當初他們一同征討黃巢之時，朱全忠爲了爭功，獨自前往攻打，不過那時黃巢的實力還很強盛，解了陳州之圍，黃巢轉向攻打朱全忠的大本營汴州（今河南開封），朱全忠難以抵抗，只好硬著頭皮向李克用求救兵。

李克用成功地解除了汴州的危機，爲了答謝他，朱全忠在汴州城裡設下宴席款待，李克用把沙陀部隊屯駐在城外，自己率領三百名隨從，大剌剌地入城，他年輕氣盛，幾杯黃湯下肚，自豪的心情溢於言表，指著朱全忠的鼻子，哈哈大笑道：「聽說當初你也是黃巢的部下，今天我把黃巢追得到處逃竄，看來假如有朝一日我們翻臉了，勝負已是不言自明啦！」

隨從們都很緊張，擔心李克用喝醉了，不停地道歉，朱全忠臉上一陣青一陣紅，心裡七上八下，他倒不是因爲李克用的態度生氣，而是李克用說中了他的心事：「是啊，有朝一日翻臉的話，這小子的確是個難纏的對手。」

那天晚上，李克用醉得不省人事，與隨從就在汴州城中安歇，朱全忠的部下楊彥洪對朱全忠勸道：「將軍若要斬草除根，就趁現在了。」

朱全忠點了點頭，帶領了上千名部隊，圍攻李克用下榻的上源驛，他們的呼聲驚天動地，李克用卻仍然在昏睡當中，大部分的隨從也都睡著了，只剩下幾個貼身侍衛薛志勤、史敬思等十幾個人，守在門口阻擋敵人的攻擊。

侍從郭景銖「呼」的一口吹滅燭光，扶起李克用，拚命叫喚，卻怎麼也叫不醒，只好取來一盆水，淋在李克用的臉上。

李克用攸攸轉醒，郭景銖道：「將軍恕罪，事出緊急，不得不出此下策。」

外面人聲鼎沸，刀劍交錯之聲不絕於耳，李克用頭痛欲裂，問道：「發生了什麼事？」

「朱溫帶了一群人殺來，想要對將軍不利！」

李克用一驚，酒意全消，抄起弓箭，加入戰局，此時薛志勤已經殺了十幾個敵兵，忽然間，驛館周圍竄起火光與濃煙，史敬思叫道：「朱溫要放火！將軍先走，由臣殿後！」

霹靂一聲雷，天上忽然降下大雨，火勢沒有蔓延開來，薛志勤保護著李克用，翻越驛館圍牆，史敬思故意把敵兵引向另一個方向，讓李克用可以逃往城邊，利用繩索垂吊，終於逃出城外。

然而，史敬思、郭景銖以及隨同前來的三百多人，全部遭到朱全忠的殺害。

李克用狼狽不堪地逃往城外的沙陀軍營，那時軍中已經探知城裡的變故，都以全副武裝，看見李克用回來，欣喜萬分，李克用說道：「大夥快快拿起刀劍，我們打進汴州城去！」

他的妻子劉氏，是個智勇雙全的女性，經常隨著丈夫到處作戰，此時也在軍營中，對李克用說道：「我們是爲了大唐，才來討伐黃巢，如今汴州人心存狡獪，要謀害您，應當要上報朝廷，由朝廷來分辨，如果就這樣打進城裡，只會讓朱溫有話可說，天下人哪能分辨誰是誰非呢？」

李克用上報朝廷，朝廷卻不像劉氏所說的，有能力分辨是非曲直，僅僅下了一道詔書，要求李克用與朱溫和解。

雙方的仇恨，就這樣結下了，他們各自與友好的藩鎮聯絡，以壯聲勢，隨時找機會攻擊對方，危機日漸累積。

光啓元年，公元八八五年三月，唐僖宗回到長安，映入一行人眼簾的，是一座殘破不堪的城池，那些筆直的大街上，本來應當人潮擁擠，如今竟然是滿地荒涼，不時還有幾隻狐狸野兔竄出來，而雕梁畫棟的宮殿，成爲一堆焦黑的木炭，路旁盡是一些腐爛的死屍，臭氣熏天，淒涼的景象令人鼻酸。
唐僖宗沒鬥鵝可以看，也沒有球可以玩，但他最信任的仍然是田令孜，一切大權，仍然由田令孜主持，回到長安後，軍餉短缺，於是田令孜強行徵收河中節度使王重榮轄區內的兩座鹽池，王重榮當然不肯答應，於是田令孜下令將王重榮調爲泰寧節度使。
王重榮不肯受命，上表奏稱田令孜的十大罪狀，說他專權擅政，田令孜十分生氣，以皇帝的名義，命令邠寧節度使朱玫、鳳翔節度使李昌符共同討伐王重榮，王重榮於是向李克用求援。
朝廷的所作所爲，令李克用感到不可信任，田令孜比較偏袒朱全忠，李克用覺得要靠自己的力量，解決問題，所以他把朱玫與李昌符擊敗，進逼長安，上表指責田令孜的罪行。
李克用只不過接近長安而已，並沒有要反叛，可是田令孜居然就夾持著唐僖宗，與一部份大臣逃往寶雞（今陝西寶雞）去了，留在長安的大臣都對田令孜的舉動感到憤怒，朱玫、李昌符也覺得自己受到田令孜利用，十分丟人，就轉過頭來和李克用聯合，追趕唐僖宗的車駕，田令孜快馬加鞭，又帶著皇帝逃往興元（今陝西南鄭）。
光啓二年，公元八八六年四月，沒能追上皇帝的朱玫與李昌符，回到長安，與一部份大臣聯合推舉襄王李熅暫時監國，以朱玫爲宰相，多方討好各地藩鎮，讓他們不要效忠興元的田令孜。
不久，李昌符又因爲嫉妒朱玫當宰相，位在自己之上，心中不滿，偷偷與興元的田令孜聯絡，興元方面於是命令王重榮討伐朱玫，讓李昌符幫助他。

李克用先前幫助王重榮，造成了朝廷的誤會，這時候也趕緊上表，表示不肯支持長安的政權，於是他與王重榮、李昌符一同攻打朱玫，在一片混亂的局勢中，朱玫被部下殺死，李熅則被王重榮所殺。

光啓三年二月，田令孜如同過街老鼠，人人喊打，唐僖宗不得已，只好下詔削奪田令孜的官職，流放到嶺南，不過田令孜卻在西川節度使陳敬瑄的保護下，居住在成都。

不久，唐僖宗起駕返回長安，途中經過鳳翔，節度使李昌符擔心自己之前的叛服無常，會讓皇帝記恨，所以託辭長安的宮殿破損，需要整修，請求御駕暫時停留在鳳翔，實際上是爲了要挾持皇帝。

神策軍將領楊守立認爲，保護皇帝，或者說是挾持皇帝，向來是他們神策軍的事，哪裡輪得到地方的節度使？與李昌符產生衝突，雙方就在鳳翔府城中作戰，連皇帝的行宮也被燒掉了，李昌符兵敗逃亡，唐僖宗命令神策軍將領李茂貞追擊李昌符，將李昌符殺死。

在此同時，河中又發生兵變，王重榮被部下殺死，王重榮的弟弟王重盈起而代之。

關中的局面烏煙瘴氣，關東江淮地區的情勢，也是亂成一團。

淮南節度使高駢的部將畢師鐸，聯合宣歙節度使秦彥，將高駢殺死，佔領揚州，廬州刺史楊行密爲了替高駢報仇，領兵攻打揚州，將畢師鐸與秦彥擊敗，自稱淮南留後。

秦宗權敗亡之後，他的部下孫儒領著殘部到處流竄，此時來到揚州，與楊行密展開激烈的戰鬥，楊行密沒有朝廷官決，所以朝廷不承認他的存在，下詔讓宣武節度使朱全忠兼任淮南節度使，於是朱全忠的勢力開始向南邊發展，與揚州的楊行密、鄆州的朱瑄和徐州的時溥不斷交戰。

鎮海節度使周寶被部下劉浩、薛朗趕走，鄰近的杭州刺史錢鏐派兵平定了劉浩與薛朗，迎回周寶，自己掌握大權，後來周寶死了，錢鏐便將浙西一帶劃爲自己的勢力範圍。

光州刺史王緒行爲暴虐，被部下殺害，他們擁戴一位名叫王潮的將領爲主，於是王潮佔領泉州（今福建晉江），割據了福建地區。

各地藩鎮都有自己的軍事、政治與經濟機構，與朝廷不相往來，朝廷自顧不暇，當然也管不到他們，他們有的擅自用兵，有的四處劫掠，完全不用經過朝廷的同意，在無止境的戰亂之中，最痛苦的，還是無辜的百姓。

朱全忠竄唐

文德元年，公元八八八年三月，唐僖宗病逝，宦官楊復恭擁立僖宗的弟弟壽王李敏登基，是爲唐昭宗，即位時，唐昭宗二十二歲，年輕有爲，志向宏遠，滿心想要改變現狀。

他喜歡讀書寫文章，重視儒家學說，特別注意尊禮大臣，尋求治國之道，以復興王室，重整朝綱，然而當時全國動亂，外有強藩跋扈，內有宦官專擅，以他一個孤家寡人，就算再有才能，再有理想，恐怕也很難挽回這樣的局面。

昭宗即位之時，全國各地幾乎都被藩鎮割據，勢力最強大的就是朱全忠和李克用，朱全忠以河南汴州爲根據地，攻取曹州（今山東荷澤）、洛州（今河南洛縣）、孟州（今河南孟縣）、徐州（今江蘇銅山）等地，李克用以山西太原爲中心，向外佔領磁州（今河北磁縣）、洺州（今河北永年）、刑州（今山東刑台）、雲州（今山西大同）等州。

李克用的實力最強，引來朱全忠的記恨，於是朱全忠聯合盧龍節度使李匡威上表，指責李克用侵略鄰近藩鎮，請求朝廷下旨，討伐李克用。

朝廷大員絕大部分都反對，尤其宦官楊復恭反對最力，因爲他與李克用關係密切，只有宰相張濬力主討伐，那也是朝臣、宦官與藩鎮之間的權力角逐的關係，張濬與當權宦官楊復恭不合，乃與朱全忠相交往，以尋求外援，唐昭宗說道：「李克用有興復大功，如今攻打他，天下將會如何看待？」

張濬說道：「李克用狼子野心，不趁早剷除，將來後患無窮。」

另一名宰相孔緯也支持張濬的說法，唐昭宗便以張濬擔任總帥，領導朱全忠、李匡威共同出擊。

李克用的野心，並沒有比其他的藩鎮來得大，甚至可以算是對朝廷最忠誠的，可是朝廷對他的處置與態度，卻向來很不公平，這次也是一樣，他一怒之下，奮力抵抗，把唐朝的討伐軍擊敗，使得朝廷的威望蕩然無存，從此連一些勢力不強的藩鎮，也不把朝廷放在眼中了。

唐昭宗雖然是宦官楊復恭所扶立，但兩人之間的關係並不好，楊復恭收養許多義子，爲了打擊楊復恭，唐昭宗就提拔楊復恭的義子楊守立爲天武都頭，賜名李順節，用來分化楊復恭的中央禁軍大權。

李順節得到皇帝恩寵，便把義父的情誼擺在一旁，與他爭權，到了大順二年，公元八九一年，唐昭宗強迫楊復恭退休，楊復恭居住在京城外，時常忿忿不平地對旁人說道：「皇帝靠著我才能得到尊位，如今對我如此，天下豈能容得這種負心人當皇帝呢？」

不久有人告發楊復恭謀反，唐昭宗命令神策軍前往逮捕，楊復恭逃往興元，依附他哥哥的兒子楊守亮，楊守亮那時候是山南西道節度使，他聽說叔父的不平遭遇，十分生氣，便與兄弟楊守貞、楊守忠一同起兵抗拒朝廷。

鳳翔節度使李茂貞、邠寧節度使王行瑜主動出兵討伐，唐昭宗知道這兩個人出兵的目的，並非爲了效忠朝廷，只是爲了擴張地盤，下詔不許，李茂貞不予理會，發兵進討，最後將楊復恭擒獲斬首。

李茂貞恃功而驕，對於朝廷很不禮貌，經常上書公然毀謗皇帝，唐昭宗決定要討伐，宰相杜讓能勸他不要衝動，他說道：「朕不甘心當這種懦弱的君主，一切成敗，由朕負責！」

朝廷的神策軍此時已經沒有戰力可言，哪裡是李茂貞的對手？一戰之下，禁軍幾乎崩潰，從此，李茂貞與王行瑜挾持唐昭宗，不論朝廷有任何政令，都必須經過兩人的同意，才能實行。

乾寧二年，公元八九五年，河中節度使王重盈病死，他的兒子王珙與姪兒王珂爭奪繼承權，王珂向李克用求助，王珙則與李茂貞等人結交。

李克用上表請求以王珂繼任，朝廷允許，李茂貞等人卻不服，與華州節度使韓建各領數千人進入長安，唐昭宗親自來到他們面前，問道：「你們爲什麼帶兵進入京師？」

李茂貞與王行瑜答不出來，韓建說道：「朝中朋黨爲禍，請陛下誅殺宰相韋昭度、李谿等人，以正視聽！」

唐昭宗不允許，李茂貞等人強行入宮，把幾名宰相砍死，幸好李克用發兵趕到，他們才趕緊退出長安。

李克用上書請求出兵討滅李茂貞，唐昭宗與左右商量，認爲如果把李茂貞消滅，則沙陀人會變得太強，難以節制，乃下旨對李克用說道：「李茂貞已經知過謝罪，可以不必深究，當以休兵息民爲要。」

看了這份上諭，李克用當然知道朝廷方面的想法，他嘆道：「朝廷以爲我是沙陀人，就不肯信任我，其實，像李茂貞他們，又眞的可以信任嗎？」嘆了口氣，退回河東。李克用一退走，李茂貞果然又囂張起來。

經過這場事變，朝廷中央已經沒有任何兵力，唐昭宗重行招募了幾萬人，設置殿後四軍，由諸王統領。李茂貞以爲朝廷這樣的動作，是爲了對付他，又於乾寧三年領兵攻進長安。

唐昭宗逃了出去，這時候的他，總算認清誰對他比較忠誠，於是打算逃往太原，去依附李克用，結果走到一半，被鎮國節度使韓建挾持，強行移往華州，還逼迫他把殿後四軍撤除，諸王的兵權收回，唐昭宗照做，韓建與李茂貞互通聲息，又變本加厲，發兵包圍諸王宅邸，殺掉了唐昭宗的十一個兒子。

這樣做實在太過份了，朱全忠、李克用兩個最大的藩鎮難得口徑一致地同聲譴責，韓建自知無法和這兩人對抗，便與李茂貞聯合上書表示悔過，表示願意與朱全忠、李克用相約共尊王室，奉唐昭宗返回長安。

當時，朱全忠在中原一帶大肆擴張地盤，十分成功，於是又調過頭來，干涉關中與朝廷的事了。

長安城裡，宦官勢力仍大，不過因爲禁軍實力耗損，宦官也變得有點使不上力。宰相崔胤和朱全忠勾結，企圖壓抑宦官勢力，宦官爲了擺脫不利局面，就與李茂貞串連繫，採取對抗措施，唐昭宗夾在中間，完全沒有自主的餘地。

從華州回來以後，唐昭宗的脾氣就變得十分暴躁，光化三年，公元九〇〇年十一月間，唐昭宗喝了一點酒，突然暴跳如雷，揮刀砍死了身邊十幾名小太監和宮女，然後才昏昏睡去。

第二天一早，大陽已經升起很高，皇帝居住的宮門還沒有打開，左神策軍中尉宦官劉季述說道：「宮中出了不尋常的事，咱們作臣子的豈能坐視不管？我們是內臣，可以方便行事。」說罷帶著一千多名禁軍闖入宮中，看見一大群被砍死的小太監，血跡斑斑，心中十分氣惱。

後來他又聽說唐昭宗與崔胤密謀誅除宦官，便召集了右神策軍中尉王仲先、樞密使王彥範、薛齊偓等人，秘密商議道：「皇上所作所爲，不像人君的樣子，專門聽信朝臣，遲早有一天會讓我們遭逢大患！廢昏立明，在宮中過去有過先例，這關係到國家大事，不能說是逆亂，我們奉之爲太上皇，引李茂貞、韓建的兵馬爲援，誰敢和我們作對。」

劉季述把所有的文武官員召到宮中，把情況又說一遍，並要求每個人簽名畫押，崔胤的靠山朱全忠不在京師，劉季述手裡有禁軍，得罪不起，沒有別的辦法，只好也簽了字，於是劉季述就帶領禁軍衝進皇宮宣化門，一路來到思政殿，逢人便殺。

唐昭宗猛然看見來意不善的兵士舉著刀劍，衝了進來，嚇得從床上滾落，拔腿就跑，被禁軍抓住，劉季述、王仲先把皇帝拉回床上，強迫他坐下，隨即拿出百官們的聯名上書，說道：「陛下疏於理政，日夜縱酒，致使中外人心離散，一致希望由太子監國，陛下，請您讓讓位，到東宮休養去吧。」

唐昭宗不想就範，說道：「只不過是昨晚喝多了，何必如此？」

何皇后在一旁說道：「陛下，您還是聽他們的吧……」她眼中瞧著的，是衛士手中的利刃。

劉季述讓昭宗和皇后何氏共乘一車，還有其他殯妃以及平時常在身邊的十幾個宮人前往東宮，一路上，劉季述用手中的銀仗一邊戳地一邊斥責唐昭宗的過錯，表情十分凶惡，態度極爲蠻橫，唐昭宗默然無語，只能任憑擺佈。

到了東宮少陽院，劉季述親自將少陽院的門鎖上，並且命人用鎔化了的鐵汁澆在鎖上，將門鎖死，又派兵包圍少陽院，只留一個窗口，用來遞送食物。

那時天氣嚴寒，北風凜冽，唐昭宗和嬪妃宮人的衣裳，不足以禦寒，他們在淒苦的寒夜中嚎啕大哭，哭聲傳遍後宮的每個角落。

劉季述幽禁昭宗後，又矯詔皇大子李裕即皇帝位，爲了緩和文武百官的不滿情緒，劉季述假傳聖旨，收買人心，對文武百官和藩鎮加官進爵，賜百官銀一千五百兩，絹千匹，棉萬兩。

崔胤看著劉季述的所作所爲，感到十分不安，當時，他的靠山朱全忠正好來到定州行營，崔胤便和左僕射張浚寫了一封信，派人送去定州報訊，並請求朱全忠發兵長安，向宦官問罪。

朱全忠聞訊，立即從定州趕回汴州（那時汴州已改名爲大梁），派護駕監州都將孫德昭、周承海、董彥弼，率兵攻打劉季述、王仲先。

孫德昭疾行軍來到長安城，率領甲士埋伏在安福門外，天亮後，王仲先坐著轎子上朝，孫德昭把他劫住，帶往東宮門外殺死，然後叩擊少陽院大門，高聲喊道：「逆賊已經伏誅，請陛下出來慰諭兵士！」

唐昭宗聽了，疑而不信，以爲那是要騙他出去受死，何皇后道：「把賊人首級獻上！」孫德昭便把王仲先的腦袋扔進東宮院中，唐昭宗定神一看，這才相信，孫德昭砸壞大鎖，將唐昭宗迎接出宮，前往長榮門樓會見群臣。

此時，周承海已殺入左神策軍，活捉劉季述，把他押到長榮門樓前，崔胤命令京兆尹鄭元規集合許多武士，手持鐵棍候在一旁，當唐昭宗審問劉季述，還沒有結束時，眾人手持鐵棍，一湧上前，將劉季述活活打死，神策軍中劉季述的同黨也有幾十人被處死。

唐昭宗隨即下旨：劉季述等誅滅三族，皇太子李裕仍為德王，退住東宮，孫德昭為檢校司空，充靜海軍節度使，賜姓名為李繼昭；周承海為邕州刺史、嶺南道節度使，賜姓名為李繼誨；董彥弼為容州刺史、寧遠節度使，宰相崔胤進位司空。從這以後，唐昭宗對崔胤非常信任，甚至在召見他的時候，也不稱姓名，只以字號相稱。

崔胤還打算進一步誅除宦官，正巧，天復元年，公元九〇一年二月，朱全忠占領河中，聲勢大振，崔胤便與他密切聯繫，請他帶兵進宮殺光所有的宦官。

神策軍中尉宦官韓全晦看到這種情況，自覺沒有生路，便搶先一步，挾持唐昭宗及後宮嬪妃離開長安，前往鳳翔，跑到了李茂貞那裡。

崔胤沒有料到事情會變得這樣快，便趕忙寫信給朱全忠，請他立刻出兵保駕，天復二年六月，朱全忠領兵包圍鳳翔，半年以後，鳳翔城內的食物即將吃完，李茂貞十分害怕，打算與朱全忠和解。

天復三年，公元九〇三年正月初二，李茂貞派部將郭啓奇，來到朱全忠軍中，傳達昭宗希望返回京城長安的旨意，並且表示，李茂貞願意代替朱全忠清除宦官，朱全忠欣然同意。十五日，李茂貞把宦官韓全晦、張弘彥以下二十人全部殺死，將他們的首級送到朱全忠軍營，並告諭昭宗準備返回長安的日期。二十二日，昭宗離開鳳翔，來到朱全忠營中。

從此，昭宗開始從宦官和李茂貞控制下，轉而受到朱全忠的挾制，二十七日，昭宗返回長安，二十九日，在崔胤和朱全忠策劃下，唐昭宗下旨，把宦官七百多人全部賜死，同時，在外地各州道監軍的宦官，也被本地節度使殺死。

多年來作亂朝廷的宦官勢力，這一次被徹底地根除了。

十二月初三日，朱全忠爲了完全控制昭宗，擺脫大臣們的牽制，經過精心策劃，又派他的手下將領朱友恭殺死了崔胤等朝臣。天祐元年，公元九〇四年正月十三日，朱全忠把大軍屯駐在河中，派遣牙將寇彥卿前往皇宮，逼迫昭宗遷都洛陽。朱全忠還下令，長安全體居民也要一起遷走。

曾經富麗堂皇的長安城，就此被夷爲平地，整齊的街道，繁華的市場，都變成斷垣殘壁，兵士驅趕著人民，徒步前去洛陽，人們哀號的聲音震天動地，一個多月還沒有止息。

許多人在路上都大罵崔胤是國賊，說他召來朱全忠，顛覆國家，坑害百姓，也讓唐朝趨向滅亡，途中經過華州的時候，當地百姓還叩頭高呼萬歲，唐昭宗說道：「別喊萬歲了，朕已經不是你們的天子啦！」

他在途中作了一首詩，名為《思帝鄉》：

紇干山頭凍殺雀，何不飛去生處樂？
況我此行悠悠，未知落在何所？

慘淡之情，溢於言表。

唐昭宗在出發之前，曾經下了密旨，召淮南楊行密、河東李克用與西川節度使王建共同發兵保護，於是李克用等人紛紛朝洛陽進發。

在洛陽皇宮之中，唐昭宗身邊所有的隨從都被朱全忠殺死，換上朱全忠的人馬，他整天與何皇后相對哭泣，讓朱全忠驚疑不安，擔心會有變故，於是部將朱友恭、氏叔琮以及蔣玄暉等人，領兵入宮，將唐昭宗殺死。

朱全忠假裝不知道有這回事，等到部下向他報告，他裝模作樣地跑去伏屍痛哭，並將朱友恭等人逮捕，奏以逆亂之罪，予以斬首，臨刑之前，朱友恭高聲喊道：「朱溫，你出賣我，想藉此塞天下人之口，可是你的作為欺瞞得了天地嗎？你這樣做，將來還會有什麼希望嗎？」

為了掃除障礙，朱全忠屢次大興獄案，屠殺朝臣，把那些效忠於唐朝的大臣，全部殺死，屍體丟進黃河，大笑道：「這些老傢伙，不懂得朝代更替的道理，還自比為清流，現在，被我丟進黃河裡，成爲濁流了吧！」

殺害昭宗後，朱全忠立昭宗的第九子，十三歲的輝王李柷爲帝，歷史上稱爲唐哀帝，天祐四年，公元九〇七年三月，朱全忠把文武百官從洛陽遷往他的根據地大梁（今河南省開封市），同時逼迫哀帝退位，廢爲濟陰王，自己稱帝登基，建國號爲梁，改元開平，是爲梁太祖，不久，又把濟陰王殺死。

到此，歷時二百八十九年的唐朝，終於滅亡。

藩鎮的延續

梁的建立，象徵中國歷史進入了一個新的時代，往後的五十多年，先後出現五個短命朝代：梁、唐、晉、漢、周，爲了與先前的朝代名稱區別，通常會在它們的國號前加上一個「後」字，而中國當時其他地方的藩鎮，也先後獨立，其中有十個國齡較長、國力較強的國家。所以這五十多年，歷史上稱之爲「五代十國」。

這段時間裡，王朝更替，列國紛呈，實際上只不過是唐朝末年藩鎮割據的延續，自稱爲皇帝的政府，行事作風仍然不能擺脫過去的藩鎮氣息，沒有宏遠的建國理想，充其量只不過是割據中原，實力較爲強大的藩鎮而已。

後梁太祖朱溫稱帝之後，河東的晉王李克用、鳳翔的岐王李茂貞、淮南楊行密之子楊渥自稱吳王，他們都沿用唐昭宗的「天祐」年號，而四川的王建，更不肯承認遷都洛陽，沿用唐昭宗還在長安時的「天復」年號。

在浙江，鎮東節度使錢鏐掌握了十三州的地盤，朱溫稱帝的時候，他上表祝賀，後梁封他為吳越王；在福建，泉州刺史王潮盤據閩中五州之地，後來王潮去世，他的弟弟王審知被後梁冊封為閩王。

在廣州，節度使劉隱表面上接受後梁招撫，受封為南平王，私底下積蓄實力，禮賢下士，接納不少從北方流亡而來的文人，等他死後，他的弟弟劉龑稱帝，建立稱為南漢的政權。

在湖北，荊南節度使高季興鎮守江陵，受封為渤海王；在湖南，潭州（今湖南長沙）刺史馬殷佔據七州之地，受封為楚王，以長沙府為首都。

北方的幽州，是唐朝盧龍節度使轄區，自從安史之亂後，此地向來處於半獨立狀態，超過一百餘年之久，後梁開平元年，公元九〇七年，劉守光將父親囚禁起來，奪取節度使的地位，後梁封他為燕王，但不久他便自稱為大燕皇帝。原本實力強大的李克用，就是因為受到他的牽制，才無法南下與朱溫爭奪。

朱溫稱帝之前，與李克用反覆爭奪澤州（今山西晉城）、潞州（今山西長治），二州戰略地位極其重要，溝通著梁與晉之間的交通要道。

後梁建立以後，與李克用之間的戰爭從來沒有停止過，稱帝不久，後梁太祖即派兵再戰潞州，兩軍對陣，李克用積勞成疾，於開平二年，公元九〇八年去世，他的兒子李存勖繼承了他的地位。

聽說自己這一生最大的對手李克用逝世，後梁太祖鬆了一口氣，笑道：「大事已定，朕可以安心休息啦！」

誰知年僅二十三歲的李存勖，竟比當年他的父親更有見識，他對各軍將士們說道：「梁人認為我們遭逢國喪，而我又年少新立，無能為力，一定會對我們疏於防範，如果我們出其不意發動攻擊，必當成功在望！」

他趁著漫天大霧，兵分數路，直撲梁軍陣營，打得梁軍措手不及，屍橫遍野，解除潞州之圍，並且奠定了霸業的基礎，從此晉梁之間強弱局面逆轉，稱帝的朝廷不再是地方藩鎮的對手。

後梁太祖聽說戰敗的消息，嚇得瞠目結舌，呆了半天才吐出一句話：「想不到李克用竟然有個這麼好的兒子，他就算是死了，也可以瞑目啦！跟他比起來，我家裡的那些兒子，簡直笨得像豬一樣！」

從此，後梁太祖懷憂喪志，整天沉溺在溫柔鄉中，他的好色是很出名的，今天寵愛這個，明天又喜歡那個，多多益善，只要嬌媚有姿色，便來者不拒，他在大臣家中避暑，全家妻妾都被他召去侍寢，淫亂終日，毫不顧惜君臣之禮；他的兒子外出征戰，便將兒媳召入宮中，名為侍病，實為侍寢，兒子們知道父親喜歡這一套，不但毫不憤恨，反而爭先恐後地將自己的愛妾進獻入宮，討好皇帝，以求將來繼承皇位。

後梁太祖有個養子名叫朱友文，其妻王氏姿色出眾，美麗無雙，很得皇帝喜愛，經常把她叫來後宮陪睡，王氏竟也不推辭，反而極力逢迎，朱友文那時人在洛陽，知道了這件事，派人吩咐王氏道：「你陪父皇的時候，多替我說些好話，也許將來有那麼一天，你就是皇后啦！」

枕蓆之間，後梁太祖為了讓王氏高興，答應王氏將來傳位給朱友文，這又引起了親生兒子朱友珪的不滿，原來朱友珪的妻子張氏，也是後梁太祖經常叫往後宮侍奉的女子之一，為了丈夫的前途，張氏甘心獻身，隨時注意皇帝的一舉一動。

乾化二年，公元九一二年六月，後梁太祖病重，他告訴王氏通知朱友文來見他，以便委託後事，張氏知道後，趕緊密告朱友珪：「皇帝已打算將傳國玉璽交給朱友文，我們就快完了，如果不敢採取行動的話，那就來不及了。」

朱友珪得到消息後，立刻利用他掌握的宮廷衛隊及其他親信所率的部隊發動了政變，連夜殺入宮中。

後梁太祖躺在病榻上，驚訝地問道：「是何人謀逆？」

朱友珪已經殺入寢宮，厲聲說道：「不是外人，是你的親生兒子！」

後梁太祖咬牙切齒說道：「早就懷疑你這小賊有異圖，只恨沒有早一點把你殺了，你幹下如此悖逆之事，天地豈能容你？」

朱友珪冷笑道：「你這老賊淫人妻女，作惡多端，我早就想把你給碎屍萬段，今日我是替天行道！」對身旁的僕人馮廷諤說道：「把這老頭宰了！」

馮廷諤挺身上前，舉刀直刺後梁太祖胸口，刀尖從背後露出，這位五代的創建者當場氣絕身亡，朱友珪用毛氈把父親的屍體隨便裹一裹，埋在寢宮的床底下，密不發喪，假傳聖旨說道：「博王朱友文謀逆，遣兵突入殿中，幸賴郢王朱友珪忠孝，領兵誅之，然而朕長年臥病，已不能視事，特命郢王主持軍國大政！」傳命均王朱友貞，在洛陽殺死朱友文。

等到朱友文的死訊傳來，朱友珪這才發喪，並且宣布繼承大寶。

這一招做得太不高明，大家都知道皇帝是被朱友珪所殺，眾兄弟都不服，尤其是朱友貞，身為嫡子，更是打起「除兇逆，復大仇」的旗號，聯合魏博節度使楊師厚興師問罪。

在楊師厚的幫助下，朱友貞得到宮中禁軍的配合，從洛陽一路打進大梁，最後殺死朱友珪，奪取皇位，但是後梁的政局，已經毫無可為。

在此同時，李存勖在太原，積極整頓內部，命令地方官舉賢才、罷免貪官，降低賦稅、禁止盜賊，一連串安民利國的措施，讓他贏得百姓支持，實力蒸蒸日上，此外，他更強化了軍隊素質，嚴禁擾民，紀律嚴格，讓整體戰力大為提升，鞏固了堅實的基礎。

幽州的「大燕皇帝」劉守光，令李存勖感到芒刺在背，於是他暫緩對梁的攻勢，把主力調往北方，就在朱友貞稱帝的那一年，李存勖命令大將周德威進逼燕國，將劉守光包圍起來，後來李存勖親臨城下，一舉攻陷幽州城。

乾化五年，公元九一五年初，後梁魏博鎮主帥楊師厚病逝，梁末帝朱友貞靠著他才登上帝位，卻對魏博鎮的強大十分頭痛，所以趁機分化魏博鎮，下詔將魏博鎮分成天雄和昭明二鎮，天雄鎮仍在魏州，昭明鎮則在相州（今河南安陽），將財物和將士均分，魏州將士，世代據守本地，不願奔走他鄉，於是發生兵變，向李存勖投降。

李存勖幾乎不費吹灰之力，就奪取了後梁的河北屏障，接下來，似乎只要揮軍大梁，便可以取代後梁的天下了。

然而，他卻花了整整七年，才完成這個願望，原來當他奪取魏博之後，北方的幽州又發生了極爲嚴重的問題，這一次不是內亂，而是外患，幽州以北的契丹人領袖耶律阿保機，在這個時候自稱皇帝，建立年號，重用劉守光的降將漢人韓延徽，開墾荒地、振興農業，建立制度，國勢蒸蒸日上，眼見中國戰亂連年，他也興起了當中原之主的想法，於是南下進犯幽州、涿州等地。

契丹人的戰力很強，李存勖就是爲了對付他們，才花了那麼久的時間，好不容易將河北局面穩定下來，就在公元九八九年四月在魏博稱帝，打著復興大唐的旗號，定都洛陽，也將國號稱爲唐，史稱後唐莊宗，同年十月，揮軍攻陷大梁，消滅了後梁政權。

兒皇帝

後唐的局面比後梁穩定，並沒有強大的敵人壓迫，而後唐莊宗自幼能文善武，長於音律，自以爲半生戎馬平定天下，竟然日漸貪於逸樂起來，年輕時代的豪氣不復見。

「朕奪天下，全爲朕十指之間！」他把所有的功勞，全部歸給自己，抹煞了那些跟隨著他轉戰沙場將領們的功績，稱帝建國之後，一無治國之才，二無用人之法，重用宦官和伶人，當成心腹來重用，委以軍國大事，使政治日益腐朽。

雖說如此，後唐的軍力仍然很強，繼續向西擴張地盤，消滅了李茂貞的兒子李繼巖，併吞鳳翔，繼續消滅了四川的前蜀。

同光三年，公元九二五年，後唐莊宗命令兒子魏王李繼岌統兵討伐前蜀，以大將郭崇韜輔佐，僅僅花了七十天，就打進成都，消滅前蜀，但就在此時，軍中竟然發生譁變。

李繼岌名義上是主帥，實際上所有軍務都是郭崇韜負責，大家都知道這件事，因此滅蜀之後，郭崇韜的聲望如日中天，蜀中百姓只知道有郭崇韜，不知道有李繼岌，投降的官員紛紛來到郭崇韜帳下，獻上許多珍寶，並且共同上書請求郭崇韜留在蜀中總理政務。

「這算什麼？」後唐莊宗得報後很不高興：「主帥明明是我兒，怎麼大家都只有提到郭崇韜？他到底安的什麼心？」

郭皇后也替兒子打抱不平，她偷偷擬了一道詔書，聲稱郭崇韜圖謀不軌，想要據蜀造反，叫李繼岌殺掉郭崇韜，於是郭崇韜父子均被李繼岌所殺。

消息傳出以後，全國震動，都說皇帝濫殺功臣，流言滿天飛。

魏博鎮有個小軍官名叫皇甫暉，趁著人心不安，在鄴城聚眾作亂，推舉指揮使趙在禮爲統帥，後唐莊宗聞訊，派遣歸德節度使李紹榮前往招撫，沒有結果，又令成德節度使李嗣源領兵出征。

李嗣源是李克用的養子，年紀比後唐莊宗大得多，在平定幽州、魏博與消滅後梁的戰爭當中，立下無數汗馬功勞，卻沒有得到後唐莊宗的重用與信任。

李嗣源到了鄴城，底下的士兵突然發生譁變，他們紛紛說道：「郭崇韜都被皇帝殺了，下一個一定輪到您了，您還要替朝廷效力嗎？皇帝不肯赦免魏博鎮兵，破鄴城之日，必定有一番大屠殺，我們如果不同意，就要殺我們啦！」他們擁著李嗣源進入鄴城，與叛軍會合，李嗣源見了趙在禮，對他說道：「我欲舉大事，只可惜城中兵力不足，讓我出城去招兵買馬，必能完成大業！」

這是他的緩兵之計，目的只爲了脫身，他對後唐仍是十分忠誠的，可是，歸德節度使李紹榮卻從中作梗，連連上表奏稱李嗣源已與叛軍聯合作亂，李嗣源多次上表申冤，都被李紹榮阻攔下來。

李嗣源的女婿石敬瑭、養子李從珂與部將康義誠紛紛勸說道：「當今主上無道，軍民同怨，公從眾則生，守節必死無疑！」又道：「當初我們已經和叛軍一同入城了，以皇上的猜忌，難道還能放您一條生路嗎？」

「那我該怎麼辦？」李嗣源嘆道。

「大梁乃天下要衝……」石敬瑭道：「我願以三百騎兵前往取之，如果奪下城池，您隨即引領大軍前進，如此才是自全之道。」

李嗣源便以石敬瑭為先鋒，李從珂為殿後，遣使與各方節度使聯絡，直取大梁。

後唐莊宗在洛陽聽說李嗣源叛變，憤怒異常，他心想如今天下能夠與李嗣源作戰的，只有他自己，就打算御駕親征，行軍至中途，聽說李嗣源已經攻陷大梁，神色沮喪地說道：「大勢已去，大勢已去！」

他意志消沉地回到洛陽，突然有伶人出身的將領郭從謙叛變，攻入城門，後唐莊宗的近臣、宿將紛紛逃亡，連劉皇后也棄他而去，混亂之中，後唐莊宗竟然身中流矢而死。

李嗣源趁亂攻入洛陽，平定叛亂，穩定局面，廢除了後唐莊宗的許多惡法，後來身旁大臣紛紛勸進，並請他更改國號，李嗣源說道：「先帝的天下，就是我的天下，哪有一家人用兩個國號的道理？」於是在莊宗的靈柩之前繼位，是為後唐明宗。

後唐明宗登基的時候，已經六十歲了，他雖然沒有什麼才學，卻很知道勤政愛民，任用才能卓越的任圜、馮道為宰相，淘汰冗官，廢除苛政，在位八年期間，算是一個難得一見的小康局面。

長興四年，公元九三三年，後唐明宗逝世，他的兒子宋王李從厚繼位，是爲後唐閔帝，即位之時，西川節度使孟知祥就盤據四川，在成都稱帝，建立後蜀，這件事對於後唐朝廷的威信打擊很大。

那時候，潞王李從珂擔任鳳翔節度使，石敬瑭爲河東節度使，兩人手握重兵，各鎭一方，後唐閔帝擔心他們割據自專，於是在樞密使朱弘昭等人的建議下，打算把李從珂調任爲河東節度使，把石敬瑭調任爲成德節度使。

這個舉動引來李從珂的憤怒，便以清君側爲名義，領兵從關中殺向洛陽，沿路各地，望風而降，甚至連閔帝派去討伐的五路兵馬，也掉頭指向洛陽。

閔帝只好帶著五十名騎兵，倉皇逃往魏州興唐府（今河北大名），在半路上遇見了石敬瑭的兵馬，閔帝向他求救，誰知石敬瑭只是冷冷地看著他，命部將劉知遠把閔帝身邊的隨從全部殺掉，只留下閔帝孤伶伶的一個人在原地，隨即帶著兵馬前去洛陽，向李從珂表示支持的態度。

那時後唐明宗還沒有下葬，李從珂進入洛陽，撫棺痛哭，馮道等大臣紛紛上表勸進，李從珂說道：「我這一趟並非出自本意，等皇帝回來，我將率領部隊返回鳳翔。」

不久，他從石敬瑭那裡得知閔帝的行蹤，派了人將閔帝毒死，隨即假傳太后之命，登上皇帝的寶座。

李從珂能夠順利登基，石敬瑭幫了大忙，但是李從珂並不信任石敬瑭，反而將石敬瑭當成最大的威脅來對待，想盡辦法要將他調離河東，雙方之間的猜忌日益嚴重。

那時，後唐明宗的女兒，也就是石敬瑭的妻子晉國長公主，正在洛陽替父親守喪，守喪期滿，打算要辭別母后回到太原，李從珂聽了，冷冷地說道：「你回去幹嘛？打算和你的丈夫一起造反嗎？」

長公主把這件事告訴石敬瑭，讓他覺得非常害怕，於是打算試探一下朝廷的意思，上表請求解除兵權，移往其他兵鎮。

李從珂得到這份奏表，拿出來和大臣們討論：「不用朕說，你們也該知道，這是石敬瑭試探朕的態度來了。」

御史中丞呂琦說道：「石敬瑭在太原，深得民心，把河東治理得井井有條，陛下應當下詔安慰他，不要准他的奏，才能讓他安心。」

樞密直學士薛文遇則說道：「石敬瑭總有一天會謀反，准了他的奏，他會反，不准他的奏，他只是晚一點造反，長痛不如短痛啊！」

李從珂聽完笑道：「你說的正合我心！」於是下詔，調石敬瑭爲天平節度使，另外派遣宋審虔去接替他的職務。

石敬瑭得到詔書，大爲震驚，對部將們說道：「從前主上曾經向我保證，我在河東，可以終身不調，此刻只不過試一試，竟然他就下令要我移往天平，我雖不作亂，朝廷卻對我猜疑萬分，難道我就這樣坐以待斃嗎？」

部將劉知遠說道：「您帶領軍旅，深得民心，如今位居河東形勝之地，兵強馬壯，如果向天下發出檄文，不愁帝業不成，怎可因爲一紙詔書，就自投羅網呢？」

石敬瑭嘆了一口氣，又問：「你們說，如果我上表謝罪，不肯調任，陛下會不會原諒我？」

書記官桑維翰說道：「明宗皇帝遺愛人間，當今陛下以養子身分繼承大位，大家都不服！您是明宗皇帝的愛婿，當今陛下卻要把你視爲叛逆，這可不是謝罪就能了事的啊！」

「就憑太原一地的兵馬，只怕難成大業吧？」

桑維翰說道：「契丹部落就在雲州、應州附近，他們十分驍勇善戰，當年明宗皇帝曾與契丹主約爲兄弟，只要能和他們聯絡上，萬一有什麼困難，就向他們求救，難道還怕大事不成嗎？」

於是，石敬瑭命令桑維翰與契丹聯絡，契丹皇帝耶律德光雄才大略，早就想要繼承父親耶律阿保機的遺志，進窺中原，幾次與太原方面的使者往來之後，弄清楚石敬瑭的意圖，於是開出了十分苛刻的條件：以事奉父親的禮節對契丹稱臣、事成之後割讓盧龍道雁門關以北的十六州土地、每年進貢布帛三十萬匹。

石敬瑭的叛變，如同箭在弦上，不得不發，此時急需外援之際，竟然不加思索的同意了耶律德光的所有要求。劉知遠勸道：「稱臣也就夠了吧？爲什麼還要以父禮事之呢？契丹皇帝的年紀比您小得多呀，您不怕被人嘲笑嗎？再者，事成之後以金帛作爲謝禮也就夠了吧？何必割讓土地呢？盧龍的戰略地位重要，如果割讓給契丹，將來必定會成爲中國的大患！」

石敬瑭說道：「都這種時候了，我又有什麼辦法呢？」

耶律德光得到石敬瑭的奏表，大喜過望，笑道：「想不到他竟然這麼容易就屈服了，原先我還以爲他會討價還價呢！」隨即親自率領五萬大軍，從雁門關長驅南下，車騎綿延數十里。

李從珂在洛陽得知石敬瑭叛變，倒還不覺得訝異，等他知道石敬瑭居然勾結了契丹人一同前來，這才驚怒萬分，連忙派遣大將張敬達、楊光遠發兵討伐河東，擊敗了石敬瑭的前鋒部隊，包圍太原。

這時契丹人來了，張敬達不是對手，大敗而逃，戰死了好幾萬人，逃到晉安，又被契丹兵馬所圍困，李從珂聞訊，親自出馬，御駕親征，前進到河陽，連連聽說契丹人的驍勇與殘酷，畏懼不敢前進，整天借酒澆愁，憂形於色，命令北平王趙德鈞領兵去救晉安，想不到趙德鈞看見形勢不利，竟然按兵不動，與契丹人暗通款曲。

唐軍大敗，石敬瑭與耶律德光在太原會師，耶律德光看著這個年紀比自己老得多的兒子，竟然板起臉孔以一副長輩的口吻對他說道：「我看你相貌堂堂，氣質穩重，當個中原天子是絕對足夠了，今天就在此地冊封你爲皇帝，你覺得怎麼樣？」

石敬瑭先是假意推辭了幾句，耶律德光雖然久覽中國圖書，對這一套竟還不大瞭解，以爲石敬瑭眞的不願意當皇帝，於是說：「既然你不願意，那就……」石敬瑭連忙接口道：「上國有命，小臣豈能不從？既然中原紛亂，小臣自然應當任重而道遠！」

於是石敬瑭就在太原築起了祭壇，宣告即位，國號大晉，是爲後晉高祖，以契丹爲父，割讓幽（今北京市）、薊（今天津薊縣）、瀛（今河北河間）、莫（今河北任丘）、涿（今河北涿縣）、檀（今北京密雲）、順（今北京順義）、新（今河北涿鹿）、嬀（音歸）（原屬北京懷來，今已被官廳水庫所淹）、儒（今北京延慶）、武（今河北宣化）、蔚（今山西靈丘）、雲（今山西大同）、應（今山西應縣）、寰（今山西朔縣東馬邑鎮）、朔（今山西朔縣）等十六州土地。

稱帝以後，後晉高祖與耶律德光聯軍南下，攻陷洛陽，李從珂抱著傳國玉璽，自焚而死，後唐於是滅亡，後晉成爲中原的正統王朝，改年號爲天福。

耶律德光來中原走了這麼一圈，收穫很大，不但替他的帝國爭取到一個「兒皇帝」，也讓他對中土民情有了更深一層的瞭解，回國之後，覺得契丹這個名字不大好聽，就更改國號爲遼，一切官制政令都模仿中國。

雖然坐上了皇帝的寶座，但後晉高祖這個兒皇帝並不好當，契丹的使者無禮驕橫，動不動就對他這個皇帝大聲斥責，而他只能卑躬屈膝地應酬。

大臣中除了桑維翰少數幾個人外，都對契丹人十分怨恨，主張抵禦，後晉高祖也曾動搖過，但在桑維翰的百般勸說下，又放棄了抵抗的念頭。

也許是窩囊久了的緣故，後晉高祖即位之初，還頗能延續治理太原的一些作法，發展農業，充實倉庫，便利交通，獎勵商賈，但是不久之後就墮落了，生活開始奢侈起來，宮殿都用黃金、美玉、珠寶等物裝飾得富麗堂皇，原來的首都在洛陽，後來又嫌其破舊，就將都城遷到了汴州，將汴州升為東京開封府。

為了鎮壓各地的反抗，他又制定了嚴苛的法律，還有一些殘忍的酷刑，如割舌頭、支解、灌鼻子，放在鍋裡蒸煮等等。

此外，他對於文人也不信任，覺得他們不為國家著想，只知為子孫謀利，所以後晉高祖又像後唐那樣，重用宦官，使宦官勢力重新抬頭。

政令不當，讓百姓離心，對契丹人卑躬屈膝，既要每年奉送大筆的金銀布帛，造成財政吃緊，又讓他的部將打從心眼裡瞧不起他，各地藩鎮不斷叛亂，搞得他焦頭爛額，僅僅六年之後，他就因為憂慮成疾，一命嗚呼。

後晉高祖死後，留下一個爛攤子，宰相馮道、侍衛步軍都指揮使景延廣認為，國家多難，應當立長不立嫡，所以他們共同扶立高祖的姪兒石重貴當皇帝，是為後晉出帝。

景延廣因為支持皇帝立功，受到重用，他為人心浮氣躁，向來仇視契丹人，出帝即位之時，許多大臣紛紛勸說應當上表稱臣，將高祖皇帝逝世的消息告知遼國，景延廣表示反對，他說道：「先皇以子自居，陛下論輩份，是契丹之孫，稱孫尚可，稱臣則不行！」

那時有個名叫喬榮的將領，先前投降了遼國，耶律德光任命他為回圖使，主持遼、晉之間的貿易，經常往返於兩國之間，景延廣竟然將他抓起來，還把許多契丹商人處死，過了一段時間，景延廣覺得這樣有些不妥，就把喬榮放出來，對他說道：「你回去轉告契丹皇帝，就說先帝是契丹所立的皇帝，所以奉表稱臣，而當今皇上卻是中國所立，沒有理由繼續稱臣，但是念在自家人的份上，以孫自居倒也可以，如果契丹皇帝生氣，告訴他孫兒正準備著十萬支利箭等著他！」

喬榮道：「口說無憑，請作書以付之！」

耶律德光看了這篇既不是上表也不是奏章的文書，勃然大怒，決心揮軍南下，討伐後晉。開運元年，公元九四四年，契丹人南侵，當時的河東節度使劉知遠首當其衝，卻閉門不出，任憑契丹大軍從城門前經過，於是契丹攻陷貝州，長驅南下，後晉出帝親自領兵，與契丹交戰，將契丹擊退。

第二年，契丹又來，陽城（今河北保定西南）一戰，又以慘敗而回。後晉兩次獲勝，起了輕敵之心，驕奢日甚，朝政也變得十分惡劣，開運三年，以杜重威、李守貞、張彥澤等人擔任將領，率軍二十萬大舉北伐，耶律德光聞訊，也領兵南下，與晉軍在滹沱河對峙。

杜重威心懷異志，暗中與契丹的使者來往，得到了耶律德光的允諾，竟然舉二十萬大軍投降，如此一來，後晉的主力完全瓦解，開封府只是平原上的一座空城，無險可守，耶律德光命令張彥澤爲先鋒，渡河直指開封，後晉出帝不得已，只好開城投降。

這個由契丹人扶植的傀儡政權，最終還是葬送在契丹人的手裡。

後漢與後周

耶律德光打下開封以後，把後晉的領土併吞，契丹人竟然成爲中原之主，爲了治理中國，他改服中國的衣冠，沿用中國的制度，禮遇中國的大臣，然而不久之後，他就原形畢露，整天飲酒作樂，四處搜刮，向各地州縣勒索。

契丹人有個習俗，平常不供給軍隊糧食，讓他們出外擄掠，搶到多少全部歸於士兵，這稱做「打草穀」，這樣的舉動，在人煙稀少的北大荒，的確能夠鼓舞士氣，可是進入人口眾多的中原，這樣就行不通了。

剛開始，他們見人就殺，搶來許多食物財貨，後來殺到人煙稀少，再也找不到百姓可以打草穀了，這並不是他們把中原百姓殺光了，而是不堪其擾的百姓，放棄了家園，聚集起來抵抗，多則有好幾萬，少則有數千人，契丹人一來，他們就躲起來，契丹人一走，他們就到處攻掠，契丹人一落單，就會被他們抓起來折磨到死爲止。

只待三個月，耶律德光就受不了了，他說道：「想不到中國竟然這麼難治理！」回想起從前在北方，經常狩獵喝酒，那是多麼快樂，到了中原，這些快樂都成了痛苦，於是，他派人把開封城內的金銀財寶貌美女子全部搜刮一空，帶著這些戰利品，呼嘯著返回契丹去了。

就在契丹人大肆劫掠中原的同時，河東的劉知遠，一方面擴充自己的實力，一方面又派人去向耶律德光表示祝賀，耶律德光非常高興，還送給劉知遠一支枴杖，象徵最高的榮譽。

然而，這只是他的權宜之計，契丹人的所作所爲，看在劉知遠眼中，既無知又可笑，他們的掠奪只會招來反抗，根本不可能長久。

他把自己的想法說給部下們聽，部下們紛紛勸進，請他稱帝，以便號令各方藩鎮，與契丹人對抗。

劉知遠沒有接受，他說道：「如今的當務之急，應該是積極準備，打進開封，救出皇上，將他迎接來太原，奉爲君主，我是作臣子的，豈能懷有二心？」

話雖如此，他卻沒有出兵去打開封，任憑著契丹人繼續縱掠。

後來，耶律德光眞如他所料，受不了中原百姓的抗拒，率眾北歸，還把後晉出帝也一同擄走，劉知遠的部下齊集在廣場之上，對他說道：「如今契丹皇帝擄走我中國天子，致使天下無主，如今能出來主持大局的，只有您啦！」

兵士們齊聲歡呼道：「萬歲，萬歲，萬萬歲！」

劉知遠站在高台上，朗聲說道：「契丹勢力還很強大，我軍軍威也沒有揚名天下，這個時候應當要先建立功業，你們懂什麼！」

大將郭威說道：「現在遠近之心，都不謀而同，將軍稱帝乃是天意，如果將軍不趁勢取之，一味的謙遜退讓，恐怕會使人心離散，萬一有人先行稱帝，那就反受其害了。」

劉知遠聽從建議，在開運四年，公元九四七年二月稱帝於太原，爲了收軍民之心，宣佈用石敬瑭原來的年號，不用石重貴的年號，而將那一年改爲天福十二年。

稱帝之後，劉知遠立即下令清除境內的契丹勢力，凡各地幫助契丹人搜刮錢財的事，一律禁止，後晉時被迫擔任出使契丹使者的人，不追究罪責，逗留在中原各地的契丹人，全部處死。

耶律德光撤走之後，洛陽開封一帶成爲權力眞空地帶，五月，劉知遠以其弟劉崇擔任太原留守，自己率兵南下渡河，不費吹灰之力進入洛陽，六月又進入開封，各地藩鎭紛紛表示擁戴，於是劉知遠改國號爲漢，史稱後漢高祖。

劉知遠登基不到一年就死了，大臣們奉皇子劉承祐爲帝，是爲後漢隱帝，以史弘肇擔任侍衛指揮使，楊邠、郭威擔任樞密使，掌握軍政大權。不久，爆發了河中、鳳翔、永興三鎭的叛亂，蔓延得十分廣大，朝廷先後命令許多將領征討，都以失敗告終，於是命令郭威出征。

郭威平易近人，廣交將士文臣，作戰時身先士卒，與兵士同甘共苦，士兵立功他馬上賞賜，負傷的他也親自去撫慰，對於部下的建議，他都能虛心接受，將士和睦，上下一心，制定了先攻河中的策略，然後用圍困辦法與敵對壘，一年後，終於先後將三鎭之亂平定。

郭威立下大功，朝廷任命他爲鄴都留守，在他赴任前，朝中爲他是否帶樞密使之職離京發生了爭執，在史弘肇的堅持下，後漢隱帝同意讓郭威帶著樞密使的頭銜赴任，但郭威對朝中之事很不放心，臨行時懇切地對隱帝說道：「蘇逢吉、史弘肇都是先帝的舊臣，盡忠爲國，陛下推心任用，必當無事，至於邊疆之事，臣一定盡忠報效，不負陛下重託。」

乾祐三年，公元九五〇年，隱帝已經二十歲了，他覺得所有的大權都操縱在楊邠、郭威、史弘肇等人的手裡，很不是滋味，而蘇逢吉又與史弘肇不合，經常在隱帝耳邊說壞話，於是隱帝便與他的舅舅李業密謀，在宮廷裡埋伏武士，趁著上朝的時候，將史弘肇與楊邠殺死，又叫人前往潭州去殺史弘肇的部將王殷，去鄴都殺郭威。

這件事被王殷察覺了，追問之下，才知道整樁陰謀，於是他把事情告訴郭威，同時帶給他一個噩耗：郭威在開封的家人，也全部都被隱帝殺死了。

聞聽此事，郭威並沒有慌亂，他爲了收攏將士之心，留下他的養子柴榮，自己親率大軍，以剷除奸臣爲名，啓程向開封進發，出發之前，他對全軍說道：「只要打下開封，任憑你們搶掠十天！」

後漢隱帝聞訊，連忙派兵抵禦，被郭威擊敗，親自前往軍中宣慰，卻被亂軍殺死，於是郭威輕而易舉地進入開封，大概他自己也沒想到竟然會這麼順利吧，於是收回了之前的成命，禁止士兵騷擾百姓，奉請李太后臨朝主政，並且迎接河東節度使劉崇的兒子當皇帝，穩定宗室。

就這樣，郭威在很短的時間之內，控制了後漢朝廷的所有政局。

迎接新皇帝的使者才剛剛出發，就有士兵前來稟報：「契丹人大舉入寇，現下已然攻陷內邱、饒陽。」

也沒有查證是否屬實，郭威便奏請太后道：「軍情緊急，臣請領兵出征，抵禦外侮。」他把部隊帶出開封，一路向北移動，渡過黃河，抵達澶州，這時，忽然有好幾千名士兵同時鼓譟起來，他們異口同聲地叫道：「郭侍中當為天子，我等揮兵開封，已與劉氏為敵，不能再侍奉姓劉的當皇帝了！」

言猶未了，就有人扯下一面黃旗，披在郭威的身上，眾人同聲高呼萬歲，簇擁著郭威，掉頭轉回開封，還沒進城，城中的百官已經得到消息，群起迎接，李太后不得已，只好命令郭威監國，第二年，郭威稱帝，改國號為周，是為後周太祖，後漢僅僅傳國四年，便告滅亡。

河東節度使聽說郭威自立為帝，非常生氣，也在太原稱帝，國號仍為漢，史稱北漢，他與北方的契丹聯絡，隨時伺機報復。

艱困的局面

即位之後，後周太祖郭威立即著手治理國家，他自幼經歷許多苦難，深知民間疾苦，為了減輕百姓的負擔，他下詔罷除不合理的牛租，並且撤消營田務。

多年以前，後梁太祖朱溫征伐淮南之時，他將擄獲的上萬頭耕牛發放給百姓使用，然後向百姓收牛租，幾十年之後，牛早就死光了，而牛租卻仍在收，後周太祖乃下令廢除這項既過時又累民的稅收。

至於營田務，是唐末以後在中原地區設置的農業生產機構，所屬農民負擔很重，後周太祖廢除營田務後，將百姓使用的田地房屋和耕牛農具都賜給他們永久使用，農民的負擔減輕了，生產力也就大為提升。

有人曾經建議他，將一些好的營田賣掉，就能得到許多錢來充實國庫，後周太祖卻說道：「百姓得利，就是國家得利，朕要這些錢幹什麼？」

他在位僅僅三年，卻極力提倡節儉，並能身體力行來杜絕前朝遺留的奢侈風氣，食衣住行都務求簡單，他曾說道：「朕出身寒微，備嘗艱苦，如今成為帝王，怎能浪費天下的財力來讓自己的生活舒適呢？」

他臨死之前，還不忘記把他唯一的親人養子柴榮叫來跟前，諄諄教誨道：「朕死之後，務必薄葬，不得強征民力，也不能傷人性命，不要陪葬，也不要修砌豪華的墓室，只要在墓碑上刻一行字：『大周天子臨晏駕，與嗣帝約，緣平生好儉素，只令著瓦棺、紙衣葬』。」

後周世宗柴榮繼承養父的地位以後，從來沒有一天忘記養父的教誨，在靈柩前登基的他，許下了一個宏願：「以十年開拓天下，十年養百姓，十年致太平。」

那時，距離唐朝的滅亡，已經有四十六年了，唐朝末年的武人跋扈，在這時已經不再那麼嚴重，南方各國都已傳了好幾代，承平日久，甚至漸漸有種輕視武人的觀念興起，後周世宗又特別重視文人，經常召儒者讀講前代史事，商榷大義，考察制度，訂正禮樂之法。

不過他知道，以當時的情況，偃武修文尚不可行，北方的強敵正虎視眈眈，顯德元年，公元九五四年二月，後周世宗才繼位沒過幾天，北漢劉崇就在太原起兵，聯合契丹發兵來攻。

劉崇想學石敬瑭那樣，勾結契丹的力量使自己當上中原皇帝，但柴榮不像李從珂那般懦弱，他親自領兵出征，如同年輕時代的李存勖一樣衝鋒陷陣，加上趙匡胤、張永德等勇將的奮勇廝殺，竟以少勝多，打得劉崇抱頭鼠竄，高平一戰，徹底擊潰北漢部隊，俘虜了大批的輜重兵器，阻擋契丹勢力南下，奠定了北周強盛的基礎。

高平之戰後，世宗點閱禁軍，把作戰不力的將校樊愛能、何徽等七時名將領斬首示眾，以正軍法，並將趙匡胤、張永德這些奮勇作戰的將領都昇了官，做為獎勵，隨即下詔全國，招募壯士，裁汰老弱殘兵，使全國精壯，齊集於中央，改變了唐末五代以來地方藩鎮尾大不掉的情況。

此外，他又針對後周的政治、經濟與文化方面，進行全盤改革。

在政治上，後周世宗打破常規，破格任用有才幹的人，充實政府主要部門，提高行政效率，又命人整頓了當時已是弊病叢生的科舉制度，以便提拔眞才實學之士。

他對吏治的整頓極爲重視，嚴格懲處貪官污吏，對於五代時期以嚴酷出名的法律，也進行徹底修訂，廢除隨意處死的條款，停止了許多酷刑，並且親自斬殺了幾個私自殺死犯人的官員，以示懲戒，命人主持修改不合時宜不和情理的法律，成書後又讓大臣討論，最終完成了五代有名的《大周刑統》。

在經濟方面，後周世宗採取各種措施，儘量減輕百姓的負擔，以促進生產，增強國力，首先降低了稅收，廢除正稅之外的一切不合理的稅收，其次頒布了唐朝時元稹的《均田圖》。

許多年以前，元稹看到百姓的近河田地被洪水沖毀後，仍按照原來的田數交納租稅，十分不合理，就上了一道奏章，請朝廷按照實有土地徵收租稅。

後周世宗無意之間看到這篇陳年奏章，十分欣賞，就下令頒布給各地州縣，也按照實有土地收稅，防止地方官吏和豪紳將自己的賦稅轉嫁到一般百姓的身上，讓租稅制度合理化，減輕了人民的負擔，也讓百姓樂於耕種。

此後，他又召集流亡的人民，賜給他們田地耕種，既安定了百姓，又能增加國家的收入，同時，對於一些退休的貴族也不再免收租稅，和百姓一樣交納租賦，讓國家賦稅制度趨於公平，這又間接減輕百姓負擔。

為了讓一切良善的制度，有一個良好的環境配合，後周世宗又命人主持興修水利，疏通漕運，認真治理了大運河和黃河、汴河等各個河道，使水路暢通，交通便利，促進經濟發展。

錢幣流通不足，經濟就不可能繁榮，這是後周世宗從書裡面讀到的知識，於是他大膽地毀掉了許多銅佛像，用來鑄造錢幣，以促進商業發展。

有人勸阻他道：「如此得罪了佛陀，恐怕不是好事啊！」

後周世宗說道：「佛主張施善於民，只要多做好事，就是奉佛，而銅像怎能是佛呢？朕聽說佛以利民爲先，即使頭眼肉身，也願意奉獻出來施捨眾人，想來不會吝惜幾尊銅像吧！假如朕的身體，可以救濟百姓，朕也不會吝惜的。」

毀佛像鑄錢不僅整頓了錢幣市場，也克制了當時日漸氾濫的佛教迷信，五代時國迷信佛教的情況和魏晉南北朝有些類似，只不過當時的佛教，已經十分的本土化，成爲中國傳統信仰的一部份了，後周世宗命人前往各地寺廟調查，強迫那些爲了逃避賦稅，謊稱出家的假和尚們還俗，並對一些打著佛教名義，實則從事聚斂的寺廟予以嚴格限制，讓宗教歸宗教，政治歸政治。

當一切的改革步上正軌，後周也就逐漸擺脫了五代十國的藩鎮割據，成爲一個中央集權的國家。

於是，後周世宗開始把眼光投向遠方，準備實現他宏願裡的第一個步驟：以十年開拓天下。

就外交方面而言，後周的局面還是十分艱困的，北方有著強大的契丹，又有個依附在契丹底下的北漢；西方的四川，有著佔據成都的後蜀孟昶；江淮地區的南唐，地盤幾乎和數百年前的南朝一樣大；還有兩浙的吳越、荊州北部的南平王以及嶺南的南漢。

先前曾經有大臣王朴獻上《平邊策》，替後周世宗規劃了平定天下的大計，策中指出應先累積實力，再徐圖發展，後周世宗照著做，已經達成了累積實力的目的，於是積極準備揮軍各地。

首先他把目標指向西方，秦（今甘肅天水）、成（今甘肅成縣）、階（今甘肅武都東）、鳳（今陝西鳳縣東）四州之地，原來都歸中原政權管轄，契丹勢力進入中原時，被後蜀兼併了，當地百姓將士無法忍受後蜀的橫徵暴斂，都希望能重新回歸中原，後周世宗順應民意，派遣鳳翔節度使王景領兵征討，顯德二年五月出大散關，九月破蜀軍於黃花谷，收復秦州，十月攻取成州、階州，十二月攻下鳳州，僅僅半年就將這四州全部佔領。

西方穩定，後周世宗乃將將兵鋒指向江淮。

江淮地區在黃巢之亂中受到很大的破壞，其後當地的統治者，多半以保境安民爲目的，盡量不與人發生戰爭，歷經半個世紀的休養生息，又成爲一片樂土。

此時南唐在十國中實力最強，經過後周世宗親征，長達兩年五個月的戰爭結束，南唐逐漸向中原屈服。

首先是在顯德二年的冬天，後周世宗派遣大將李穀、王彥超出兵伐唐，並且親臨陣前督戰，顯德三年正月，大破唐軍於壽州城下，斬南唐大將劉彥貞，其後相繼攻下滁州、光州等地。

顯德四年，後周世宗又親自督戰，攻下了壽州，並在當地建置忠正軍，其後接連攻陷泗州、濠州與泰州等地。

顯德五年，後周世宗親自領兵，攻打楚州，經過四十多天的激戰，斬殺南唐防禦使張彥卿，攻下楚州，隨即水路並進，以數百艘戰艦，橫行於長江之上，綿延不絕，直逼金陵。

南唐皇帝李璟大爲驚恐，自行撤除帝號，上表稱臣：「天祐以來，海內分崩，或跨據一方，或遷革異代，臣紹襲先業，奄有江表，顧以瞻烏未定，附鳳何從，今天命有歸，聲教遠被，願比兩浙、湖南，仰奉正朔，謹守土疆，乞收薄伐之威，赦其後伐之罪，首於下國，俾作外臣。」另贈黃金千兩，白銀十萬兩，羅綺兩千匹，並獻出江北殘存的四州之地，周唐乃以長江爲界。

李璟的這篇稱臣文章，道盡了一個偏安的弱國，乍逢強敵侵略時的無奈與悲哀。對後周來說，南征取得了全勝，不僅得到江北土地，還震懾南漢和後蜀，讓他們此後再不敢輕舉妄動。

淮南的大勝，激勵了後周世宗的雄心壯志，他自己擔任主帥，領軍北伐，目標是後晉割讓給遼國的燕雲十六州。

此時，遼國皇帝耶律述律在位，是爲遼穆宗，喜歡喝酒打獵，不理國政，人們稱呼他爲「睡王」。

如此的統治之下，契丹內政不修，邊防不固，而北漢的國力也十分衰弱，正是後周的大好時機，後周世宗的隊伍在顯德六年，公元九五九年三月從開封出發，四月底達滄州，統整兵力，揮軍北進，直逼河間，遼國的寧州刺史王洪投降。

大軍繼續前進，至益津關，守將終廷輝不戰而降，再進兵瓦橋關，守將姚內斌與莫州刺史劉處信舉城投降，五月初，瀛州刺史高彥輝又投降，僅僅四十二天，就把瀛、莫、易三州十七縣的領土收復，而附近的堡壘也都紛紛投降，當地的漢人爭先恐後殺牛捧酒前來勞軍，當地的契丹人通宵逃亡，恨不得腳上生了翅膀。

遼穆宗眼見這種情況，不冷不熱地說道：「這些地方本來就是漢人的領土嘛，讓他們奪回去，有什麼好可惜的？」

正當形勢一片大好，後周打算全力進軍幽州的時候，後周世宗忽然生了疾病，又聽說北漢出兵騷擾邊境，情非得已，只好班師回朝，才剛剛回到開封，一代雄主竟以三十九歲的英年，與世長辭。

如果他能多活幾年，也許燕雲十六州可以奪得回來，也許日後三百餘年的中國，不會有那麼嚴重的外患，也許他的大將趙匡胤，可以在他底下繼續建功，以一介勇將終其一生……。

皇帝死得太突然，文武百官措手不及，幸好在皇帝生前，宰相范質等人，擁立年僅七歲的周恭帝即位，由符太后臨朝主事，人心惶惶。

在後周世宗駕崩之前，任命大將趙匡胤擔任殿前都點檢，掌握禁軍大權，恭帝即位，又以趙匡胤爲太尉、歸德節度使。趙匡胤的戰功彪炳，素有人望，他掌握的禁軍，是當時全中國最強大的軍隊，但是，他效忠的對象，是後周世宗個人，並不是後周的朝廷，在他的腦海中，已經開始勾勒出未來的藍圖，那是後周太祖郭威想出來的辦法，領軍出征，軍中譁變……。

「萬歲，萬歲，萬萬歲！」

這樣的聲音，在趙匡胤的腦袋中嗡嗡作響，讓他感到血脈賁張。

而這些將是屬於他開創的新朝代的故事了。

第二章：宋朝的建立

一代雄主後周世宗，死在北伐契丹的征途之上，七歲的小孩成為皇帝，主少國疑，掌握禁軍兵權的趙匡胤，依樣畫葫蘆，導演了一齣陳橋兵變的戲碼，取代後周，建立宋朝。

新的朝代建立了，五代十國的割據局面卻仍未解決，這還不是最嚴重的問題。大患來自北方，燕雲十六州仍掌握在契丹人手裡，北面無險可守，只要契丹人強大起來，隨時可以長驅南下，掃蕩中原。

艱困的局面，讓宋朝的格局，與從前的漢朝、唐朝完全不同，以內部凝聚為主的觀念，取代了大帝國的擴張與經略，使這個新的時代，呈現出迥異於以往的樣貌。

點檢作天子

公元九五九年，後周顯德六年五月，皇帝柴榮病重，急忙率領大軍，從征討契丹的前線趕回來，那時，朝廷沒有太子，後宮的符皇后也已死去，宗室當中無人封王，也就是說，假如皇帝一身故，無人可以繼承並掌握大權。

回到京師開封，柴榮已經氣若游絲，他自知病情無法挽救，只得下詔安排後事，將符皇后的妹妹立為皇后，把剛滿七歲的兒子柴宗訓封為梁王，算是指定了繼承人，六月，這位叱吒一時的雄主，以三十九歲的盛年溘然長逝，留下了孤兒寡母以及一群錯愕的大臣。

人人都在觀望。國勢不安，主上幼弱，大家都對這樣的局面沒有信心，五十多年了，從朱溫竄唐以來，改朝換代，新君登基，如同家常便飯，所謂的「皇帝」，只不過是割據中原的最強大軍閥，只不過憑藉著武力，相對壓制著天下各方的割據勢力。

不過，這樣的情況，在九年以前，後周王朝建立的時候，開始改變，後周太祖郭威，躬行節儉，嚴懲貪官污吏，致力於國家經濟的恢復與發展，他的養子柴榮，也就是剛剛才過世的皇帝，廟號世宗，進一步採取措施，發展農業，整理漕運，並且建立了許多可長可久的制度。

諸多改革當中，影響最大的，莫過於對軍事制度的變動。他不再讓地方藩鎮握有精兵，轉而強化中央禁軍的實力，身強體壯的升爲上軍，老若病羸者裁汰斥退，並且招募天下壯士，嚴格挑選，終於讓朝廷掌握了一支精實強大的部隊，改變了唐朝末年以來，藩鎮威脅朝廷，外重內輕的現象。

後周世宗的理想十分遠大，既然擁有全天下最爲精壯的軍隊，擁有絕對的力量，他就要運用這股力量，完成前人所達不到的事業。

這股力量，如同狂風，橫掃中國大地，三年之內，先後奪取了後蜀在隴西的四個州，又逼得南唐割讓了江北十四州，與之劃長江爲界，更揮軍北上，親征契丹，短短四十二天，奪取了二州三關之地。

正當他打算繼續進兵，將二十年前兒皇帝石敬瑭割讓給契丹的土地，重新搶回來的時候，忽然身染重病，而且一病不起，讓他的大業，眞的就像一場狂風，來得快，去得也快。

突如其來的局勢，讓權力者的野心，如脫韁野馬，難以駕馭。

南征北討中，立下無數功勞的大將趙匡胤，最先感受到這千載難逢的機運。

早在後周太祖郭威發動兵變，取代後漢政權的時候，趙匡胤就已經參與其中了。親眼目睹那場兵變，給予他極大的震撼，當一切布置妥當的時候，郭威領著大軍，以討伐契丹爲名，率軍出征，行至澶州（今河南濮陽），將士在郭威的策劃之下，開始鼓譟起來，他們扯下黃色的旌旗，披在郭威身上，嚷著要他當皇帝。

於是，郭威把軍隊掉頭，開回京師，政權就此轉讓。

一切就是那樣水到渠成。

「既然太祖皇帝能這樣做，我又爲什麼不能這樣做呢？」趙匡胤心想。

他的弟弟趙匡義也經常勸說兄長：「苟全性命於亂世，但求自保而已，如果有機會，誰不希望能夠成就一番功業？」

如果柴榮如他的年歲一般硬朗，趙匡胤是不會思考這些問題的，他和柴榮的關係非常親密，甚至是拜把兄弟，只要柴榮在位，趙匡胤情願在他底下擔任一員大將，替他的豐功偉業，貢獻一番心力。

然而柴榮死了，如今坐在皇帝寶座上的，只是個不懂事的小孩子，柴榮未完成的事業，將由他趙匡胤來繼續執行，果眞如此，那麼他又何需對著那樣的小孩，繼續奉獻自己的忠誠？

柴榮臨死之前做的一番安排，讓趙匡胤的野心可以更輕易地實現。那時候，禁軍之中，流傳著一句話：「點檢作天子」，這幾個字寫在一塊木板之上，被軍中的士兵發現，拿來呈獻給皇帝。

殿前都點檢，是禁軍精銳殿前軍的最高指揮官，底下還有副都點檢與都指揮使等職務，與侍衛親軍的指揮官若干人，直接向皇帝負責。柴榮總是親自領軍作戰，所以不論是都點檢還是都指揮使，都只能負責轉達與執行皇帝的軍事命令而已。

然而，一旦皇帝死了，殿前都點檢，就成爲這批精銳部隊的實際領導人，只要他不願意效忠新的皇帝，軍權就會變成奪取政權的憑藉。柴榮自知這樣的情況即將發生，所以必須要設法避免。

當時的殿前都點檢名叫張永德，他是太祖郭威的女婿，能征善戰，很受軍中將士的愛戴，也對柴榮十分忠誠。

柴榮躺在御輦中的病床上，看著士兵呈上來的木板，仔細地想了很久，他覺得，張永德的確是個將才，卻難保將來會不會克制不了野心，起來推翻自己兒子的政權，想到這裡，他當下決定，把張永德的軍職拔除，明升暗降，授張永德爲檢校太尉、同中書門下平章事。

空下來的殿前都點檢由誰遞補呢？柴榮想起了趙匡胤。

在他面前，趙匡胤向來是大公無私的，曾經有一次，趙匡胤的父親，同樣身爲禁軍重要將領的趙弘殷，出征返回，那時已是深夜，依規定城門得要封閉，不許任何人進出，於是，守城的趙匡胤不顧父親的要求，緊閉城門，並且說道：「父子固然是至親，但關閉城門的規定乃是王法，還是請父親在城外等天亮再進來吧！」

還有一次，有人告訴柴榮，說趙匡胤四出作戰，劫掠了很多金銀財寶，據爲己有，柴榮命人前去搜查，沒有搜出任何財寶，只搜到許多書籍。

後周攻打南唐的時候，南唐對後周施展離間計，秘密送給趙匡胤黃金三千兩，並且派了奸細前往後周軍營散播謠言，說趙匡胤與南唐勾結，誰知道奸細尚未抵達周營，趙匡胤已將收下的三千兩黃金，全數呈報柴榮知悉，讓南唐的計謀不但沒有成功，反而平白損失了一大筆金錢。

種種的作爲，讓柴榮對趙匡胤大爲讚賞，「就算他是有心做給朕看，能做到這樣，也很不容易了啊！」柴榮心想：「也許這樣的人，眞的能夠爲我朝效忠吧！就算他不願意效忠，把天下交給這樣的人，也是個不錯的決定啊！」

於是在他陷入彌留之前，把殿前都點檢的職位，授予原本擔任殿前都指揮使的趙匡胤，其他的將領依序遞補，以石守信爲殿前都指揮使、慕容德釗爲殿前副都點檢，李重進爲侍衛親軍都指揮使、韓通爲副都指揮、王審琦爲都虞侯，形成新的禁軍人事班底。

這些人除了韓通以外，清一色是趙匡胤的袍澤、親信與好友，如果說柴榮拔除張永德的軍職，是為了避免張永德陰謀竄位，那麼這樣的安排，只怕趙匡胤即使原本沒有陰謀，蟄伏的野心也會被撩撥得難以控制。

「皇上的意思您還不明白嗎？」年輕氣盛的趙匡義對兄長說道：「他是打算讓國給您啊！放眼當今天下，又有誰能比您更合適，完成統一天下的大業？」

「你這個小伙子，懂什麼！」趙匡胤不冷不熱地說道：「國家社稷，豈能輕易讓與外姓之人？你別胡亂聯想，還是好好的為國效力，扶助國家度過這艱難的時刻吧！」

跟隨趙匡胤作戰的幕僚趙普說道：「您這話就說得不對啦，自朱梁以來五十餘年，朝代換了多少次？皇帝的姓氏又換了多少個？光拿本朝來說，先皇姓柴，太祖皇帝卻是姓郭，子曰：『殷因於夏禮，所損益，可知也；周因於殷禮，所損益，可知也。』國家社稷，有才有德者居之，又怎麼是一家一姓之人所能掌握的呢？」

趙匡胤白了他一眼，說道：「平常你不是不愛說話嗎？今天怎麼說起來沒完，還跟我掉書袋！」

「您勸我多讀點書的麼！」趙普笑道：「更何況，現在正是您應當要做出決定的時刻，這是攸關生死的大事，我怎能不多說兩句？」

「攸關生死……」趙匡胤嘆了口氣，不再掩飾意圖：「軍中兄弟們怎麼說？」

「這點您放心吧！」趙匡義說道：「大夥這麼些年裡追隨著您出生入死，還會不支持您，跑去向那個不懂事的小孩子下跪嗎？」

「也別這麼有信心，這種事，總得先安排好才行。」趙匡胤瞪著弟弟：「像你之前搞的那個什麼『點檢作天子』的木牌，現在問題來了吧！殿前都點檢是我，這樣的話傳開了，都說我想要作天子，如此我豈不是要背負著欺負孤兒寡母的罪名嗎？」

「這您也放心吧！」趙匡義笑道：「我和趙普，會把整件事安排好的。」

後周世宗臨死前的安排，的確在寧靜的朝廷裡激起了漣漪，宰相范質、王溥等人，承襲了前代宰相馮道的遺風，力求朝政穩定，不願生事，但那些較爲激進的朝臣，就不這麼認爲了，大臣鄭起曾經上書給范質，說道：「趙匡胤深得人心，恐將對周室不利，應當趁早解除他的禁軍職務。」

范質並非沒有想過這樣的問題，只是他認爲，如今皇帝新喪，禁軍之中實在需要一個可以穩定人心的人物，所以他不但沒有接納鄭起的意見，反而建議新登基的小皇帝，加封趙匡胤爲檢校太尉、歸德節度使，用來獎勵與拉攏趙匡胤，期望他能對朝廷效忠。

這年十一月，朝廷接獲北方邊將傳來的緊急軍情，說是鎮（今河北正定）、定（今河北定縣）兩州，察覺契丹人與河東的北漢政權正在調遣重兵，企圖揮軍南下，進犯中原。

這個消息讓朝廷上下陷入一片恐慌，京師開封位在一片平原之上，由於漕運的便利而成爲五代的政治中心，然而卻無險可守，契丹人的騎兵大軍一旦南侵，不消幾天，就會打到開封城旁邊來。

契丹人的兇殘，人們記憶猶新，十多年前，遼太宗耶律德光領著幾萬騎兵，殺進開封，滅掉了由他親手扶植的石晉政權，當了三個多月的中國皇帝，這段期間，他依照著契丹傳統，放縱士兵到處劫掠，從開封到洛陽，以及鄭、滑、曹、濮等州數百里之間的財產、牲口、壯丁、美女一個也不放過，把這些地區變成一片荒野。

後來契丹人雖然因爲受不了激烈的反抗與炎熱的天氣，率眾北返，然而契丹士兵身穿皮裘皮帽，手執尖刀斬首如切菜瓜一般的兇殘模樣，早已深深烙印在中原軍民的心中。

這回聽說契丹人又要來，朝廷裡的百官鬧成一團，有人主張遷都避難，有人主張積極抵抗，甚至有人認爲應當投降稱臣。范質、王溥等人一時之間拿不定主意，就去請示符太后，把責任推給小皇帝的母親。

符太后說道：「遷都？稱臣？虧你們說得出這樣的話！沒的墜了先皇的威名。咱們大周的殿前軍，兵強馬壯，若非先皇英年駕崩，早就踏平契丹啦！如今契丹人前來送死，還不速速命令都點檢趙匡胤領軍出征，擊潰敵寇，保衛我大周疆土！」

這番話把范質等人說的冷汗直流，連聲稱是，急忙照辦。

其實，這番話並不是符皇后想出來的，而是她的妹妹教她的，她的妹妹，乃是趙匡義的妻子，而這整件事，又是由趙匡義與趙普兩人策劃出來的。

根本沒有契丹入寇這樣的事，當時契丹的「睡王」遼穆宗仍然在位，整天只知道喝酒打獵，半年前後周世宗的那場風暴差點掃進契丹國境，只差沒把他嚇得屁滾尿流，哪裡會有心思南下犯境？這些謠言不過是趙匡義等人編造出來，替趙匡胤奪取政權鋪路而已。

黃袍加身

第二年，也就是公元五六〇年正月初一，朝廷本應當慶賀新皇帝登基的第一個新年，卻被這個謠言弄得沒有心情，大臣們幾經商議，認爲世宗皇帝的顯德年號應當繼續沿用，這樣才可以讓新皇帝繼承世宗的偉業，江山代代相傳，於是這年成爲顯德七年。

同一天新皇帝下詔，以殿前都點檢趙匡胤爲統帥，領軍出征，前去抵禦南犯的遼軍。

那時候，開封城裡謠言四起，都說趙匡胤出師之日，就是改朝換代之日，百姓們驚惶萬狀，有些人甚至開始收拾細軟，準備出城避禍，山雨欲來風滿樓，宰相們卻置若罔聞。

唯一制得住趙匡胤的，就屬侍衛親軍副都指揮使韓通了，他的兒子韓微曾經建議道：「這次禁軍出征，爹您是留守，依例趙匡胤會來向您辭行，那時候，您應當在府中埋伏士兵，趁機將他殺了。」

韓通不是這麼果斷的人，他想過這樣的事，卻沒有執行的勇氣，所以他斥責兒子道：「別胡說，都點檢乃是國家棟梁，你不要隨便聽信那些謠言。」

正月初三清晨，大軍從開封城愛景門出發，為了穩定人心，趙匡胤特別命令三軍將士嚴守紀律，不得騷擾百姓，這讓百姓們開始對他另眼相看。

他們慢呑呑地，行軍了一整天，當晚，全軍來到城北四十里地的陳橋驛，趙匡胤下令安營紮寨，埋鍋造飯。

這天趙匡胤的舉止十分反常，一向遵守軍紀的他，竟然在領軍出征的時間，獨自在營帳中喝起酒來，他是很愛喝酒沒錯，不過當年追隨柴榮出征之時，他通常滴酒不沾，這回卻好像刻意要把自己灌醉似的，一連乾了好幾壺，後來終於醉醺醺地睡了。

夜深了，一群睡不著的將領，聚集在一起閒扯淡，有人說道：「當今主上，年紀又小，咱們北上，去和契丹人拚死拚活，那樣的小孩子看得見麼？能知道咱們的辛勞麼？」

「能活著回來就不錯啦！」另一人笑道：「你放心吧，假如你立下汗馬功勞，咱們的都點檢絕對不會隱瞞的。」

「就算把咱們的功績都報給了朝廷，又有什麼用呢？咱們殿前軍是為皇帝效命的，當今皇帝不值得效忠，照我看，不如乾脆擁立都點檢當皇帝，然後我們再出兵北伐，如此縱使馬革裹屍，也不枉此生啦。」

「說得好！」一個名叫苗訓的將領說道：「我稍微懂得一點天象，今日出城之時，看見天上出現兩個太陽，二者相互搏鬥，最後其中之一獲勝，這不是證明著，改朝換代的日子應當來臨了嗎？」

「沒錯，事不宜遲！」都押衙李處耘說道：「都點檢已經睡了，我們快把這件事去和書記趙普商量，叫他拿主意，都點檢最信任他，找他準沒錯。」

他們把意見告訴了趙普，滿心以為趙普必定答應，誰知趙普竟然扳起臉孔說道：「都點檢乃是大周忠臣，你們竟要逼他做出這種大逆不道的事？」

李處耘說道：「現在各軍都已聚集起來，大家的心情都很激動，如果都點檢不肯答應，只怕會有血光之災啊！」

「這……」趙普臉上露出為難的神色：「難道不能等到班師回朝嗎？」

「大家就是不肯為朝廷效力，這才要擁立都點檢，等班師回朝，豈不是和大家的本意背道而馳？」

「好吧，既然如此，我在這裡有幾句話要與各位約束。」趙普這才說到重點：「改朝換代是天命，實則人心向背所致，當前局勢並不樂觀，京師一旦發生動亂，不但會引來敵兵，而且國內各地也會隨之暴亂，這不是我們願意見到的。各位都是軍中大將，希望能嚴格約束你們的弟兄，進城的時候，不要騷擾百姓，這樣，京城人心安穩，天下也就安定，你我的富貴自然得保。」

其實整齣戲都是趙普與大將們事先安排好的，目的就是為了要約束士兵，不要製造更危險的局面。

將領們都覺得很有道理，願意全力配合，隨即與趙匡義聯絡，分頭行動，派人回開封去通知石守信與王審琦，叫他們先做好準備。

第二天清晨，天還沒有完全亮，禁軍將領們已經聚集在趙匡胤的營帳之前，他們各自帶領著部下，手執兵刃，身穿鐵甲，齊聲呼嘯道：「我們沒有主人了，願奉太尉爲天子！」

檢校太尉，那是趙匡胤剛被加封的新職位，對他而言，有些陌生，但那震天價響的吼聲，讓他即使是在宿醉之下，仍然被驚醒，披了一件外衣，步出帳外，睡眼惺忪地問道：「怎麼回事啊？」

「大哥，弟兄們有話想對你說。」趙匡義說道。

趙匡胤還沒有明白怎麼回事，就有一名將領拿著預先準備好的黃袍，披在趙匡胤的身上，說道：「這是弟兄們的意思，願奉太尉爲天子。」

黃袍加身的趙匡胤，遙遙望去，氣宇軒昂，眞有一種君臨天下的氣魄，眾將士們見了，齊聲高呼：「萬歲，萬歲，萬萬歲！」幾萬人同時跪拜下去，只有趙匡胤站著，讓他感到飄飄然起來。

不過他很快就冷靜了下來，趙匡胤出身行伍，卻不是個莽夫，他知道自己並不是第一個被部下擁戴出來當皇帝的軍人，後周太祖郭威，那是他親眼得見並且親身參與的，在郭威之前，後唐明宗李嗣源、後唐潞王李從珂的故事，趙匡胤只聽過長輩的轉述。

但他依稀知道，這些被部下擁戴而當上皇帝的前輩，最後都遭到有功部下的挾制，爲了酬庸他們，只好讓他們大肆劫掠，把老百姓扒一層皮，弄得天怒人怨，王朝的壽命自是難以長久。

「你們爲了自己的富貴，把我推出來當這個皇帝，你們願意聽從我的命令，那就可以，否則，這個皇帝，我不做也罷！」

眾將垂首聽令，等待趙匡胤示下。

「各位隨我回開封後，絕對不可以侵犯太后、陛下以及朝廷百官，也不可以任意在市街上搶奪財物，如果有違反號令者，一律滅三族！從前軍中擁戴皇帝，總是縱容士兵搶掠，這豈是長久之計？既然要我當皇帝，我就要當個長久王朝的開國皇帝，不要像近代皇帝那樣，只傳了一兩代，王朝就告終！」趙匡胤停頓了一下，看著眾人的表情，補充說明道：「當大事底定之後，我自然會重重賞賜，這一點你們可以放心。」

眾將官們歡呼起來，簇擁著他們的新皇帝，從陳橋驛折返，目標直指開封。

回程的速度遠比出發時迅速，不消幾個時辰，大軍便已兵臨城下，守城的將領石守信、王審琦等人，早已接到密報，一等大軍到來，他們便將城門打開，迎接趙匡胤入城。

那時早朝還沒有結束，宰相范質聞聽巨變，臉色刹時慘白，痛悔萬分地對同僚王溥說道：「倉促之間，讓趙匡胤出征，這是我們的罪過啊！」他緊緊握著王溥的手，幾乎把王溥的手抓破，王溥卻呆若木雞，一句話也說不出口。

最後悔的就是韓通，他本來有機會可以殺掉趙匡胤，避免這種情形發生的，他懷抱著恐懼的心情，出了朝堂，跨上馬背，火速趕回家，打算率領徒眾抵抗，行至途中，被趙匡胤的部將王彥升看見，於是王彥升也跳上馬背，緊緊跟隨在後。

韓通在家門口下馬，推開紅漆大門，正打算進入府內，回頭一看，王彥升手上拿著亮晃晃的尖刀，面露兇光叫道：「奉旨誅殺奸臣，韓通，納命來！」手起刀落，韓通還沒弄清楚發生什麼事，腦袋已然滾落在自己家門口。

趙匡胤入城，登上明德門，訓令各軍解甲歸營，向石守信等人交代了幾句，轉身回到自己的都點檢衙署，片刻後，士兵們半推半請地，將范質等人帶到趙匡胤跟前，趙匡胤將黃袍脫下，握著范質的手說道：「我受到世宗皇帝厚恩，如今卻在將士逼迫之下，做出這種事，實在有愧天地，你說我該如何是好呢？」

范質還沒有開口，一旁的將領羅彥瓌忽然拔出佩劍，砍在桌上，怒道：「您不能說這種話，天下無主，今天一定要有一位新皇帝出來！」

王溥比較識相，率先跪了下去，口中直呼萬歲，范質跟著兩腿一軟，也伏首稱臣，兩名朝廷領袖都已表態支持，其餘的大臣也都隨之起舞，不敢反抗，後周朝廷只剩下七歲的小皇帝和他的母親，兩人哪敢作對？就在當日下詔，禪讓帝位給趙匡胤。

由於趙匡胤擔任歸德節度使，治所位於宋州，因此，國號定名為宋，改元建隆，是為宋太祖，國都仍然訂在開封。

這場軍事政變，自始至終，趙匡胤都把自己的立場，擺在相當超然的地位之上，所有的策劃與執行，似乎都由弟弟趙匡義、親信趙普以及一些將領來進行，然而實際上，幕後的眞正主使，必然是趙匡胤，否則他怎能任憑親信，在身旁布置得如此周密而毫不自知？

那件早已準備妥當的黃袍，就已說明了這一切。黃色是帝王的服色，一般將領根本不被允許擁有黃袍，如果這場軍事政變不是事前安排好的，那麼那件黃袍是從何而來？

趙匡胤的城府深，心機重，懂得事前規劃，一旦舉事，自然水到渠成，功德圓滿，他有著如此縝密的心思，和一般的武人不同，繼承了後周的朝廷以後，他也由衷的希望，自己能夠建立一個不同於以往的朝代。

杯酒釋兵權

宋朝剛成立時，天下仍然分崩離析，「五代」梁、唐、晉、漢、周已經成為歷史陳跡，「十國」卻還存留著北方的北漢，南方的南唐、吳越、後蜀、南漢、南平等勢力，宋朝能夠掌握的，不過就是後周所留下來的土地而已。

「唉！」宋太祖長嘆一聲，「天下分崩，不知何年可止？」就連後周的領土，也無法完全掌握，宋太祖登基之後不出三個月，就傳來坐鎮潞州（今山西上黨）的昭義節度使李筠打算起兵叛變的消息。

李筠乃是後周宿將，與開國皇帝郭威平起平坐，連柴榮都不怎麼瞧得起，何況是宋太祖？因此當宋太祖一登基，他便開始積極籌畫，與北漢聯合，打算反抗開封的新朝廷。

他的兒子李守節不贊成這種作法，頻頻規勸父親不宜與契丹卵翼下的北漢聯兵，李筠覺得很煩，剛好宋太祖安撫李筠的詔書送到，封李筠為中書令，李守節為皇城使，李筠便趁這節骨眼，叫兒子親自前去開封謝恩。

當宋太祖看見李守節時，笑著對他說道：「隨便派個使臣來就好啦，怎麼勞煩太子殿下親自前來呢？」

「太子殿下……」李守節聽了，渾身冒冷汗，說道：「皇上您說笑了……想必是有人在皇上面前說壞話，離間臣父，皇上您千萬別誤會！」

「說笑是真，誤會只怕未必。」宋太祖嘉許地看著李守節：「朕知道你已經勸過你父親許多次了，如今你父親讓你前來，是想假朕之手把你給殺了，也好讓他有個起兵的理由。你回去告訴他，當初朕還沒當天子的時候，或許可以任由他跋扈囂張，如今朕為天子，可不容許他為所欲為！」

李守節回潞州，把新皇帝的話轉告父親，勸父親懸崖勒馬，李筠卻是一不做二不休，公然反叛，發佈檄文，宣布討伐趙匡胤，並且攻下澤州（今山西晉城），繼續揮軍南下，打算一舉攻佔開封。

有部下勸說道：「開封的兵馬，乃是天下精銳，難與爭鋒，不如順著太行山南下懷、孟，進軍虎牢，掌握洛陽，建立基地，以爭天下，這才是王者之道。」李筠求勝心切，不接受這樣的意見，要和他所瞧不起的後生晚輩決一死戰。

宋太祖得知李筠進軍路線，鬆了一口氣，對石守信等人說道：「只要他不西下太行山，那就不成問題，我軍必勝。」

這時，忽然有個地方官員名叫翟守珣，自稱有要事稟報，見了宋太祖，說道：「淮南節度使李重進聞聽潞州之變，打算與李筠聯絡，偕同進攻，命我前去潞州，我見此事必將導致兵禍連結，不忍百姓受苦，因此前來稟奏此事，望陛下明察。」

宋太祖搓著下巴上的一縷鬍子，心中忖道：「如果李重進和李筠聯絡上了，一南一北的夾攻，那恐怕不好受啊！」笑著對翟守珣說道：「李重進派你去當聯絡人，他很信任你吧？」

「微臣惶恐，但他眞的視微臣爲心腹。」

「你不必惶恐，朕就希望你能夠得到他的信任。」宋太祖諄諄吩咐道：「你回去向李重進說，千萬不可以輕舉妄動，盡量拖延他的時間，待朝廷解決李筠，李重進便不是問題，到時候，必有重賞。」

翟守珣十分成功地達成了自己的使命，在李重進面前說得天花亂墜，極力說明不應出兵的各種理由，讓李重進輾轉猶豫，不知道自己到底應該如何是好。

另一方面，宋太祖御駕親征，迎戰李筠，派遣石守信、高懷德擔任正副前鋒，與駐紮在眞定（今河北正定）的慕容延釗會合，在著名的古戰場長平（今山西省晉城縣東北），大敗北漢的援軍，活捉北漢監軍盧贊、節度使范守圖二人，逼使李筠退守澤州。

宋太祖親率主力，進入太行山，取山道與友軍會師，路上亂石嶙嶙，崎嶇難行，宋太祖已貴爲皇帝，仍不改當年領軍作戰的軍人本色，身先士卒，親自動手搬石開路，將士們見狀，個個爭先恐後，清除障礙，很快地開出一條平坦的山路，讓大軍得以迅速通過，前去和石守信會合。

士氣高昂的宋軍，在皇帝親自督戰之下，戰力更是驚人，敢死隊數十人奮勇登上澤州城，宋太祖領兵接應，沒過多久便將城池攻破，李筠不願投降，自焚而死，遠在潞州的李守節聽說了這個消息，便舉城投降，整場叛亂不過兩個多月，就告平定。

李重進在揚州，越看越覺得情況不對勁，心想自己是後周姻親，終究難以在新的朝代裡保全功業，不久，宋太祖下達詔書，命令他移往青州（今山東益都），李重進大爲憤怒，於是起兵叛宋。

「此時舉兵，爲時已晚啊！宋主已將李筠擊滅，我軍又怎麼能是殿前軍的對手？」

「舉兵在即，竟敢說這種喪氣話？」李重進盛怒之中，聽不進任何意見，把那些勸說他的將領們，全部斬首，還向南唐國主李璟求援，希望能獲得幫助。李璟自顧不暇，又不敢得罪宋朝，所以拒絕了李重進的請求。

建隆元年十月，宋太祖做出周密部署，命石守信、王審琦等將領，率領軍隊從開封之旁的汴河順流而下，直驅淮河北岸，又在趙普的建議下，親自領兵南行，以壯聲勢。十一月，石守信的大軍攻破揚州，李重進率領著全體族人，自焚而死，這場動亂也告平定。

在不到一年的時間裡，宋太祖就把後周的反抗勢力弭平，從此牢牢地控制住後周的疆域，也讓朝代的更替迅速爲人們所接受。

後周舊臣不敢造次，全都服服貼貼，而開國功臣則論功行賞，加官進爵，慕容延釗晉升爲殿前都點檢、高懷德爲殿前副都點檢、石守信爲侍衛親軍馬步軍副都指揮使、王審琦爲殿前都指揮使等等。

這是宋太祖身爲軍人的義氣，如果不是這幫情同手足的袍澤力挺，宋太祖是沒有辦法當上皇帝的。然而，他是個聰明人，知道這些手握重兵的將領，終究是自己或是他們趙家權力地位的潛在威脅，但是他又不打算像漢高祖劉邦那樣，兔死狗烹地誅殺功臣，於是他決定採取比較溫和的手段。

建隆二年，公元九六一年，宋朝局面已經大致穩定，慕容延釗進京面聖，宋太祖一面慰勞他的戰功，一面希望他能交出殿前都點檢的職務。

「畢竟朕也曾經當過這個職務，你一直待在這個職位上，免不了有人要說閒話。」宋太祖把話說得十分明白。

慕容延釗怎能聽不出含意？於是將都點檢的印信交出，宋太祖微笑著收下，以後，就把「殿前都點檢」這個讓他當上皇帝的職位永遠裁撤掉了。

僅僅是這樣，宋太祖的內心還是不怎麼踏實，趙普最瞭解他的心思，卻從不主動向他建議。有一次他問趙普道：「自從唐末以來，戰亂不斷，變換朝代就像換衣服一樣，兵荒馬亂，百姓痛不欲生，餓死溝壑，情狀慘不忍睹，你說這到底是什麼道理？」

趙普笑道：「您終於問起啦！」他正色道：「國家混亂，毛病就出在藩鎮尾大不掉，如果將兵權集中到朝廷，天下自然太平無事。」

「嗯，你說得很對。」宋太祖道：「可是，如今藩鎮尾大不掉的局面，似乎不像唐末那般嚴重啊！為何仍不見太平之日到來？」

「說藩鎮，其實只是打個比方。」趙普道：「部下掌握兵權，不論掌握什麼兵權，那就是危險的開始，掌握藩鎮危險，掌握禁軍更危險。」

宋太祖沉吟起來，沒有表示什麼。

趙普直接說道：「禁軍大將石守信、王審琦等人，兵權太大，還是把他們調離禁軍為好。」

宋太祖皺皺眉道：「這些人是朕的老朋友了，怎麼會起來反對朕呢？」

趙普說道：「並不是他們會起來反對陛下，只是依臣所見，這兩個人沒有統帥的才能，管不住底下的將士，有朝一日，下面的人鬧起事來，只怕他們也身不由己，萬一到時候又來一場黃袍加身，那豈不糟糕！」

宋太祖敲敲自己的腦袋，笑道：「眞是的，竟然沒想到這點，多虧你提醒啊！」

那年秋天，宋太祖於晚間舉行御前會議，會後，宋太祖留下石守信、王審琦、高懷德，還有馬步軍都虞侯張令鐸、步軍都指揮使趙彥輝等將領，請他們在皇宮內苑喝酒，共敘舊誼。

他們就像當年一同在禁軍共事的時候一樣，把酒言歡，這時候，他們是袍澤，是朋友，不是君臣。

酒酣耳熱之際，宋太祖舉起酒杯，對眾人說道：「這一杯，朕先乾爲敬！」仰起脖子灌了下去，眾人舉起酒杯正待要喝，宋太祖忽然長嘆一聲道：「要不是有你們幫助，朕也不會有如今這個地位，你們都以爲朕坐在這個位子上很風光，唉，你們那裡知道，皇帝這個位子實在不好坐，還不如當年做個節度使的時候自在，自從登基這一年多以來，朕從來沒有一天睡得安穩。」

石守信等人聽了，十分驚奇，爭問其故，宋太祖道：「其實很容易明白呀，這個位子，誰都想要，朕日夜都得擔心，哪天會被人給拉了下去。」

眾人聽出了話中的含意，慌忙地跪在地上說道：「陛下爲什麼說這樣的話？如今天下已經安定了，誰還敢對陛下生出這樣的非分之心？」這時候，他們的關係，忽然又從朋友恢復成君臣了。

「對你們幾位，朕是可以信得過的。」宋太祖把玩著酒杯，似笑非笑地說道：「只不過，你們的部下將士當中，若有人貪圖富貴，把黃袍披在你們身上，到時候就算你們不想幹，恐怕也由不得你們了。」

聽到這裡，石守信等人感到大禍臨頭，連連磕頭，含著眼淚說道：「臣等愚昧無知，沒想到這一點，請陛下指引一條出路。」

「人生在世，如白駒過隙，一閃即逝。」宋太祖悠悠說道：「在朕看來，之所以貪圖富貴，不過是希望多積蓄金錢，讓自己一生一世享受不盡，而且還能留給子孫萬貫家財，如此而已。」他向眾人掃視一眼，每個人都跪著，不敢抬頭看他，他冷笑一下，繼續說道：「眾位愛卿，不如將兵權交付國家，到地方上去做個閒官，多置田產房屋，給子孫留下萬世不搖的家業，還可以在家中安置歌姬美女，日夜飲酒作樂，終其天年。朕並與眾位愛卿，結爲兒女親家，君臣之間，毫無猜疑，這樣不是很好嗎？」

這番話說得那樣明白，一點轉圜的餘地也沒有，看見這樣的態勢，石守信等人，只好叩首齊聲說道：「陛下對臣等的思慮眞是周密，眞有起死回生的恩惠啊，多謝陛下恩德。」

「呵呵，如此甚好。」宋太祖舉起空杯讓太監斟滿，朗聲說道：「你們還跪著幹什麼？快起來，喝酒，喝酒！」

酒席一散，大家各自回家，第二天上朝，每人都遞上一份奏章，說自己年老多病，請求辭職。宋太祖馬上允許，收回他們的兵權，賞給他們一大筆財物，以石守信爲天平節度使、高懷德爲歸德節度使、王審琦爲忠正節度使、張令鐸爲鎭寧節度使、趙彥輝爲武信節度使。

這年頭的節度使，和唐末五代完全不同，只是一個虛名，沒有實權，宋太祖讓他們去地方上當節度使，的確是讓他們去養老了，只有石守信還掛著侍衛馬步軍都指揮使的頭銜，但也僅止於掛名而已。

不久，宋太祖眞的和他們結成了親家，他把自己守寡的妹妹嫁給高懷德，把女兒嫁給石守信與王審琦的兒子，讓自己的三弟趙光美娶了張令鐸之女爲妻，這些開國元勳，總算保全了自身的榮華富貴。

歷史上把這件事稱爲「杯酒釋兵權」。

宋太祖本想再找一個人專門掌管禁軍，他看上了天雄節度使符彥卿，趙普極力反對，他說道：「符彥卿的爵位已經夠高了，怎麼可以託付兵權給他？」

「不要緊吧，朕對他如此優厚，他怎會做出對不起朕的事情來？」

趙普直接了當地說道：「想當初後周世宗對待陛下也很優厚啊，陛下怎麼做得出對不起世宗的事情來呢？」

宋太祖苦笑道：「你這個傢伙，說起話來還眞是不留情面啊！」他雖然對趙普的話很生氣，但終究還是打消了原意，從此讓皇帝本人成爲禁軍的最高統帥，免除將來重新上演「陳橋兵變」的機會。

收回將領們的兵權以後，建立了新的軍事制度，從地方軍隊挑選出精兵，編成禁軍，由皇帝直接控制；各地行政長官也由朝廷委派，不需通過節度使，中央指揮地方，如同大腦驅使手腳那般容易，這些措施，讓新建立的大宋王朝，軍政制度開始穩定下來，也較過去的朝代更加集權中央。

統一的大業

權力的穩固與兵權的收回，只不過解決了部分的問題，擺在宋太祖前面的，還有一個大問題，那就是他必須盡快結束天下割據的局面，重新實現全國的統一，如此，他才能名正言順地以後周世宗的繼承者自居，也才能讓自己的朝代獲得更爲廣大的支持。

幾個割據勢力裡，北漢距離宋朝都城開封最近，而且敵意最深，又依附著契丹，隨時可能對宋朝造成危害，宋太祖很想先把這個麻煩解決掉，並且不只一次，將這樣的想法提出來，和眾人討論。

宰相魏仁浦表示反對，他道：「欲速則不達，請陛下三思。」

老朋友張永德也表示反對，他說道：「兵力不多，但是十分強悍，還有契丹奧援，輕起戰端，恐怕會不可收拾。」

對張永德，宋太祖是非常信任的，當初若不是後周世宗把張永德的軍職解除，那也輪不到宋太祖發動兵變，但是當他登基以後，張永德卻對他非常支持，從來不曾表示不滿。「你覺得，應該怎麼辦呢？難道就放著身旁有這樣的強敵而不管嗎？」宋太祖這樣問他。

張永德答道：「北漢當然必須攻取，卻不能急於一時，應當先派散兵游勇，混入北漢境內作亂，使之疲於奔命，再以間諜離間他們和契丹的關係，然後再謀劃攻打北漢。」

「你說得很有道理，不過……」

張永德的視野，究竟不如宋太祖那麼寬廣，宋太祖需要的是平定天下的方略，張永德卻只能提供片面的對敵之道。

一天夜裡，雪花紛飛，空氣彷彿都要凝結，皇帝最親信的大臣趙普，往往退朝以後，都不敢脫去朝服，因爲皇帝隨時都有可能造訪，可是，看今天的天氣，皇帝應當不可能來訪了吧！想到這裡，趙普安心地上床休息去了。

孰料沒過多久，趙普就被一陣急促的敲門聲驚醒，打開門一看，來人方面大耳，氣宇軒昂，赫然竟是宋太祖本人，趙普大吃一驚，連忙打算下跪行禮，被宋太祖一把攔住，「別見禮了，今兒個是老哥們喝酒聊天，沒有君臣！」

過了不久，宋太祖的弟弟趙光義也來了，趙光義就是趙匡義，宋太祖即位，爲了要避諱的緣故，才把兩人名中同有的「匡」字去掉，改名光義。

三人圍著火爐，幾碟小菜，幾壺美酒，就如同當初陳橋兵變前夕那樣，雖說是酒、菜都比當初精緻了許多，但三人談論的內容，仍舊足以扭轉天下大勢的話題。

「三更半夜的，天又那麼冷，陛下您爲何要出宮呢？」趙普問道。

「睡不著啊！」宋太祖仰頭乾了一杯，嘆道：「臥榻之外，全都是別人的地盤，這叫朕如何能夠安歇呢？」

趙光義早知道兄長的脾氣，想到什麼就做什麼，不過三更半夜把人找來喝酒，倒也眞不知道替人著想，所以他沒說什麼，只是笑著喝了幾口酒。

「不知陛下有何打算。」趙普問道。

「當然得要開始南征北討了。」宋太祖答道。

「也該是時候啦！」趙光義說道。

「陛下打算如何開始？」

宋太祖沉吟道：「朕打算先從太原下手，不知道你們覺得如何？」

太原是北漢的首都，離開封不遠，總讓宋太祖覺得芒刺在背，所以他故意不理會先前群臣的意見，仍提出要先對付北漢。

趙普沉默了半晌，與趙光義對望一眼，說道：「陛下打算先攻擊北漢嗎？臣沒有什麼好說的了。」

眼見二人似乎都對自己的意見不表贊同，宋太祖問道：「你們究竟為何，全都反對朕先打北漢？他們對我朝威脅最大呀！」

趙普說道：「如今先打太原，乃是以我朝單獨之力，對抗北漢與契丹，若是先將南方諸國平定，再來圖謀北漢，如此乃是以全天下去和那彈丸之地相爭，這樣還有什麼好擔憂的呢？」

宋太祖看了趙光義一眼，趙光義也點了點頭表示同意，宋太祖於是笑道：「朕明白啦，你們不用多說了，其實朕也就是這個意思，先前那番話，只不過是朕在試探你們的意思而已。」

於是，「先南後北，先易後難」，成為宋朝統一天下的最高指導原則。

放眼南方各國，割據江東的南唐實力較強，統治區域也較廣；後蜀位於四川盆地，國力較弱，但是地形險要，易守難攻；湖北、湖南地區的割據局面最為混亂，實力也最弱。

建隆三年，公元九六二年冬天，割據湖南的半獨立勢力——武平節度使周行逢去世，繼任的兒子周保權只有十一歲，他的部下衡州（今湖南衡陽）刺史張文表不服，起兵反叛，攻佔了武平節度使的根據地潭州（今湖南長沙），周保權向宋朝求救，宋太祖認為機不可失，於是在第二年正月，派遣慕容延釗、李處耘領兵出征。

這次出兵，宋太祖另有打算，他對宰相范質說道：「如今江陵四分五裂，既然出兵湖南，就順便也假道荊南，如此豈不是一箭雙鵰嗎？」

荊南約等於今日的湖北地區，首府正是江陵，此時正由南平王高繼沖統治。高繼沖的叔父高保勖執政時，曾經向宋太祖上書表示順從，宋太祖封他爲荊南節度使，實際上仍是個獨立政權。大軍出發之前，宋太祖便已經探聽清楚敵人的虛實，知道南平軍力不強，而且十分不得民心，所以沒怎麼把這個敵人放在眼裡，果然，宋軍入侵的消息，使得南平內部分爲投降與抵抗兩派，國主高繼沖猶豫不決，最後還是很有自覺地，交出荊南三十六縣，奉表投降，保全了自己的富貴。

正當宋軍兵不血刃地解決了荊南問題之時，張文表的叛變，竟然已被周保權的部下楊師璠打敗了，他們收復了潭州，解除了危機，不再需要宋軍的幫助，然而，宋軍得知了這個消息，並沒有停止進軍，這讓周保權覺得情況不妙，連忙召集將領，商討對策。

商量的結果，他們決定抵抗，就在此時，宋太祖的詔書也傳到了：「王師乃是你們上表請來的，挾著王師的雷霆天威，這才讓你們撲滅叛亂，而如今你們又拒王師於城外，這是什麼道理？奉勸你們不要自取滅亡，造成百姓塗炭。」

這樣的威嚇並不能嚇倒湖南軍，戰端遂起。

宋軍方面的主帥乃是李處耘，他用了十分殘忍的方法對付敵人，將抓來的俘虜，挑了幾十個比較肥胖的，丟進大鍋裡煮，然後把剩下的俘虜，臉上刺字，對他們說道：「回去轉告你們的主子，要是不肯投降，將來就把你們全都煮來吃！」

駭人的消息傳到朗州（今湖南常德），駐紮在當地的周保權軍主力果然嚇破了膽，還沒打，就先投降，朗州陷落，周保權被俘虜，湖南十四州六十六縣土地，歸於大宋所有，宋軍只花了兩個月的時間，就把湖北、湖南完全收服。

兩湖底定，不但讓宋朝奪取了這個廣大的糧倉，同時也在軍事上阻斷了後蜀、南唐與南漢之間的聯繫。

最緊張的就是後蜀了，荊湖落入宋朝掌握，使得後蜀的門戶洞開，東面與北面都受到威脅，隨時可能遭受到宋軍的水陸兩面夾攻。

後蜀國主孟昶，毫無治國才能，倒是個鋪張浪費的能手，在他的成都宮殿裡，就連便壺上面，都鑲上了七彩的寶石，而他身旁掌握軍政大權的那些臣子如王昭遠、韓保正、趙崇韜等人，也都是既不懂政治，也不懂軍事的庸才。

「煩暑郁蒸無處避，涼風清冷幾時來？」蜀中流傳著這兩句詩，他們把後蜀腐敗的政治比喻爲煩躁的酷暑，期待著涼風前來解除他們的痛苦，如果沒有更好的選擇，那麼宋朝的統治，就是他們的「涼風」。

這陣涼風吹進成都的朝廷，就成了暴風，大臣們雖然無知，卻也感受得到。樞密大臣王昭遠打算和北漢通好，夾攻宋朝，一舉拿下關中隴右之地，便寫了一封信，藏在蠟丸之中，囑咐孫遇、趙彥韜等人所組成的使節團，秘密北上，去和北漢聯絡。

途中經過開封，趙彥韜幾經思索，爲了替自己的將來著想，決定投靠強大的宋朝，於是拿著蠟丸，進獻給宋太祖。

捏碎蠟丸，展書觀覽，宋太祖不但沒有生氣，反而開心地笑道：「這下子師出有名啦！」

原來他早就計畫著要攻蜀，一面派人訓練軍隊，一面派人偵察陝西四川一帶的地形，爲出兵做準備，只可惜一直找不到出兵的藉口，這顆蠟丸，正好給予宋太祖發動攻擊的口實，於是他立即派遣大將王全斌爲主帥，與劉光義、崔彥進、王仁贍、曹彬等將領，率領步騎兵五萬人，偕同水師兩路進攻。

臨行之前，在崇德殿舉行宴會，宋太祖告誡各軍將領：「此次出兵，大軍所至，不得焚燒擄掠百姓，違者以軍法從事！」對王全斌說道：「打下城寨，將軍械糧秣造冊登記，將銀錢布帛分賞給眾將士，朕所欲得者僅有土地而已。」又拿出地圖，指著上面的夔州（今四川奉節），對水師統帥劉光義說道：「蜀軍在此部署了鎖江浮橋，又有三重柵寨，列置石砲，千萬不得貿然挺進，先等步騎兵沿著兩岸襲擊，將浮橋擊破，然後才可以水陸並進，大破敵軍。」

皇帝是沙場老將，他說的話，底下的部將人人信服。

後蜀方面得知宋軍壓境，蜀主孟昶指派王昭遠、趙崇韜等人，領兵扼守各個要塞關隘。「宋軍是你招來的，」孟昶對王昭遠說道：「希望你能率軍立功。」

王昭遠讀過幾本兵書，覺得行軍打仗根本沒有什麼了不起，來到前線，手裡晃著鐵如意，談笑風生，自以爲是諸葛亮，還口出狂言道：「由我領軍，不但可以拒宋軍於國門外，就算揮軍中原，也是易如反掌！」

裝模作樣並不能改變事實，蜀軍一與宋軍接觸，就連敗好幾陣，北路宋軍在王全斌的指揮下，連破數十寨，奪糧七十多萬石，王昭遠這才知道，諸葛亮不是那麼好當的，慌忙地燒掉了棧道，退守劍門。

劍門乃是成都的屏障，地形極爲險要，有「一夫當關，萬夫莫開」的說法，後蜀把所有的部隊都集中到此地，又派了孟昶的兒子孟玄喆領兵三萬增援，一時之間，王全斌也不知道該如何下手，後來他從敵方投降的士兵口中，得知東南邊的山區有一條小路，可以繞過劍門，當下率領全軍，從山路進發，兩面包圍劍門。

蜀軍沒料到宋軍竟然會從南面來攻，嚇得驚慌失措，王昭遠留下部分偏將守在劍門，自己率領主力退往漢源坡，結果還沒抵達目的地，就聽說劍門被宋軍攻下，全軍戰力瓦解，被王全斌追上，斬首一萬多級。

王昭遠逃往東川（今四川三台），躲在糧倉裡面流淚哭泣，先前的威風全都消失得無影無蹤，後來還是免不了被俘虜的命運，與趙崇韜二人，一同被押往開封。

宋軍的東路水師方面，進展也十分順利，劉光義、曹彬依照宋太祖的指示，攻破夔州，勢如破竹，連下萬（今四川萬縣）、施（今湖北恩施縣）、開（今四川開縣）、忠（今四川忠縣）四州，沿途蜀軍不戰而降，大軍直指成都，準備與北路的王全斌會師。

蜀主孟昶自知窮途末路，嘆道：「我孟家父子錦衣玉食養兵四十年，一遇到敵人，竟然潰不成軍，如果今日固守城池，誰能爲我效命呢？」

宰相李昊勸道：「宋軍已經逼近，爲了百姓著想，還是請陛下順應時勢吧！」

孟昶點了點頭，無力地說道：「你去把降表寫一寫吧！」

當年前蜀被南唐所滅，就是由這位李昊起草降表，這時後蜀投降，還是由他起草降表，那天夜裡，有人在宰相府門口貼上一張紙條，上面寫著：「世修降表李家師」。

乾德三年，公元九六五年正月，後蜀正式投降宋朝，蜀中四十五州一百九十八縣的土地，全歸宋朝所有，總計從出兵到佔領成都，只花了六十五天。

軍事行動十分順利，佔領軍卻在成都出了紕漏。

王全斌的部下紀律很差，進了成都以後大肆劫掠，不但殘殺百姓，連後蜀的降兵也遭到任意的欺凌，四川人民原本對宋朝的期望化爲泡影。

那年三月，忍無可忍的降兵起身反抗，推舉文州（今甘肅文縣）刺史全師雄爲統帥，攻佔彭州（今四川彭縣），各地紛紛響應，兩川十六州十餘萬部眾都奉全師雄號令，宋軍只能固守在成都。

宋太祖在開封得知此一情況，十分震怒，加派了更多軍隊增援，在劉光義的率領下，鎮壓各地的反抗勢力，直到乾德四年十二月，才把整個局面重新穩定下來。

經過調查，發現動亂的罪魁禍首乃是王全斌，宋太祖的怒氣更盛。

「我朝以仁義之師的名義入川，你卻做出土匪的行爲？」他對著王全斌大罵：「臨行之前，朕是怎麼交代的？不得焚燒擄掠百姓，違者以軍法從事，記得嗎？」他很想把王全斌處以極刑，只是念在王全斌作戰有功，僅將王全斌貶職，不再讓他帶領軍隊。

「要是朕的部下都像這樣，那我大宋還有什麼名義弔民伐罪？」

其實，對當時天下大部分人來說，宋朝的四處征戰，還是可以稱得上「弔民伐罪」的，殺掠只屬暫時，苛政卻是長久。

割據嶺南兩廣一帶，六十州兩百四十縣土地，以廣州爲國都的南漢政權，就是當時天下苛政的代表，君主劉鋹既殘暴，且奢侈，建造了美輪美奐的宮殿，整天在宮中與各地進獻來的美女嬉戲，把政事交給一群無能的宦官管理。

他們完全把百姓當成奴隸驅使，強迫百姓潛入海中採集珍珠，用來裝飾宮殿，爲了鎮壓反抗，他們還創設了許多酷刑，如炮烙、截舌、灌鼻、燒煮等等，還強迫犯人與猛獸對打，把這個當成娛樂。這些事聽起來殘忍，在歷史上卻不是新鮮事了。

宋朝相繼消滅南平、後蜀，天下一統乃大勢所趨，劉鋹卻沒有認清事實，不時與宋朝發生邊境糾紛，甚至還自不量力地攻擊宋朝。

從開封來的討伐軍，直到開寶四年，公元九七一年的二月才來到廣州，距離後蜀之滅，足足隔了六年，這一方面是因爲後蜀方面問題叢生，另一方面是因爲宋太祖把目標暫時擺在北方的緣故，由於契丹出面協助，宋朝大軍未能攻佔太原，消滅世仇北漢，只好撤退，轉而指向腐敗的南漢。

那時，南唐後主李煜爲了向宋朝示好，曾經寫信給劉鋹，要他認清時勢，向宋太祖稱臣投降，遭到劉鋹的拒絕，於是宋太祖命令大將潘美、尹崇珂、王繼勛等人領兵從湖南南下，避開南嶺的險阻，發動進攻。

那時南漢許多大將都被劉鋹殺死，只剩一些宦官掌握兵權，聽說宋朝大舉來攻，慌忙迎戰，哪裡是對手？珠江上游州縣相繼失守，劉鋹驚惶萬狀，命人把四處搜刮來的金銀財寶、美人嬪妃送往船上，打算渡海逃亡，想不到船隻全被宦官與衛兵盜走，無奈之下，派人前往宋營投降，但居然連使者也逃走了，狼狽不堪的他，最後只好被兵臨城下的宋軍俘虜。

曾經不可一世的南漢國主，像個囚犯一般被押往開封，宋太祖待他，倒是如同其他投降的國主那般禮遇，賜予宅邸，封以官爵。

某一天，宋太祖請他飲宴，賞他酒喝，劉鋹以爲那是毒酒，哭著下跪說道：「微臣繼承父祖之業，抗拒朝廷，累得王師勞頓討伐，罪固當誅。可是，陛下您已經賜臣不死了，如今怎好反悔？臣願意成爲開封城裡的一個布衣平民，觀看陛下的太平盛世，卻不敢喝陛下賞賜的這杯酒啊！」

宋太祖笑道：「朕待人向來推心置腹，怎麼可能幹出用毒酒害人的事來！」說完，取過劉鋹的酒杯，一飲而盡，這讓劉鋹感到十分慚愧，一顆心卻也安穩下來，此後便安安分分地享受宋朝給他的那份俸祿，也對宋太祖十分忠心，經常在飲宴之中插科打諢，逗皇帝開心，並且還展現他的才藝，用珍珠編成一副精美的馬具，進獻給宋太祖。

宋太祖嘆道：「這個劉鋹，頭腦靈活，口才辨給，又有這麼高超的手藝，如果他能把自己的天賦，放在治國上面，又怎麼會把國家葬送在朕的手裡呢？」

有很多時候，相同情況總是一再上演，十國當中佔地最廣的南唐，國主李煜就是個很有天賦的人物，精通詩詞、音樂、書畫，是個歷史上有名的藝術家，可惜他的才能，也沒有辦法發揮在治國方面。

後周世宗當年奪取了南唐淮河流域的土地，使它退縮到江南地區，即使如此，它仍舊是所有割據勢力裡面最爲強大的，基於地利之便，南唐的領地土壤肥沃，經濟繁榮，相對而言是最爲富裕的地區，只不過因爲南唐的統治者在政治方面的能力都很低落，致使它的國力難與中原相抗衡。

「自知之明」也許是南唐國主在政治上唯一的優點，宋太祖登基的時候，李煜的父親李璟不敢怠慢，立即進獻了大量珍寶表示祝賀與恭順之意；宋朝平定了李重進之亂，以水師在長江江面耀武揚威，李璟非但不敢抗議，反而派人送去美食勞軍；李煜即位之後，每年向宋朝進貢金銀財寶，從來不敢斷絕。

如此委曲求全，或許是小國自保的好辦法吧，然而，當李煜看到宋太祖接連消滅了周圍三個小國，才認清一個事實：宋朝絕不會以這樣的局面為滿足，攻擊的目標遲早有一天會指向金陵（今江蘇南京，南唐國都）。於是他趕快派使者給宋太祖送去一封信，表示願意取消南唐國號，將所有的朝廷制度降級，自己改稱「江南國主」，永遠當個宋朝的藩屬。

擔任使者的並非等閒，乃是李煜的弟弟李從善。宋太祖看著李煜的信，笑著點點頭道：「這樣很好啊！」表面上他似乎同意了南唐的請求，實際上卻從來沒有承諾此後不伐南唐，他把李從善強留下來，賞給他一座富麗的宅邸，對他說道：「你就別回去了，反正不久之後，你的兄長也將要來作你的鄰居。」

南唐南都留守林仁肇駐紮在壽春（今安徽壽縣），眼見宋朝虎視眈眈，終將吞併江南，於是上書李煜，說道：「宋師征討嶺南，道遠兵疲，駐守淮南的兵力薄弱，請准許臣領兵自壽春渡江，收復淮南，等到宋師前來，則以江淮之地禦之，事成，則國家享其利，不成，可將一切罪過推在臣的頭上，臣願舉族盡誅以報效國家。」

這樣大膽的計畫，不是文弱的李煜所能想像的，他自然不會接受，不過，林仁肇的計畫，不知為何竟被宋太祖知悉，「這個傢伙，想出來的計策也真是不得了！」他心想：「這個人不將他除掉，終究是個禍患。」於是買通林仁肇的侍從，取得一張林仁肇的畫像，送去開封，太祖將它掛在廳堂之上。

南唐使者經常往來開封與金陵之間，宋太祖故意指著畫像，問使者道：「你看這是何人？」使者答道：「那是南都留守林仁肇。」

宋太祖點點頭道：「此人已經歸順我大宋，特別送來此像，以當作信物。回去勸勸你們的國主，叫他也快點投降，前來開封入朝吧！」

使者把這番話回去轉告李煜知悉，李煜也沒有問清楚，就把林仁肇給殺了，親手毀去了江南的這一根柱石。倒不是他昏庸到如此不分青紅皀白，這麼做的目的，也只是爲了討好宋朝而已。

偏偏宋太祖不買帳，在他的想法中，一統天下乃是天經地義，任憑南唐再怎麼卑躬屈膝，他也要找藉口消滅南唐，後來就以李煜不願意入朝爲理由，興師討伐。開寶七年，公元九七四年九月，宋太祖派大將曹彬、潘美帶領十萬大軍分水陸兩路，以江南爲目標，浩浩蕩蕩地開拔。

有鑑於後蜀的事變，大軍出發之前，宋太祖對曹彬說道：「江南的事，就委託給你！記住，千萬不要擄掠百姓，應當樹立恩德，讓百姓自行來歸，就算他們不願屈服，也不要強求。」取來一把寶劍，交給曹彬：「這把劍就代表了朕，攻破一座城，絕不可有任何殺戮之事，如有不聽命令者，即爲有罪，自潘美以下，以此劍斬之！」

曹彬從荊南帶領水軍沿江東下，沿江的南唐守軍見狀，還以爲是宋軍例行性的巡邏，帶著飲食前去慰勞，後來才發覺情況不妙，連忙逃跑，很快就讓宋軍佔領了池州（今安徽貴池），進駐采石磯（今安徽馬鞍山市），潘美帶領的步兵不久之後也到了江北，被大海一般遼闊的江面擋住了進軍的道路。

在池州降官樊若水獻計之下，宋軍用竹筏和大船搭成浮橋，打算讓大軍踏著浮橋渡過長江，這個消息傳到金陵，南唐君臣正在喝酒，李煜問周圍大臣該怎麼辦？大臣們笑著說道：「自古以來南征之事所在多有，卻沒聽說搭浮橋過江的，長江江面遼闊，這樣的計謀如同兒戲，一定不成！」

李煜聽了，放下不安的心情，繼續吟詩作樂。

三天後，宋軍搭好浮橋，宋軍踏過江面，如履平地，南唐守軍戰敗的戰敗，投降的投降，十萬宋軍很快就打到金陵城邊，把一座偌大的城池團團包圍住。

南唐軍隊的主帥乃是神衛統軍都指揮使皇甫繼勛，他從來沒有什麼為國效死的決心，很希望李煜可以投降，只不過嘴上不說而已。

但只要有部下要請求出戰，他就把部下痛打一頓關起來。因此，再也沒人敢開口了，宋軍源源不絕地湧上，南唐軍隊只是眼睜睜地，看著他們將自己的城池包圍起來。

李煜對於城外的狀況完全不明白，整天與心愛的美女們廝混，再不然就是與一批和尚道士誦經講道，宋軍圍城，他完全蒙在鼓裡。

有一天，他心血來潮，到城頭上巡視，這才發現城外到處飄揚著宋軍旗幟，大吃一驚，回宮以後，傳命殺了皇甫繼勛，派大臣徐鉉前往開封求和。

徐鉉見了宋太祖，說道：「江南國主侍奉陛下，就如同兒子侍奉父親一樣孝順，為什麼還要討伐他？」

宋太祖反問道：「既然你懂得兒子侍奉父親的道理，那麼你倒說說，父親和兒子能分成兩家嗎？」

徐鉉沒話說，回到金陵向李後主回報，過了一個月，宋軍圍城越來越嚴密，李後主又派徐鉉前去開封，徐鉉苦苦懇求宋太祖，請他不要進攻金陵，並且喋喋不休的與他爭論，宋太祖聽得不耐煩，一手按住利劍，怒氣衝衝道：「你不要多說了，李煜並沒有什麼罪，但是現在天下一家，朝廷的臥榻之旁，怎能容許有別人酣睡呢！」徐鉉恐懼萬分，只好再回到金陵。

李煜聽了回報，知道求和沒有希望，連忙調動駐守上江的十五萬大軍來救，大軍順著湖口（今江西湖口）東下，受到宋軍疑兵之計所騙，延誤了戰機，後來南唐軍放火欲燒宋軍，哪知正好碰到起北風，反而燒掉了自己的營寨，南唐唯一的援軍，就這樣被消滅了。

開寶八年十一月廿五日，曹彬派人進城告訴李煜，勸他在兩日之內投降，免得城裡百姓的生命財產遭到毀滅，李煜還想拖延，沒有立刻回答，宋軍將領都勸曹彬趕緊攻城，此時曹彬竟忽然生病。

將領們紛紛入帳探視，曹彬說道：「我的病不是用藥可以治療的，只要你們答應我，進城以後不妄殺一人，我的病自然就會好。」

將領們知道了主帥的用心，與他焚香立誓，遵守約定，曹彬的病果然好了起來。約定的期限一到，曹彬下令攻城，很快便把無人防守的城門擊破。

宋軍整隊進城，秩序井然，投降的官吏，都以上賓之禮對待。李煜本來叫人在宮裡堆了柴草，準備放火自殺，可是看見曹彬對待投降之人十分有禮，忽然又不捨得死了，於是帶著心愛的嬪妃，向曹彬投降。

南唐二十二州一百八十縣土地，就此併入宋朝版圖。

李煜被押到開封，宋太祖對他也很優待，錦衣玉食從沒有一天缺乏。然而，當個一方統治者，與如今淪爲階下囚的心境，那是截然不同的，因此在遭到軟禁的這段時間裡，李煜寫下了許多思念故國的詩詞，文句淒美婉轉，成爲中國文學史上極爲重要的一環。

斧聲燭影與金匱之盟

南唐的消滅，象徵著南方割據勢力的大致底定，那時雖然還有浙江的吳越政權以及割據福建漳州、泉州一帶的陳洪進，不過那都已經算不上「割據勢力」，頂多只是臣服於宋朝，「相對」之下較爲獨立的政權而已，只要宋朝皇帝下令，他們便會獻上國土，成爲大宋臣民。

開寶九年春天，大宋轄區已從建國時的一百一十八州，增加到兩百六十州，戶口更從九十六萬多戶增加到兩百五十六萬多戶，天下最爲富庶的淮南、江南、荊湖地區，全部併入宋朝版圖，使得宋朝的國力大爲增加，可以轉而對付那個始終將中原政權當作敵人的北漢。

「北漢並不是大宋眞正的敵人！」宋太祖嘆道：「眞正的敵人，乃是契丹，眞正重要的領土，不是河東，而是燕雲十六州。」

南方的底定，朝臣紛紛祝賀，然而宋太祖十分清楚，只要北漢仍然存在，只要當初割讓給契丹的燕雲十六州沒有收復，那麼天下太平，全國統一這樣的說法，就難以成立。

許多年以前，劉知遠建立的後漢，被後周太祖郭威所竄，鎭守河東重鎭太原的劉崇，是劉知遠的弟弟，他不甘心自家的王朝被他人所奪，而且郭威還把他的兒子殺了，憤而自立爲帝，國號仍爲漢，史稱北漢，就這樣結下了兩國之間的深仇大恨。後來，後周王朝雖然已被宋朝取而代之，可是仇恨依舊延續。

太原地理位置重要，但是僅憑著河東一隅，畢竟難與中原爭雄，因此北漢的國策，便是依附契丹，企圖借用契丹的力量，達成重返中原的目的，而契丹人也因此得以繼續他們干涉中原情勢的野心。

其實宋太祖是一直把北漢當作主要目標的，在他還是個青年的時候，就曾經追隨郭威、柴榮等人，參與對北漢的戰爭。在契丹人的幫助下，北漢的軍隊力量十分強大，完全不是南方那些積弱政權所能比擬，宋太祖深切知道這一點，所以才會毅然採用「先南後北」的政策。

宋朝忙著消滅南方政權，北漢並不能夠把握時機，反而和契丹的關係越搞越差，派往契丹的使者，接連遭到扣留，宋朝開寶元年，公元九六八年，北漢國主劉鈞病逝，他沒有兒子，便以養子劉繼恩嗣位。

劉繼恩的聲望不夠，臣子大多對之不服，剛好那時，宋朝平定了南平、後蜀，得知北漢局面不穩，便打算趁機討伐北漢。

朝中許多大臣都表示反對，宋太祖道：「此時不伐，更待何時？南漢並不可怕，怕的是他們與契丹重修舊好，那就麻煩了。」他沉吟片刻，說道：「不過，就算他們和契丹修好，那又如何？契丹精兵不過十萬人，我大宋以二十匹絹買一個契丹人首級，只不過花個兩百萬匹絹，契丹人就被我們趕盡殺絕了！」

這番話說得很有暴發戶的味道，然而這樣囂張的態度並不能轉變現實，宋朝暫時放棄「先南後北」的政策，結果不但沒有成功，反而讓北漢與契丹之間的關係變得比較好了，當北漢局面最危急的時候，契丹派出了援軍，造成宋軍極大的損失，宋太祖只好暫時放棄，回歸原先的計畫。

到了開寶九年，江南平定，宋太祖決定全力對付北漢，他集結了重兵，派遣大將党進、潘美、楊光美、牛思進、米文義等人，兵分五路進攻太原，北漢又請契丹救援，可是宋軍實力強大，各路兵馬連連告捷，其中党進一路，更在太原城以北，大破北漢軍隊，幾乎要將城池攻下。

就在大功即將告成之時，宋朝的軍事行動忽然停止了，各路兵馬慌忙撤退，轉眼間退得無影無蹤，連北漢與契丹的聯軍都看傻了眼。

原來此時開封傳來緊急消息：這年的十月二十日，在位十七年的宋朝開國皇帝宋太祖忽然駕崩，享年五十歲。

依照秦、漢以來的慣例，皇帝死後，通常是由皇帝的嫡長子，也就是皇后所生的長子來繼承寶座，就算事有波折，不是嫡長子繼位，也應該由其餘的兒子當中挑選一人。然而，宋太祖死後，繼承帝位的，竟然是他的弟弟宋太宗趙光義，這當中的疑點，在當時的宮廷之間，引起一陣不小的波瀾。

宋太祖的兩個兒子趙德昭二十六歲，趙德芳十八歲，皆已成年，不會有什麼「主少國疑」的問題，然而他卻傳弟不傳子，讓趙光義繼承這個帝國。雖說宋太祖生前沒有立太子，似乎有意讓弟弟繼位，但這畢竟是惹人爭議的事情，於是乎種種傳聞，便在人們的口耳之間，逐漸蔓延開來。

「當今萬歲爺的位子，恐怕不是順理成章的啊！」

「這種話是可以亂說的嗎？無憑無據的，小心被殺頭。」

「誰說無憑無據啊？那天有不少人親眼看見呢，太祖皇帝駕崩的前一天晚上，那天是開寶九年十月十九吧！當今萬歲爺被太祖皇帝召見進宮，兩人屏退所有人，就這麼深夜密談，結果第二天，太祖皇帝就歸西了，你說，這樣不是很奇怪嗎？」

「這有什麼好奇怪的？太祖皇帝不是在對萬歲爺交代後事麼？」

「你還沒聽出來嗎？太祖皇帝病了很久了吧！怎麼會在這種時候，獨自召見他的弟弟？太監宮女上哪兒去了？皇后娘娘上哪兒去了？」

這只是謠言的開始，更有人繪聲繪影的指出，那天晚上，有不少人遠遠地望見皇帝的寢宮之中，燭光幢幢之下，兩個人影晃動，趙光義不時離開座位，彷彿在躲避些什麼，最後宋太祖手握長斧，敲打著地面發出鏗鏘之聲，口裡大聲呼喊著：「你好自爲之！」趙光義離去之後沒過多久，到了第二天凌晨，宋太祖便已身故。

隨侍在側的宋皇后讓太監王繼恩傳喚秦王趙德芳進宮，準備讓他繼承皇位，可是王繼恩認爲，太祖皇帝素來有意傳位給當時身爲晉王的趙光義，於是違抗了皇后的旨意，直驅開封的晉王府，把消息告知趙光義。那時，趙光義的親信幕僚程德玄正在王府門口，問明了來意，便與王繼恩一同入內細說分明。

趙光義這時反而猶豫了起來，他道：「這種事，還是讓我去和家人商量一下比較妥當。」王繼恩道：「這種事才不能商量呢！時間一拖延，大好機會就讓別人奪去啦！」

那時的天空飄著雪，三人冒著大雪紛飛，步行闖入皇宮之中。

宋皇后看見來的人不是趙德芳，而是晉王趙光義，驚愕萬分，卻也自知分寸，哀求道：「我母子等人的性命，就託付在官家的手上啦！」兵權握在趙光義手上，手無寸鐵的皇后，也如同待宰的羔羊。

趙光義的臉色黯淡，嘆道：「大家爭來奪去的，不就是爲了富貴嗎？這一點您不用擔心。」

就這樣，陳橋兵變的大功臣，晉王趙光義成爲「當今皇上」，也就是歷史上的宋太宗，即位時的年號是「太平興國」，似乎象徵著他的衷心期望：只要朝中太平無事，自然可以使國家興盛。

爲了平息眾人的議論，宋太宗繼位的第二天，立刻下詔，聲明一切朝政的方針，皆遵照太祖皇帝的遺志，不敢有所逾越，並且積極向外發動攻擊，完成太祖皇帝未竟的事業，提高自己的威信，轉移旁人的視線，別再讓他們說三道四，談論「斧聲燭影」的事情。

太平興國三年，公元九七八年，南方割據浙江的吳越王錢俶、割據漳州泉州的平海節度使陳洪進，自知難與宋朝對抗，主動來到開封朝見宋太宗，宋太宗雖然表面上對他們慰勉有加，不斷設宴款待，也接納了他們進貢的寶物，卻一直不肯放他們回國，直到他們主動承諾獻出土地，這才得到宋太宗的首肯。

「哈哈，不戰而屈人之兵，這是兵法的上上策啊！」

宋太宗十分得意，雖說統一的基礎是奠定在他兄長之手，終究是由他來完成的，如今放眼天下，只剩下頑強的北漢了，宋太宗知道，北漢是不可能不戰而屈的，不過只要把背後的奧援阻絕，消滅北漢便不成問題。

從他登基以來，就一直採取與遼友好的態度，先後六次派出使者前往遼朝通好，也盛情款待遼朝派來的使臣，用這樣的姿態掩飾眞正的意圖，讓他們放鬆警戒，在此同時，卻又精選將士嚴格訓練，大量製造刀劍兵器與攻城機械。

太平興國四年，公元九七九年正月，在大將曹彬等人的強烈建議下，宋太宗正式下詔討伐北漢，以潘美爲北路都招討制置使，兵分四路圍攻太原，又以郭進分兵繞過太原，據守石嶺關，防禦遼朝來犯。

太原處於孤立境地，很快就被宋軍團團包圍，北漢皇帝劉繼元急忙遣使向遼朝求援，遼朝那時與交戰的雙方都算友好，夾在中間很難做人，只好一面派兵馳援北漢，一面出使責問宋朝。

使者來到開封，見了宋太宗，很不高興地說著：「遼宋之間這些年來也算互信互助了，怎麼你們還要出兵攻打大遼的屬國呢？」

宋太宗板起臉孔道：「河東素爲我中華國土，遲早應當回歸大宋版圖，如果大遼不出兵救援，則宋遼之間友好如故，否則，只有在戰場上相見。」

宋朝方面的態度十分強硬，遼朝使者也不知道該怎麼對答，只好把宋太宗的話一字不漏地帶回去覆命，三月間，遼朝的援軍在石嶺關與郭進的軍隊遭遇，激戰之下，遼軍幾乎全軍覆沒，在這種情況下，遼朝不願意替北漢犧牲了，只好眼睜睜地看著宋朝將他們的屬國併吞。

潘美的大軍持續包圍太原，不久又聽說皇帝率領著中央禁軍，御駕親征，已經抵達鎮州（今河北正定），宋軍士氣高昂，加緊圍攻，連戰皆捷。

反觀北漢，則因爲沒有援軍，敵強我弱的態勢又極爲懸殊，導致士氣低落，戰意全消，軍中將領接連出城投降，到後來連皇帝劉繼元的親信也紛紛逃散，不願意追隨這個沒有希望的朝廷，大勢已去，劉繼元只好在這年的五月初，開城投降，將十州四十一縣的土地，獻給宋太宗。

這本是一件值得慶賀之事，卻因爲一個錯誤的決定，導致海內一統的歡欣化爲烏有。

北漢投降後，宋太宗下令繼續北伐，他決定一鼓作氣，收復燕雲十六州。

潘美、曹彬等人同聲勸阻道：「大軍遠征至此，已將太原城拿下，各軍將士都準備凱旋返鄉，這時候告訴他們，還要去和契丹人作戰，恐怕他們會不樂意吧！」

「這是什麼話！」宋太宗很不高興地說道：「乘勝追擊，才不會失掉先機，燕雲十六州才是我朝興盛的關鍵。不要多說了，通知各路軍馬，即刻準備出發。」

六月，大軍開始向北移動，軍隊毫無鬥志，紀律很差，甚至不能執行上級命令到達指定地點，不過剛開始的時候，由於遼朝並未在燕雲安置重兵，所以宋軍進展神速，很快就打到幽州（在今北京市）城下。

七月間，宋軍與遼軍在幽州城外的高梁河（今北京西直門外）激戰，遼軍人少兵弱，將領耶律沙正打算撤退，正好名將耶律休哥率領的援軍兼程趕到，從兩側夾擊宋軍，造成宋軍極大的傷亡，全軍潰敗，宋太宗的大腿上中了兩箭，狼狽不堪地坐著驢車逃走。

順利完成了統一天下的大業，似乎不足以肯定宋太宗繼位的合法性，高梁河的失敗，更讓他的地位動搖，當他向南逃亡的時候，軍中大亂，不見皇帝蹤影，差一點鬧出了擁立太祖之子趙德昭爲帝的事情，爲此，宋朝開國功臣趙普，與宋太宗合演了一齣戲，讓他的皇帝寶座得以更加穩固。

太平興國六年，公元九八一年九月，從前曾經權傾天下的開國功臣趙普，向宋太宗上了一道秘密奏摺，裡面提到：「皇上擔心以弟承兄業，會遭人議論麼？別著慌，只消將當年杜太后的金匱遺詔當眾宣讀，就可以阻擋天下人悠悠之口了。」

那趙普與宋太宗同爲當年陳橋兵變的主要功臣，宋朝開國之後，趙普曾經一度掌握極大的權力，後來因爲權力太大，他又太熱中於功利，遭到宋太祖的猜忌，宰相的職位遭到剝奪，只擔任一些地位高卻無實權的榮譽職，宋太宗也因爲後來和趙普處得不太好，沒有怎麼重用他，只讓他在開封擔任太子少保。

如今這道奏摺的意圖很明顯，趙普是在向皇帝輸誠，希望能從中得到好處。

宋太宗將趙普找來，問道：「你說的什麼金匱遺詔？有這樣的事嗎？」

趙普似笑非笑地說道：「屈指算算，應當是二十年前的事了吧！那一年是建隆二年，太后娘娘病危，太祖皇帝隨侍在側，一步也不敢離開。」

宋太宗點點頭：「沒錯，母后是在那一年晏駕的，當時朕還是殿前都虞侯呢。」

趙普看了皇帝一眼，那年我可是宰相呢，咱們也就是那時候開始鬧不合的吧！這番話他哪敢說出口？於是接著道：「是六月初二吧！好熱的一天，娘娘熬不過去了，把臣也召進宮裡，要臣把遺詔都給記錄下來。」

宋太宗很感興趣，靠近問道：「遺詔裡說些什麼？」

「娘娘對太祖皇帝說：『你知道你是爲什麼奪得天下的嗎？』太祖皇帝回答：『那是祖上積德的緣故吧。』娘娘反駁道：『不對，那是因爲周世宗去世之後，讓幼兒主掌天下的關係。』爲了不讓我大宋將來也出現幼主當政的局面，太后娘娘不斷告誡太祖皇帝，叫他以後要慎重選擇繼承人。」

「嗯，那又如何呢？」

「太后娘娘的意思是，有朝一日太祖皇帝百年之後，當傳弟不傳子，先傳給皇上您，然後傳給廷美，再由廷美傳回太祖之子德昭。」

宋太宗聽出一點意思了，瞇著眼睛問道：「這些……都是太后娘娘所說的？」

「都是太后娘娘所說的。」

「你都記下來了？」

「一字不漏。」趙普道：「遺詔鎖在金匱之中，那也是由臣親自辦妥的。」

宋太宗的鳳眼仍然瞇著，似乎想從趙普的神色之中看出一些端倪，但他看不出來，趙普太明白官場之道了，這讓宋太宗心裡暗罵了一句：「老狐狸！」不過，如今他能倚賴的，也只有這隻老狐狸的計策了，於是他淡淡地說道：「朕明白了，一切的事情，都交給你去辦吧！」

「金匱之盟」從深鎖的後宮內殿被請出來向眾人宣讀的同時，趙普的身分已經是梁國公、司徒兼侍中的宰相階級，他重新得到了睽違已久的權力，而宋太宗繼承皇位的合法性，也終於得到認可，後來甚至被編進太祖實錄當中，成爲正式的史實。

其實這是個很容易戳穿的把戲，「金匱之盟」成爲遺詔的那一年，宋太祖正值三十五歲盛年，瀕臨死亡的杜太后，就算腦筋糊塗了，又怎會詛咒自己的兒子立刻就死，而造成幼兒主天下的局面？如果趙普早就知道「金匱之盟」的事，如此關係重大，他又怎會到現在才提出來？

整件事情背後必定有更不爲人知的祕辛，非法的奪權和政變似乎正是宋太宗可以成爲掌權者的眞正原因，然而，在君主權力已告穩固的時代，皇帝的身分如同一個牢不可破的象徵，沒有人有這個膽子，也沒有人願意與之挑戰，依附在皇權底下的史官也不敢把事實的眞相記錄下來，於是金匱之盟成爲大家都能接受並且認可的說法。

重文輕武

既然宋太宗的地位穩固，在推行政策上，受到的阻力也就比較小了，他的政策大體延續宋太祖的方針，繼續消除地方藩鎮的勢力，防止類似「陳橋兵變」的事情再度發生，把地方上的財政、行政與軍事權力收歸中央，地方上的官吏如果遷徙、調任或者死亡，就由中央派遣官吏前往接任，諸如此類。

總之宋太祖、宋太宗的一切施政措施，幾乎都是爲了防止唐朝末年以來的藩鎮割據，演變出五代十國天下分崩離析的局面，因而對於軍人、地方勢力與權臣，採取各種防範、打壓與抑制的態度，這種政策，被稱爲「強幹弱枝」，以樹幹形容中央或者是皇帝，以樹枝形容地方，也就是加強中央實權、削弱地方勢力的意思。

從「杯酒釋兵權」開始，宋太祖便不斷執行他削弱外藩的計畫，藉此抑制將帥的專擅，從前，漢高祖劉邦也曾採取相同的政策，收回大將韓信的兵權，只不過他沒有處理好，韓信成爲「兔死狗烹」的犧牲品，相較之下，宋太祖只是奪權而不曾加以濫殺，還給予有功將帥優渥的待遇，這樣的作法是值得稱許的。

與從前的朝代比起來，宋朝皇帝的權力更爲提高，宰相的職權相對降低，這是一種長期發展的結果，漢、唐以至五代，宰相從一人變爲多人，權力漸漸被分散，但仍負有統率文武百官、總攬大小政務的權力，到了宋朝，又增設副宰相的地位，持續分割宰相的權力。

宰相的職稱爲同中書門下平章事，副宰相的職稱則爲參知政事，原本參知政事並沒有進入「政事堂」，也就是宰相辦公室參與機要的權力，後來因爲宋太祖覺得宰相趙普的權力太大，便在開寶六年下詔參知政事得以進入政事堂，與同中書門下平章事共同議政，宰相、副相的實際職權幾乎重疊，人數更多，地位相對更加削弱。

除了副相之外，宋代還設置了樞密院來主持全國軍務，其長官樞密使握有軍隊的招募、屯戍、糧餉的發放與補充、訓練等等職權，與宰相並稱爲文武二府，分別掌管政治和軍事，互相制衡，不過實際上指揮軍隊的最高權力，仍然握在皇帝的手裡，最終裁定政事的，也是皇帝。

相權的衰落，皇權的提升，不只展現在制度上，同時也表現在具體的應對進退之上。五代以前的宰相向皇帝奏事，可以坐著秉奏，君臣之間如同對等地討論，宋太祖時爲了展現皇帝的尊嚴，有一次當宰相范質秉奏之時，宋太祖故意說自己頭暈目眩，看不清楚奏章寫些什麼，要范質捧著奏章到皇帝面前，豈知范質一離開座位，就有幾名小太監上前把他的座位撤走，等范質回到原地，發現此事，也只好站著回話，從此宰相上殿奏事，都只能站著和皇帝說話，除非有特別的恩寵，皇帝才會賜座，但這已是難得的殊榮了。

官無定額，員無專職則是宋朝政府的另一種特殊現象，官是官，職是職，官位只是一種品位，並沒有實權，許多官吏位居於某一官爵之上，卻不曾負起該官爵的職責，僅僅坐領乾薪，卻沒有事做，除非居官而有了職，那才是眞正的名實相符。

這項政策，是爲了酬庸文人所訂定的，有鑑於唐末五代武人專權，導致軍閥割據，全國分崩離析，宋太祖、宋太宗的治國理念，都有意地貶抑武人，提高文人的地位，他們確立了募兵養兵的制度，每當災荒欠收，便大量招募飢民爲兵，又制訂了許多辦法屈辱士兵的人格，好比在士兵的臉上刺字，對待士兵如同犯人，以此來貶低武人的社會地位

另一方面則致力尊寵文臣，抬高科舉的地位和擴大錄取的名額，使科舉成爲官僚進用的主要正途，在這樣的政策制度之下，掌握國家運作的重臣都是從科舉制度晉升的文官，甚至連領兵打仗，也都是由文官擔任統帥，掌握軍馬大權的樞密使一職，也幾乎全由文臣充任，僅有少數武將出身的官員做到樞密使，但總是無法長久在位。

宋朝「重文輕武」的風氣十分盛行，不僅明顯反映在政治制度上，也成了一般社會普遍流行的觀念，宋朝教導兒童識字的啓蒙書〈神童詩〉，一開始便寫道：「天子重英豪，文章教爾曹；萬般皆下品，唯有讀書高。」民間則流傳著各式各樣的俗諺：「做人莫做軍，做鐵莫做針」、「好男不當兵，好鐵不打釘」。

宋太祖訂出了治國的原則，宋太宗確立了執行的層面，從此，「強幹弱枝」、「重文輕武」成爲宋朝的祖宗家法。

這樣做是有好處，從此趙家的天下穩穩當當，不會再度上演「陳橋兵變」的故事，民間也以習文爲尙，好勇鬥狠的風氣不再，社會經濟得以在穩定中求發展，文化藝術的昌盛也達到前所未有的境地。

只不過，他們的作法似乎矯枉過正，力求強幹弱枝，削弱地方勢力，使得中央與地方的力量

分配極端懸殊，地方上的確不再有起兵造反的事情發生，可是各地州縣竟然連捉拿盜匪的力量都沒有了，再加上大家都瞧不起軍人，讓軍人的士氣極為低落，即使是號稱精銳的中央禁軍，戰鬥力量也不強，使得日後宋朝對外作戰，屢次失利，這恐怕是宋太祖、宋太宗兄弟二人努力維繫皇權穩固的當時，所未曾想到的發展吧。

岐溝關之戰

五代時期，後晉的兒皇帝石敬瑭向契丹稱臣，將戰略要地燕雲十六州割讓給他們，從此中原門戶洞開，契丹人的鐵蹄可以從關外一路殺向開封，中間盡是平原，毫無天險可守。

不論宋太祖、宋太宗，都把收復燕雲十六州當成此生最大的職志，宋太祖曾經想要設置一個大倉庫，用來積蓄錢財，有朝一日贖回燕雲十六州，假如契丹人不肯，就用這筆錢招募壯士，與契丹人決一死戰，可惜這個願望尚未來得及實現，宋太祖便已撒手人寰。

宋太宗的行動更為積極，直接訴諸武力，直取幽州，當年的高粱河慘敗，並不是個愉快的記憶，還讓他在盛怒之下，把兄長的兒子趙德昭給逼死了，那時全軍潰散，有人以為皇帝已經死於亂軍之中，便打算擁立趙德昭為帝，直到發現皇帝還活著，這樁差點成為事實的變故才告平息。

他當然生氣，敗得這麼慘，又被觸這種霉頭，回到京師，他沒有對整場戰役做出任何獎懲。趙德昭勸說道：「陛下，征遼雖未獲勝，但此行出兵是為了消滅北漢，這一點可是大功告成啊，您應該對有功的將士論功行賞吧！」

宋太宗正在氣頭上，哪聽得進這些話？一怒說道：「論功行賞？哼！等你當了皇帝，再去論功行賞也不晚啊！」

趙德昭聽了這樣的話，知道皇帝懷疑自己想要竄位，在帝制時代，這種懷疑是誰也擔待不起的，回府之後，拔劍自刎而死，讓自己成爲高粱河慘敗的犧牲品。

不論宋太宗是不是眞的有意剷除趙德昭，這樣的回憶都不可能愉快，混戰中射中大腿的那兩處箭傷，始終隱隱作痛，但他把這種疼痛當成一種教訓，時時提醒著自己不要忘記收復燕雲故土。

然而，似乎命運偏要和他作對，他有這個心，底下的大臣卻看不出來，宰相李昉、大臣張齊賢等人都表示反對，他們認爲：「聖人舉事，動在萬全，百戰百勝，不如不戰而勝」，「兵者，不祥之器也」。

這樣說其實是好聽，誰都知道那是出於一種恐懼的心理，沒有人認爲宋朝的兵力會是契丹人的對手，尤其當他們親眼見識到幽州城外的遼軍驍勇戰士，與舉著大旗卻軟弱散漫的宋軍士兵，形成強烈的對比，他們就更不敢主張對遼國輕啓戰端了。

宋太宗又何嘗不知道這樣的心理？事實上最害怕的人應該是他，高粱河的慘敗不但危及到他的生命，更動搖了他的權力與地位，他的確應該感到害怕才對，但是，收復失土的期望卻把他這樣的恐懼心理蓋過去，於是他退而求其次，打算採用以夷制夷的辦法，利用遼朝周邊的民族。

他先和渤海國聯絡，那個位於中國東北的民族，與高麗的關係十分親近，始終與世無爭，宋太宗派去的使者，對渤海國的國主說道：「只要貴國協助大宋，消滅契丹，到時候大宋只求收回幽、薊故土，關外的廣大領土，全部可歸貴國所有。」

渤海國主回答道：「就算聯合了大宋與我國，恐怕也不會是大遼的對手吧！再說，我們對現在的生活很滿意，不想再奢望更廣大的領土了。」

連這麼優厚的條件，都無法說動渤海國，宋太宗感到十分灰心，後來，他又和高麗國聯絡，得到的答覆，一樣冷淡。

「唉，畢竟大宋不能和大唐相比啊！」宋太宗嘆道：「天可汗的輝煌，已經是幾百年前的往事了。」

天下共主，向來是中國的專利，可是那時偏偏有一個更為強大的遼國，建號稱帝，被周邊的民族視之為領袖，宋朝與之相比，人口、財富上均有優勢，但是比起武力，那就天差地遠了，與唐朝初年面對突厥的局面大不相同。

太平興國七年，公元九八二年九月，契丹皇帝遼景宗病死，遼聖宗耶律隆緒繼位，年僅十二歲，因此由皇帝的母親蕭太后執掌朝政。

這又是一個「主少國疑」的局面，邊防將領賀懷浦、賀令圖父子想要建功，極力勸說宋太宗，應當趁此時機，攻取幽、薊。

宋太宗倒沒有那麼衝動，他認爲這是個機會，卻是把從前撕破的臉皮重新修好的機會，於是他派了使者前往幽州，以重金賄賂當地的遼軍守將耶律道隱，請他幫忙說項，表達宋朝求和的誠意。

然而，這個意圖卻在蕭太后那裡碰了釘子。蕭太后是一位堅強的女性，她對時局、對朝政，掌握得十分透徹，冷笑著說道：「宋朝皇帝這種時間求和，難道安了什麼好心眼嗎？還不是想以此鬆懈我大遼的警戒，讓他們有機會搶奪燕雲十六州！」

求和不成，宋太宗惱羞成怒，接受了賀懷浦的建議，調動了三十萬大軍，準備大舉北伐，教訓教訓那不知禮數的蕭太后。

雍熙元年，公元九八四年二月，大軍集結在開封城外，宋太宗親自在崇政殿校閱各軍將校，長達一個多月，那是一場規模極爲盛大的閱兵典禮，有了充分的準備，宋太宗對燕雲十六州志在必得。

雍熙三年春天，大軍才正式出發，以曹彬、潘美、田重進分別爲三方面的主帥，並以北漢投降的猛將楊業，擔任潘美的副將，兵分三路，曹彬、米信的東路軍爲主力部隊，近二十萬兵馬從雄州出發，向幽州前進；田重進領兵出定州，爲中路向飛狐關（今河北淶源縣北）進發；西路潘美與楊業則從雁門關出擊，攻打雲（今山西大同）、朔（今山西朔縣）。

宋太宗的戰略計畫十分周密：曹彬一路緩緩前進，吸引遼軍的注意，潘美、楊業則火速進兵，攻下雲、朔二州之後，與田重進會師，南下包圍幽州，與曹彬一路共同將契丹主力殲滅。

起初一切都依照著計畫進行，田重進先後在飛狐關的南北兩度擊敗契丹，佔領了關卡以及當地的靈丘縣，潘美、楊業也迅速進軍，打下了寰、朔、應、雲等州。

但沒想到問題竟然出在沙場老將曹彬的身上，他一開始也打了幾場勝仗，攻佔了固安、新城二縣，繼而佔領涿州，直指幽州。遼軍留守在幽州城的，正是那位能征善戰的智將耶律休哥，遼軍兵少，他不與曹彬正面對決，只利用夜間派出輕騎兵，不斷騷擾宋軍後方，並且設下伏兵截斷宋軍糧草輸送，曹彬不得已，只好退守到雄州，等待糧食補給。

這時候，其他兩路兵馬的捷報傳來，曹彬的部將覺得面子掛不住，紛紛前往曹彬帥營嚷道：「我軍握有主力，兵勢最盛卻無法破敵，反倒讓支援的隊伍大搶功勞，這叫我們怎麼嚥得下這口氣呢？」

曹彬道：「現下我軍糧草未足，如此貿然出征，只怕不是上策。」

部將們說道：「糧草還夠撐個幾天，咱們只要在一兩天之內打垮契丹，不就成了嗎？坐失良機，才不是上策呢。」

其實曹彬也是這樣的心思，面前的契丹，似乎不如印象中那般強大，而且兵力不多，只曉得躲躲藏藏，只要能比對方更快，捉住敵軍蹤跡，要在一兩天之內分出勝負，應該不是難事，於是他下令大軍開拔，再度往涿州進軍。

豈知一路之上，根本無法掌握契丹騎兵的行蹤，耶律休哥早就讓主力躲得遠遠的，不和宋軍交鋒，卻又在半路上埋伏了幾支輕騎隊，不斷騷擾宋軍的大隊，使宋軍前進速度緩慢，短短的路程走了四天，頂著夏日的烈陽，又熱又渴，食物也吃光了，等他們抵達涿州，早已精疲力盡。

此時，遼軍方面有了動靜，前方探子來報，有大批兵馬自北方南下，看旗號竟是遼主耶律隆緒與蕭太后親自領兵前來，如果他們和耶律休哥會合的話，疲憊的宋軍，一定不是對手。

形勢險惡，曹彬連忙傳令撤退，這一來一往之間，把宋軍的士氣都給磨光了，疲累、飢餓與口渴襲擊著士兵們的身軀，隊伍凌亂了起來。耶律休哥久經戰陣，看出這樣的態勢，立即下令追擊，結果在涿州以南的岐溝關，追上了宋軍。一擊之下，毫無戰意的宋兵開始潰散逃命，契丹縱馬踐踏，死傷慘重，更有許多宋軍官兵在搶渡當地的拒馬河時，淹死在河水之中。

曹彬、米信退到易州（今河北易縣），集結了殘兵，命令部隊在河邊埋鍋造飯，稍作休息，但是驚魂未定的官兵們，不知道從哪裡聽說契丹的追兵又來，嚇得連飯也不敢吃了，好不容易集結起來的隊伍又亂成一片，相互踐踏而死的、掉進河裡淹死的，不計其數，連河水都因此而阻塞，損失的兵器盔甲被契丹人撿回去，堆得像山一樣高。

主將失利，救援部隊就算勝得再輝煌也是枉然，田重進、潘美兩路連忙循原路撤退，楊業協助著潘美領兵掩護四個州的居民撤退到狼牙村，等於將遼境的百姓強行遷移到宋境，藉以充實邊防。

那楊業乃是北漢的降將，領兵作戰很有一套，當年高梁河之役慘敗，遼朝起了輕視宋人之心，第二年派了十萬大軍攻打雁門關，負責鎮守的正是楊業，他僅以數千兵力對敵，不但擋住遼軍攻擊，而且還打了一場輝煌的勝仗，從此威名遠揚，遼兵一看到「楊」字旗號，就嚇得不敢交鋒，他們給楊業取了個外號，叫做「楊無敵」。

此時楊無敵協助主帥領軍撤退，隊伍仍然井井有條，只不過遼軍威勢很盛，緊緊跟隨在後，眼看著就要趕上來，於是楊業建議道：「此時應當派出疑兵佯攻，吸引遼軍主力，並以精兵埋伏要道，掩護軍民撤退。」

宦官王侁擔任隨軍的監軍，這是宋代兵制裡猜忌武將的表現之一，他反對楊業的意見，說道：「我們有幾萬精兵，難道還要怕他們嗎？只消沿著雁門大路，大張旗鼓，壯盛軍威，契丹人見了害怕，就不敢追上來了。」

「敵強我弱，如此必遭失敗。」

王侁冷笑道：「楊將軍不是號稱無敵嗎？如此畏畏縮縮，莫非另有打算？」

楊業很生氣，他知道以自己的身分，想要在宋軍立足，必定得要付出更大的努力，然而他已經靠著實力證明了，卻仍有人懷疑他的忠誠，他傲然道：「我並非怕死，只是如今時機不利，不忍讓士兵白白喪命。如果監軍一定要打，末將可以打頭陣……」他故意不看王侁，轉向潘美：

「請將軍示下。」

誰知那素有戰功的潘美，竟也嫉妒楊業的功績，對此一要求，不置可否。

楊業見狀，只得領軍出征，臨行之前，對潘美說道：「此戰必定失敗。我乃太原降將，本應受死，但是皇上不但不殺我，反而讓我帶兵，我一直想要找機會痛擊敵人，報答國家，可是各位卻指責我有意退避，我只有以死明志了。」

「楊將軍，您言重了。」潘美嘴上這麼說，卻沒有制止他的意思。

楊業指著前面的陳家峪（今山西朔縣南）峽谷說道：「請潘將軍在此布置弓弩手，伺機救援，待我撤退至此，只要時機得宜，或許還會有救。」

潘美答應了，而且照辦，楊業領兵殺向契丹大軍，遇到了艱苦的戰鬥，遼軍如同潮水一般湧上，楊業雖然英勇，終究還是抵擋不住，只好退往陳家峪，期待伏兵救助自己。

誰知到該有的弓弩手並沒有出現，原來又是那監軍王侁搞鬼，王侁覺得楊業出陣四個多時辰，始終沒有回音，必定是打了勝仗，便對潘美道：「這功勞不好讓楊業一個人搶了去，將軍快快下令發兵！」

潘美也是這樣認為，於是把所有的軍隊都調往前方，陳家峪完全放空，等到他們知道楊業並未獲勝，想要回陳家峪重新部署，已經來不及了。

楊業不明白這背後的細節，只知道擺在眼前的是全軍覆沒的命運，他仍不放棄，且戰且走，將士紛紛倒下，到後來只剩下百來位士兵還在他身旁。

他哽咽道：「你們都有父母家小，無須隨我一同死在此地，快些突圍出去，好讓朝廷知道我們的處境。」

士兵們的表情都很堅決，他們異口同聲道：「將軍，您平常待我們如同親人，如同父母，我們怎會棄您而去？」

最後，這些士兵全部殉難，楊業的兒子楊延玉也戰死，楊業本人則被俘虜，遼軍將領勸他投降，他長聲嘆道：「我本想消滅敵人，報答國家，卻被奸臣陷害，落得全軍覆沒，豈有顏面苟活於世間？」他在遼營裡，絕食了三天三夜，死在被押往燕京的半路之上。

「岐溝關之役」這場敗中有敗的戰役，軍情傳回開封，滿朝文武都感到極度震驚，此後不再有人願意提出「征討契丹」這樣不切實際的意見了，宋朝對外的態度轉為消極防守，燕雲十六州成為永遠的敵人領土。

宋太宗尤其不好受，是因為他的堅持，才讓楊業及那些年輕的士兵上戰場去送死，對楊業他特別抱歉，這樣的勇將，竟然犧牲在這樣無謂的戰役之中，他立刻冊封楊業的兒子楊延昭為將。

此後數十年，楊延昭鎮守宋朝北方邊境，屢次擊敗進犯的契丹兵，他的智勇雙全，公忠體國，與士兵同甘共苦，深受己方軍民的愛戴與敵方將領的敬畏，他的兒子楊文廣，同樣也是一員勇將，祖孫三代都成為宋朝北邊屏障，「楊家將」的名聲，逐漸傳頌各方，這些都是以後的事。

代州以北的領土，聽說宋軍遭到這樣的慘敗，紛紛重新回歸契丹，而耶律休哥的大軍，則繼續向南進犯。

宋太宗不得已，只好起用經驗豐富的老將張永德鎮守滄州（今河北滄州東南）、宋偓鎮守霸州（今河北霸縣）、劉廷讓（即劉光義，與太宗同名而被賜名）鎮守雄州，以鞏固北方的防線。

可是這樣並不能制止契丹人南下，這一年十二月，耶律休哥率領的數萬騎兵，與雄州劉廷讓守軍大戰於君子館（今河北河間縣北），宋軍全軍覆沒，死了好幾萬人，劉廷讓僅以身免，逃了出來，遼軍則長驅南下，接連攻陷刑州、深州（今河北深縣以南）等地。

契丹人以掠奪爲生，他們所經之處，百姓慘遭蹂躪，官吏慘遭殺害，耶律休哥甚至對士兵們說道：「大夥賣力些吧，咱們就這樣一路打到黃河邊去！」

黃河邊，那就是開封了，他這樣說並非大話，眼前只有一片大平原，契丹騎兵可以在短短幾天之內，殺到開封城邊，中間不會遇上什麼阻礙。

後來還是因爲遠在京城的蕭太后，擔心耶律休哥孤軍深入，遭到宋軍的伏擊，這才在第二年春天，下旨全軍班師回朝。

接連數場敗仗，宋軍損失的士兵不下二十萬人，後周世宗與宋太祖留下來的精銳，全部喪失殆盡，宋太宗讓自己和曹彬、潘美共同承擔這個責任，下詔罪己，並把曹潘二人降職處分，他赦免了潰敗將士的罪刑，免去河北地區人民的田賦、勞役三年，作爲補償。

可是這樣並不能阻止契丹繼續南侵。接下來的許多年，北方的涿州、祁州、新樂、滿城、易州等地，相繼陷落，只有代州在名將張齊賢的指揮下，不至於被攻破。

大臣張洎上了一份奏章說道：「中國古代抵禦外侮，一向仰賴地形險阻，而今自飛狐關以東，全為契丹所有，地利已失，河北諸州，僅能拒城自守，千萬不可以貿然出戰。」

這是往後宋朝對契丹的策略，轉攻為守，以防禦為優先。

宋太宗還是不大願意放棄，他想出一個辦法，要在黃河南北四十多郡徵兵，每八人挑選一人，編組成義軍用來抗敵，卻遭到朝中主和派的反對，因此只在河北地區實行，而宋太宗原本還想要北伐的一點點心思，也在這些文臣的好說歹說之下，逐漸放棄，只不過，想要和契丹修好，也不是那麼容易的事。

一身二疾

與中國歷史上的「外患」相比，契丹人的勇猛善戰程度，其實並非最強，他們崛起於東北，並非純粹的游牧民族，而且宋遼對峙之時，遼朝已經相當程度的漢化，也頗有以文為尚的風氣，只因為宋朝的軍事力量相對較弱，才顯得契丹的鐵騎是那樣的威猛。

契丹族自魏晉南北朝已有記載，許多年之前，他們只是一群散居在遼河、松花江一帶的少數民族，以畜牧、漁獵以及少量的農業為生，夾雜在強大的中原民族與北方的嚴寒天氣之間謀生，後來他們的人口繁衍得多了，分散成二十多個部落，也開始和中國那些以農業爲生的人們開始打交道。

唐朝末年，中國的政局紛亂，各地節度使據地爲王，北方的一些節度使，便會與契丹人聯絡，希望求得他們的協助。

契丹這時候漸漸強盛了，中國北方有許多疆土都被他們掌握，其中最強大的八個部落，每三年一次，共同推舉出他們的領袖，號稱「八部大人」，領導契丹所有的部落。此時有個叫做耶律阿保機的八部大人，雄心勃勃，不但與中原強人李克用交好，而且四處擴張，讓契丹成爲亞洲北方的雄主。

然而三年一回的任期對這樣的雄主顯然是不夠的，耶律阿保機仗著自己實力強盛，不肯把八部大人的地位交出來，其他七個部落便聯合起來，趁阿保機外出作戰的時候，攔截他的隊伍，以武力強迫他放棄權柄。

耶律阿保機不得已，率領自己的部眾親信，遷往南邊那些受到契丹族統治的漢人聚集地去。在這裡，他接觸到許多漢人的文化，也得到許多漢人的幫助，好比韓延徽建議他興建城池來安置漢人，康默記替他處理契丹族與和族之間的協調，韓知古替他制定出既能配合契丹風俗，又不違背古代典章的禮法規範，讓耶律阿保機嘗受到帝王的威嚴。

從這些人身上，耶律阿保機深切的體認到，漢人眞的有一套，那些經典、史書當中記載的觀念、策略，都是他從來沒有想過的，他知道，利用漢人的這些策略，不但可以輕易讓他奪回失去的地位，將來要逐鹿中原，也非難事。

事情眞的就如同他所想的那樣，在這些漢臣的獻策之下，他終於用計消滅了其他七個部落的領袖，把契丹族完全統一起來，從此之後，他的思想開始傾向漢化，不但在他勢力所及的範圍裡興建孔廟、建立寺廟道觀，而且還建立宗廟制度，定期祭祀，並設計出契丹的文字、繪製忠臣像表彰節義，完全以漢人的帝王作爲典範。

唐朝在軍閥的混戰中滅亡，繼之而起的是五代十國，那時中原力量相對較弱，可是卻還是比契丹來得強，阿保機先後發動兩次進攻遭到失敗，才讓他認清這一點。

於是，他把眼光轉向後方，率軍東征，只花了半年的時間，就把位於契丹以東，朝鮮以西，立國兩百多年的渤海國消滅，在原地成立東丹國，讓他的長子耶律倍治理。

這個「東方的契丹國」讓契丹的土地一下子暴增五千里，人口士兵多了好幾十萬，實力大爲擴張。耶律阿保機終於有能力與中原群雄一較長短了，然而他卻在這個時候，死在他南向前進的征途之上。

擔任天下兵馬大元帥的耶律德光，是阿保機的次子，既然兄長已經是東丹王，那麼他就名正言順地繼承了父親的地位，也就是正式替契丹建立國號爲「大遼」的遼太宗。

遼太宗剛剛繼位的時候，契丹國力並未更強，南向的圖謀屢屢失利，只因中原出了一位願意給予優厚條件的石敬瑭，才讓遼太宗有機可趁。

石敬瑭爲了要和當時的後唐政權相爭，開出來的條件眞的很誘人，只要幫助他取得天下，石敬瑭願意稱臣，且以侍奉父親的禮節侍奉遼太宗以及將來的契丹國主，更重要的，就是割讓雁門關以北的燕雲十六州。

遼太宗幫石敬瑭達成了願望，中原的後晉政權無異於契丹的附庸，父親之禮這一點倒沒什麼，反正當時北方民族認人爲義子乃習以爲常之事，比較大的收穫就是燕雲十六州，只要遼太宗願意，隨時可以領著大軍長驅直入。

他後來眞的這麼做了，石敬瑭的後繼者不怎麼忠誠，給他很好的藉口，一口氣打進後晉的國都，滅掉了這個中原的附庸，成爲中原的主人。這是公元九四七年的事，從耶律阿保機有這樣的打算，到耶律德光完成這樣的大業，只花了四十年。

但是，眞的成了中原的主人，才讓遼太宗體認到，畢竟當初父親大張旗鼓搞的所謂「漢化」，與現實還是有一大段差距。

這些自以爲漢化夠深的契丹人，直到接觸了眞正的中原漢人，才知道彼此之間的差異有多大，生活習慣、氣候土地，沒有一樣是這些北方半游牧民族所能接受的，漢人的數量多得嚇人，要殺殺不完，要治理又不是契丹朝廷那種簡化了的制度所能勝任的。

在沒有完整的計畫之下，遼太宗只能放任部下任意掠奪搜刮，依照他們原本的習慣，搶到的就是自己的，謂之「打草穀」。就這樣搶了三個月，該搶的搶光了，該殺的也殺完了，留下的只有漫天的怨氣與仇恨，如此態勢，豈能久留？悻悻然的遼太宗，承認了自己的錯誤之後，逃也似的率眾北歸。

這位契丹霸主並未能夠回到故土，就在半路上忽然死了，有人說他是得了重病，有人則說他是被部下所殺，反正不論如何，他的死都為契丹政局帶來極大的衝擊，因為他死得太突然，沒有明確的指定繼承人，所以那些有資格的，便蠢蠢欲動起來。

遼太宗的兄長東丹王耶律倍有個兒子，名叫耶律阮，小名兀欲，沒有什麼才幹，卻因為「血統純正」的嫡傳身分，受到遼朝重臣們的擁戴，可是，遼太宗的母親淳欽太后卻比較喜歡遼太宗的弟弟耶律李胡，因為耶律李胡的個性剛毅勇猛，甚至十分殘暴，淳欽太后覺得這樣才有能力統帥千軍萬馬。

耶律李胡的殘暴展現在許多方面上，對待大臣的態度是其中之一，重臣之中有許多人都是因為反對李胡而加入耶律阮的陣營，並非基於什麼忠君愛國的思想，因此，當他們費了好大一番功夫，把耶律阮推上皇位，並將太后與李胡軟禁起來時，他們的不臣之心，便又逐漸展露。

這位日後稱之為遼世宗的耶律阮，喜歡美酒，愛好遊獵，對於政治的興趣，僅止於侮辱大臣，因而招來當初支持他的人心生不滿，重臣耶律屋質曾經多次勸說遼世宗，都沒有得到重視，後來，遼世宗果然在一次大醉之後，被一群叛變的部下殺死。

這一起叛變讓遼朝的國力稍有頓挫，然而當時天下並沒有足以取而代之的力量，中原的紛擾仍然不曾停歇，因此遼朝的強大仍然繼續維持著。即使後來繼承皇位的，是人稱「睡王」的遼穆宗，這樣的態勢依舊未曾改變。

這位睡王和他前任的世宗簡直如同一個模子刻出來的，愛喝酒，好女色，明明有著燕雲十六州的優勢，卻從來不曾思考向外發展的問題。

中原出現了後周世宗，既伐北漢，又取燕雲，幾乎對遼朝的強大造成威脅，遼朝舉國上下震恐，遼穆宗卻還自嘲地說道：「他們打去的地方，本來就屬於中原的，現在還給他們，也算不得什麼損失！」

這位整天醉醺醺的皇帝，竟然沒把遼朝整垮，也許是上天眷顧吧！那位極具雄心的後周世宗，年紀輕輕地就去世了，對於遼朝的威脅，也就暫告解除，此後的幾十年，中原的宋朝從建國到統一，全國上下忙得不可開交，沒有時間和契丹人敵對，竟讓契丹度過了頓挫的時期，重新強盛起來。

等到宋朝決定向契丹用兵時，契丹已經強到不是宋朝所能對付的了，那時遼朝出了一位英明有爲的女主蕭綽，她是遼景宗的皇后，協助遼景宗治理國家，賞罰分明，知人善任，遼景宗死後，遼聖宗繼位，她被尊奉爲太后，也就是那位出名的女強人蕭太后，她繼續攝政二十多年，奠定了遼朝穩定而強大的基礎。

宋遼之間的幾次大戰，讓宋太宗再也不敢輕言北伐，燕雲十六州從此成爲遼人的天下，這是宋朝東北方面的局勢。

至於西北方面，位於黃河上游，今日的陝西、甘肅交界的地區，在漢唐盛世，那裡都是中國的版圖，而今則興起了党項羌族建立的西夏王朝，與宋朝時而友好，時而對立，也讓宋朝十分頭痛。

西夏人的祖先原本是依附在中國之下的，唐朝的時候與皇室關係良好，族長被賜姓李，歷經了數百年的發展，各族繁衍分佈於夏州（今陝西靖邊縣）附近的平夏郡，慶州（今甘肅省慶陽縣）隴山以東的東山郡還有橫山地區的南山郡等等地區，逐漸形成自己的勢力。

唐朝末年，平夏郡的党項族首領拓跋思恭出兵協助唐朝平定黃巢之亂，因功受封爲定難軍節度使，統攝夏、綏、銀、宥、靜五州地區，進爵夏國公，又賜姓李，歷經五代乃至宋初，西夏政權始終以一個藩鎮的身分，與中原王朝保持著臣屬的關係。

宋太祖建國，加封定難節度使李彝興爲太尉，李彝興乃是拓跋思恭的族孫，當時算是西夏的領導者，他接受了宋太祖的冊封，遣使朝貢，雙方的關係十分良好。

二十多年後，党項羌族內部爆發衝突，當時李彝興的嫡孫李繼捧接掌節度使的地位，卻被他的叔父們反對，各部形成對立，李繼捧難以在夏州立足，於是他索性親自前去開封，對當時的大宋皇帝宋太宗表示臣服，願意主動獻出四州八縣的土地，並且在京師居住。

這樣的好消息自是讓宋太宗喜出望外，立即照准，並且封李繼捧為彰德軍節度使，留在開封享受榮華富貴，還召見他的族人一同前往，長久為党項所佔據的隴右河西走廊一帶的廣大土地，彷彿重歸中國懷抱。

然而西夏內部的複雜情勢，卻不容許宋太宗用這種方式自我滿足，李繼捧有個弟弟名叫李繼遷，當時不過二十歲上下，卻是勇猛而有智謀，他對党項各部豪族酋長們說道：「老虎不能離開深山，蛟龍不能離開深淵，我們也不能離開我們世世代代居住的土地！宋朝皇帝叫我們去他們的京師，那是為了要欺騙我們，我們絕對不可以上當！」

他說服了不少民眾，一同前往夏州東北三百里的地斤澤（在今內蒙鄂托克旗境內）舉起反抗宋朝的旗幟。他的號召力很大，逐漸把散居在各地，原本從不互相往來的党項羌部落凝聚成一個整體，到了雍熙二年，公元九八五年，李繼遷一舉攻佔了銀州。

那年正是宋太宗忙著想把燕雲十六州打回來的時候，西北方面的局勢，宋朝無力顧及。李繼遷利用這個機會，向遼朝稱臣，表示願意幫助遼朝抵擋宋軍，宋太宗聽說這個消息，不願意陷入同時與遼夏為敵的窘境，派了使者去向李繼遷示好，表示願意重新任命他為定難軍節度使。

李繼遷就是這樣善於利用局勢，兩面討好，左右逢源，不久他又向遼朝求親，遼聖宗把義成公主許配給他，而且還封他為夏國王，西夏與遼朝之間從此有了婚姻之親，也在遼朝的支持之下，日漸壯大起來。

宋太宗採納了趙普的意見，「以夷制夷」，把享了許多年清福的李繼捧找出來，重新任命他定難軍節度使的地位，並且賜姓趙，更名保忠，讓他回到夏州，借他的號召力對付李繼遷。

原本這樣的辦法很有效，在宋朝的資助之下，李繼捧打了幾場漂亮的勝仗，把李繼遷逼得上表請降。不過，李繼遷深深明白自己這位兄長的個性，派人去對他說：「難道你願意永遠屈服在宋朝皇帝的腳下嗎？」

李繼捧動搖了，他問李繼遷該怎麼辦，李繼遷告訴他，應該要和遼朝通好，「因爲我們都是草原上的民族，和他們種田的民族不一樣。」李繼捧雖然不大明白到底有什麼不一樣，但他還是被說服了。

宋太宗知道這個消息，大爲震怒，派了大軍攻進夏州，將那個被耍得團團轉的李繼捧抓回開封，降職處分，然而這樣也不能彌補「以夷制夷」策略的失敗，李繼遷仍然四出爲患。

至道二年，公元九九六年，宋太宗以李繼隆、丁罕等人爲大將，率領大軍兵分五路出塞討伐党項，李繼遷雖然善戰，但是雙方兵力過於懸殊，經過大小數十場戰役，宋軍固然困乏無比，党項族也是死傷過半，因此，李繼遷在這種情形下，遣使向宋朝求和，宋朝以他爲定難軍節度使，算是承認了他的地位。

那年是宋太宗在位的最後一年，他在高梁河之戰中留下的箭瘡發作了，情況日益惡化，重病中的他，得知李繼遷求和的消息，並不感到高興，他嘆了一口氣，說道：「一個契丹，一個党項，像犄角似的抵著咱們大宋，一身二疾，不可並治，漢唐聲威，不知何日方可重現啊！」

澶淵之盟

自從宋太宗與契丹扯破臉皮，從此兩國十餘年之間，兵禍連結，戰亂不歇，除了那幾次敗得很慘的北伐之外，大多是遼朝率軍南下劫掠，而交戰的結果，也往往以宋朝吃虧居多。

兩國交界之處的百姓，是最無辜的受害者，他們居住了許多代的土地，被兩個敵對的政權用來當作戰場，契丹的士兵殘殺中國的百姓，中國的士兵殘殺契丹的百姓；契丹的士兵殘殺契丹的百姓，中國的士兵殘殺中國的百姓。

不論士兵還是百姓，長達數十年來的廝殺擄掠，形成兩個民族之間的深仇大恨，這邊管那邊叫胡虜雜種，那邊管這邊叫中原豬玀！每一次戰爭，都將這種仇恨累積得更深更重。

一心想要解決這種狀況的宋太宗，終於沒能完成他的職志，便撒手人寰，他去世的時候，宋朝已經是個穩定而內斂的朝代，儒學與科舉把士人們的關懷牢牢地綁在這片土地上，對於擴張疆土甚至收回早已部屬於自己的「失土」並不在意，重建盛世成為一句口號。

宋朝的第三位皇帝宋眞宗趙恆，由於不是宋太宗的長子，因此即位的時候曾經引發爭論，甚至差一點沒辦法登基，爲了安撫這些異樣的聲音，才剛即位便採取許多措施，表明自己絕對遵照「祖宗家法」，不會做不必要的更動，也就是說，他還沒正式行使皇帝的大權，便向天下明白地表示：我宋眞宗是個守成的皇帝，不是個有開創性的皇帝。

這樣做並未讓他的危機完全解除，即位的第二年，遼聖宗耶律隆緒奉蕭太后之命，大舉入侵宋朝，河北地區的防務由鎮、定、高陽關三路的行營都部署傅潛主持，他率領大軍八萬，營寨固若金湯，竟然閉營自守，不肯出戰。

原來這位傅潛曾經參加過歧溝關戰役，見識過契丹人的厲害，說什麼也不肯讓自己麾下的兵馬再一次覆沒在契丹鐵蹄的踐踏之下。

這樣算是保護部下嗎？其實很難說，但是軍隊的存在，乃是爲了保護百姓，守衛疆土，傅潛固守不戰，契丹大軍長驅直入，攻佔了許多城池，擄走了許多百姓，這位大宋北方邊境的屏障卻穩如泰山，絲毫不爲所動。

「將軍，契丹人肆虐河北……」定州行營都部署范廷召是第三次請戰了：「我們手握大軍，難道就這樣眼睜睜任憑胡狗蹂躪我大宋子民？」

「我並非坐視不管，只因契丹兵勢正盛，不宜輕攖其鋒銳，等待時機，方才是用兵之上策啊！」

「若不嘗試，怎知時機是否已經成熟？」范廷召道：「請撥一萬兵馬，讓我去和契丹雜種決一生死，如若失敗，情願領罪，如若勝利，亦絕不居功！」

傅潛思量了一會，反正好壞都與他無關：「嗯，就如你所請，給你八千騎兵、兩千步兵，願你得勝而歸。」

范廷召領著一萬人，與高陽關都部署康保裔的兵馬會合，在瀛州（今河北河間）西南的裴村和遼軍遭遇，雙方激戰數十回合，遼軍死傷慘重，宋軍彈盡援絕。

在你來我往的廝殺之間，出現了兩位英雄人物，保州知州楊嗣與保州邊緣都巡檢使楊延昭。楊嗣乃是宋朝初年殿前都指揮使楊信的弟弟，他在廉良河與遼兵交戰，斬首兩千級，擄獲戰馬五百多匹，創下宋遼交戰以來難得一見的宋軍全勝紀錄。

楊延昭就是「楊家將」的第二代，名將楊業之子，素有「楊六郎」之稱。他治軍嚴明，智勇兼備，駐守在遂城（今河北徐水），曾經多次擊敗遼軍。

遼朝蕭太后親自督軍攻打遂城，楊延昭引河水灌注城牆之上，那時天寒地凍，水一下就結成堅冰，使得城牆滑溜無比，遼軍無論如何也攀不上牆，最後慘敗而退，楊延昭一戰成名，他駐守的城池也被人譽為「鐵遂城」。

可惜「二楊」的勇猛，只是整體戰局的一部份，范廷召得不到傅潛的援助，最終還是失敗了，而傅潛的按兵不動，更讓河北領土接二連三的失陷。

宋真宗在開封聞聽戰報，決定親征，他從小生長在宮廷之中，卻對自己的軍事才能頗為自信，將領還沒出征，他就對將領親自「講授」兵法與布陣的方略，並且要求將領非要如此如此云云，害得將領們在外作戰飽受牽制。

幸虧這一次契丹人南下並非爲了攻城掠地，否則會有什麼樣的結果很難預料。契丹人在河北地區劫掠了一陣之後，在第二年正月班師回朝，范廷召趁機追擊，打了一場勝仗。

過了一年多，遼朝再度舉兵南犯，這回宋眞宗沒有親征，因爲西部的党項羌首領李繼遷不斷在靈州附近騷擾宋軍，搶奪糧草，朝廷內部爲了到底要不要出兵討伐李繼遷吵翻了天，皇帝必須坐鎭京師，以便做出最後的決定。

不過宋眞宗對自己上回御駕親征的表現十分滿意，他下詔讓王顯負責領軍指揮抵禦時，老毛病又犯了，把王顯叫到跟前，授與他一張地形陣法圖，對他說道：「此乃朕躬親繪，你把兵帶往北方，就依照陣法布置，必能得勝。」

王顯出兵之後，仔細推敲著那份「御製陣法」，皺著眉頭忖道：「皇上從小待在後宮，那能知道戰場上瞬息萬變？如果我不知變通，只怕會帶著這些子弟兵去送死。」

他並沒有依照皇帝的命令布陣，與遼軍交戰，互有勝負，後來由於連續豪雨，道路泥濘不堪，遼軍騎兵行動不便，領軍的遼聖宗於是下令班師，這場仗算是宋軍打贏了。

王顯取得不算輝煌的勝利，理應大書特書，向朝廷邀功，卻還是上表請罪：「前陣雖有克捷，恐未贖違詔之罪。」

「將在外，君命有所不受」，這是自古以來人盡皆知的道理，可是在宋朝，這樣的事卻可能獲罪，領軍作戰的將帥沒有足夠的權力調度，凡事都得請示遠在京師的皇帝，這也是宋朝軍事力量薄弱的原因之一。

景德元年，公元一〇〇四年九月，遼軍第三度大舉來犯，這一回契丹人的來勢洶洶，蕭太后與遼聖宗同時親征，他們以索回當年後周世宗奪取的關南地爲名義，傾巢而出，動員二十多萬騎兵，一副打算要消滅宋朝的態勢。

不過他們的行動沒有想像中順利，打了兩個月，僅僅打下祁州（今河北安國），在許多地方的攻城戰均告失利。遼朝的騎兵大軍擅長的是平原上的衝殺，遇到城牆就沒輒了，瀛州一戰，宋軍從城牆上扔下大石塊、粗木頭，竟然砸死了三萬多人。

這場難看的敗仗把個性剛毅的蕭太后惹火了，經過眾人商討之後，她做了一個決定：「繞過河北州縣，直取開封！」

不到一個月，遼朝大軍已如潮水過境，攻下德清（今河南清豐），抵達澶州（今河南濮陽），距離開封僅僅三百多里。

這一下把宋眞宗與朝廷大臣們都嚇壞了，不愧是契丹騎兵，才接到河北戰報沒過多久，竟然已經兵臨城下！宋眞宗小聲地試探底下的輔臣：「朕打算和前幾年一樣，親征契丹，不知諸位愛卿以爲如何？」

宰相畢士安說道：「將領已然出征，陛下其實用不著親征，只消一紙詔書傳遞前線，責成將士守土衛國！不過，假使陛下能親赴前線，倒也不失爲激勵士氣的好方法，只是那澶州城郭狹窄，調度兵馬諸多不便，應當先行妥善安排，再請陛下移駕澶州。」

另一位宰相寇準則表示：「如要御駕親征，則必當機立斷，時機若有延誤，後果不堪設想！」

宋眞宗嘆了一口氣：「畢竟這事非同小可，你們下去商議商議，再來上奏！」

戰況著實緊急，邊防文書不斷送達，竟有一夜連續五封的告急文書，不過這些文書都被寇準壓下來，沒有向皇帝稟奏，整天和同僚們飲酒談笑，彷彿什麼事都沒發生似的。

有些大臣看不過去了，向宋眞宗密奏此事，宋眞宗大急，把寇準找來責問，寇準仍然慢條斯理地答道：「臣還是那句老話，只消陛下親征澶州，必能在五天之內，迫使契丹退兵！」

這項動議再度在朝堂之上被提了出來，位階比寇準高的畢士安不再反對，倒是有一些怕事的人，認爲此舉必定失敗，主張逃跑。

參知政事王欽若乃是江南科考出身，他向宋眞宗奏道：「契丹騎兵足有二十萬之譜，陛下無須親身犯險，萬一有什麼差池，誰也擔待不起！金陵乃王氣聚集之所，值此危急時分，何不南巡金陵以避其鋒銳？」

簽書樞密院事陳堯叟乃是四川人，他的建議大同小異：「江南不好！蜀中天府之國，陛下應西巡成都，來日方可重振龍圖！」

「胡扯！出此下策，罪當論斬！」寇準罵道：「方今天子神武，將士用命，如果陛下親征，敵兵必當聞風而退，即使不退，我軍以逸待勞，亦能穩操勝券，何必去說什麼金陵、成都？不論西行或是南巡，必定使人心崩潰，到時契丹趁虛而入，天下如何得保？」

王欽若等人臉上一片慘綠，宋眞宗道：「你說得很對，朕當即刻起駕，親臨前線！」

正在此時，又有戰報傳來，遼軍遭到頑強抵抗，如今大軍深入，進退維谷，向宋朝提出議和。

「這樣的議和，只怕有詐！」宋眞宗瞟著戰報冷冷地說道。

畢士安道：「臣以爲契丹求和，並非有詐，他們此次南犯，屢受挫折，如今雖兵臨澶淵，卻是越過我河北駐軍的結果，此際態勢，已爲我大宋所圍，進則受挫，退則受辱，故而提出議和，請陛下明察。」

宋眞宗道：「愛卿有所不知，如果此時我們答應契丹議和，他們必定提出條件，如果只要錢財，以我大宋之富，不成問題，如果要求割讓土地，朕豈能做出後晉兒皇帝那般永爲後人唾罵之事？」

親征議定，宋眞宗於當年十一月間出發，過不多久，聖駕便已來到澶州城。

澶州城位於澶淵郡，是一座橫跨在黃河兩岸的城池，以黃河爲界，分爲南城與北城，當中有浮橋溝通。

御駕在南城，契丹大軍則包圍了北城，宋眞宗從未親眼看過這種陣仗，不免有些害怕，有些比他更害怕的侍從打蛇隨棍上，建議他趕緊南巡金陵，而他也似乎眞的認眞考慮起來。

寇準在一旁說道：「這是什麼混帳話？契丹就在眼前，人心浮動，陛下只可前進一尺，不可後退一寸！河北軍隊也在仰望聖駕，只要瞧見陛下的鑾輿，士氣就會增長百倍。這種時候忽然要南巡，只會讓大軍片刻瓦解，到時候契丹在後面追趕，陛下以爲到得了金陵嗎？」

「是啊，不該退，不該退！」

宋眞宗好不容易進了南城，又開始害怕起來，殿前都指揮使高瓊頻頻催促：「大軍都在北城，請陛下趕緊渡河，親臨陣前，鼓舞全軍士氣。」揮起鞭子抽打輦夫：「你們還不快走，都到這裡了，還要猶豫嗎？」

善於迎合皇帝的簽書樞密院事馮拯訓斥道：「你這個莽夫，不得無禮！」

高瓊乃是武將出身，勇猛善戰卻不識字，在重文輕武的當時，經常受到文人的輕視，不過他也向來瞧不起那些只會做文章，不能辦正事的文官，剛好馮拯就是這樣的人，所以他冷笑著對馮拯道：「閣下怎麼不做一首詩，好把敵人的騎兵嚇退啊？」

馮拯無話可說，宋眞宗就在這樣半推半就的情況下，被請到了北城最前線。當他登上城樓，城外數十里的宋朝軍民都高聲歡呼起來：「萬歲，萬歲，萬萬歲！」全軍士氣大振，歡呼聲撼動了大地。

這樣的聲勢嚇倒了契丹軍，讓他們瞭解到自己其實是被大宋的國土和百姓團團圍住，蕭太后臉色沉了下來：「看來這些中原蠻子數量還眞不少，不是這麼容易就能征服的。」

其實當宋眞宗抵達澶淵之前，遼朝的戰況就已經陷於膠著了，當初力主伐宋的大將蕭撻凜自恃武藝高強，帶著輕騎便來叫陣，結果被一箭射死。這雖沒有讓遼軍士氣受創，卻讓蕭太后覺得不應該再打下去了，所以她派出使者，向宋朝表示願意和談。

契丹使者韓杞在十二月間抵達澶州宋眞宗行宮，他代表蕭太后與遼聖宗兩人的意見，一開口便提出希望宋朝能夠割地賠款。

宋眞宗很生氣：「祖宗基業，不是說給就給的，如果貴國再做出這樣無禮的要求，那我們就只有在戰場上相見了！」他停頓一會，緩和了心情，又道：「不過，如果貴國僅要求財物，這對朝廷並無多大損害，朕倒是可以考慮。」

寇準不贊成這種說法：「我軍氣勢正旺，假若交鋒，勝多敗少，陛下怎麼一開口就提出優厚條件？應當趁此要求契丹向大宋稱臣，把燕雲十六州要回來，只有這樣，才能確保今後百年無事。」

宋眞宗嘆道：「將來自然會有人出來抵禦契丹，朕實在不願看見百姓遭受兵禍之苦，能用錢財換來安穩，那就答允了吧！」

本來寇準還想堅持，可是不久之後，他卻聽見一些流言蜚語，說他只不過想藉此提高聲望、權勢而已，這是當官的人最怕聽見的話，寇準也只好噤聲了。

宋朝方面派遣殿前承旨曹利用出使遼朝，曹利用向皇帝請示，可以答應對方多少要求，宋眞宗答道：「逼不得已的話，百萬之數也可，只要能讓契丹退兵。」寇準在一旁偷偷聽著，沒說什麼，待曹利用退出御殿，便把他叫來，嚴肅地說道：「陛下雖然答應百萬，但是只要超過三十萬，我就要你的腦袋！」

曹利用幸不辱命，和議決定，宋朝每年給予契丹銀十萬兩，絹二十萬匹，雙方各守疆界，互不侵犯，立下誓約，子孫共守，並且約爲兄弟，宋眞宗比較年長，所以是遼聖宗的兄長，尊稱蕭太后爲叔母。

這些半路認親的辭令宋眞宗並不感興趣，他比較擔心歲幣的數量，曹利用回來的時候，他不方便立刻接見，便讓身邊的小太監先去詢問，曹利用比了三根手指，小太監回報說可能多達三百萬，宋眞宗一聽失聲道：「太多了吧？」隨即又道：「只要能讓他們退兵，也還値得。」

等他知道了實際的數字，喜出望外之情，溢於言表。

澶淵之盟對宋遼雙方都是有好處的，在遼朝而言，很顯然獲益甚大，他們之所以連年南犯，也不過就是爲了要搶奪錢財，現在可以不必勞師動眾，錢財自己送上門，何樂而不爲？

對宋朝而言，歲幣是一筆龐大的開銷，轉嫁到百姓身上之後，讓百姓的生活更爲困苦；而士大夫多半認爲這是個屈辱的城下之盟，從此對契丹更加懷恨，也對和約本身抱持負面看法。不過實際上這項和約卻帶給宋朝長時間的和平，讓經濟文化可以穩定的發展，並非全無好處！歲幣讓契丹人富裕了，宋朝商人再前往北方經商，把錢賺回來，然後朝廷徵稅，又把錢送給契丹，如此的資金流通，或多或少促進經濟的發展。

後來宋遼雙方都在邊境州郡設置貿易管理的機構，名叫「榷場」，禁止某些貨品流通，同時徵稅，榷場貿易展現出兩國相互敵視卻又相互依賴的有趣現象。

虛幻的盛世

澶淵之盟訂定的同時，宋朝與党項羌之間的和議，也正在如火如荼地進行，景德元年，公元一〇〇四年正月，李繼遷死在吐蕃首領潘羅支的手上，他的兒子李德明繼承了地位，採取依附遼朝親善宋朝的策略，努力在河西走廊穩固自身實力。

宋眞宗則利用這個機會與李德明和談，雙方交涉兩年之後，終於達成協議：宋朝冊封李德明爲定難軍節度使、西平王，每年賞賜金、帛、緡、錢各四萬，茶二萬斤，並以內地節度使的身分給予李德明個人。

這仍是花錢買來的和平，卻讓宋眞宗沾沾自喜起來：「父皇與太祖皇帝都未曾解決的一身二疾，總算還是在朕的任內了結了，雖說花錢不少，但只要百姓安居樂業，就不怕籌不出這些錢來！」

從小養尊處優的他，很容易有妄自尊大的個性，文武百官看上這一點，拚命歌功頌德，還替他上尊號「崇文廣武儀天尊道寶應章感聖明仁孝皇帝」，把他捧得頭昏腦脹，眞的以爲自己就是唐太宗、唐明皇投胎轉世。

他對寇準的看法，也開始有所轉變。澶淵之盟議定之初，寇準威信大增，朝中也沒有人能和他相提並論，每當他上朝退朝，皇帝都會親切迎接相送，這是極高的榮譽，朝臣們都投以羨慕的眼光。

不過當初被寇準斥責一頓的王欽若卻懷恨在心，他找到機會接近宋眞宗，開始嚼舌根：「陛下如此禮遇寇準，難道是因爲他有功於社稷？」

「當然啊！」

王欽若嘆了口氣：「澶淵之盟乃我朝之恥，陛下卻如此看法，眞令微臣百思不解。」

宋眞宗愕然：「爲國家免去兵燹之禍，又在談判中據理力爭，這當然是安定社稷的大功，怎說是恥辱？」

王欽若悠悠然道：「敵人逼迫訂立城下之盟，孔子作《春秋》之時，便深以爲恥。契丹以二十萬大軍包圍澶淵，陛下以萬乘之尊親臨前線，最終竟然訂立城下之盟，怎能說不是恥辱呢？」他的話鋒一轉：「寇準這次的舉動，就像是一個快要輸光的賭徒，把陛下當成賭注，孤注一擲！幸虧是贏了這一把，要是輸了，那會是什麼結果，臣也不用多言了！陛下，這樣能算是忠臣？能算是有功於社稷？」

宋眞宗冷汗直冒，越想越覺得寇準實在可惡，逐漸與他疏遠起來，不久之後，便將寇準罷免，貶爲地方官。

這樣還不能滿足宋眞宗的虛榮心，原本令他沾沾自喜的親征澶淵，在王欽若的口中變得一文不值，還差一點當了傀儡，讓他心情極爲惡劣，王欽若看準這一點，故意說道：「陛下若想洗雪前恥，只要出兵幽、薊，搶回燕雲十六州就可以了。」

宋眞宗皺眉道：「還有別的法子沒有？」

「夷狄之性，畏天地信鬼神，如果陛下借天命以自重，做出大功業，那就可以讓夷狄不敢輕視。」

「什麼是大功業？」

「封禪！」王欽若自信十足地說道：「自古以來，封禪必須有上天降下的祥瑞，祥瑞從何而來？不過事在人爲而已，只要君主眞的相信，並且大爲表彰，那就會變成眞的了。」

「可是……」宋眞宗有些猶豫：「這樣搞的話，王旦應該會反對吧？」

王旦是當時的宰相之一，爲人老成持重，一定不會接受這樣的主張，王欽若倒是滿不在乎，他很瞭解王旦的個性：「只要陛下說這是您的意思，他就算心裡反對，也不會多口！」

果然宋眞宗召見王旦，賞給他許多東西之後，王旦明白了皇帝的旨意，對於王欽若的那一套把戲，不再提出任何異議。

公元一〇〇八年正月，宋眞宗召見群臣，說他夢見天神下降，要他設立道場以迎接「天書」，沒過多久，果然傳出消息，皇城司來報：「左承天門南鴟尾，有黃帛高掛其上，約兩丈多長，內有書卷以青絲纏繞，隱約有字跡。」

宋眞宗命人察看，確定這正是天書，於是下旨將此年改元爲大中祥符元年，把左承天門改名爲左承天祥符門。

宰相王旦率領文武百官道賀，群臣因此加官進爵，那年三月起，便從各地傳來奏表，官吏、百姓、士兵紛紛表示，期望聖駕親臨泰山，舉行封禪大典，連續數月，多達好幾萬人上表。「既然民意如此，朕也不便拒絕。」宋眞宗道：「就依照古禮，即行準備吧！」

經過半年多的預備，砸下無數錢財，沿途修建行宮，調動物資，終於在這年十月初四，帶著王旦、王欽若、朝中大批官員以及許多護駕軍隊，從京師出發，走了十七天，抵達泰山舉行封禪大典，在泰山祭神飲宴之後，車隊又轉往曲阜的孔子故居，追封孔子爲玄聖文宣王，賜給當地孔廟三十萬錢，三百匹帛。

沸沸揚揚地鬧了一個多月，總算在十一月廿日返回，宋眞宗得意洋洋地接受百官朝賀，賞賜群臣，大赦天下。

大中祥符四年，公元一〇一一年二月，河南地區澇旱交替，京城附近穀價暴漲，宋眞宗卻不顧勸阻，帶領百官西出潼關，渡過渭河，河中府寶鼎縣（今山西永濟）祭祀后土，折騰了兩個多月才返回；大中祥符七年，公元一〇一四年，又大舉率領百官前往亳州（今安徽亳縣）拜謁太清宮，冊封老子為「太上老君混元上德皇帝」，修造宮殿道觀，耗盡民力財力。

天書、福瑞、封禪等事，固然是王欽若等小人為了奪權所製造的騙局，也是宋眞宗用來麻痺自己的方法，當時宋朝開國已經超過半個世紀，理當是一個朝代最富創造力、最為強盛的時期，而宋眞宗也一直以一位太平明君自詡。

可惜的是，與從前的大一統局面相比，宋朝不論在版圖上、軍事上以及對外族的控制上，都明顯的不如，「澶淵之盟」帶來的和平，讓廣大地區的社會經濟得以累積發展，富裕的程度足以讓他們用金錢換取和平，有些逢迎拍馬之徒，甚至把大中祥符年間的富裕比擬為當年唐朝的開元天寶盛世。

然而在一般士大夫的心目中，這種太平景象卻是有所缺憾的，理當海內一統、萬邦來朝的中華上國，卻必須每年支付給蠻夷之邦大量金錢，否則就有垮台的危機，這種隨時籠罩在陰影之下的富裕，即使是盛世，也是虛幻！

因此，宋眞宗以及一班文武大臣，總是藉著這些太平盛世的禮儀來麻醉自己，企圖說服自己眼睛所見到的繁華就是事實的眞相，在這之中，宰相王旦始終扮演著重要的角色，每次也都能得到豐厚的賞賜。

對於這些封賞，王旦不僅不高興，反而十分後悔，自從封禪那一次，他領著百官慶賀的一剎那開始，便開始了違背良心的事，而且越陷越深，當他晚年病危之時，把子弟叫來跟前，說出眞心話：「我在朝當政近二十年，一生也沒有大過錯，皇上恩寵極厚，我感激萬分。但是，天書封禪之類虛無縹緲之事，我竟然未曾勸諫，這實在是無法彌補的大罪！等我死後，你們將我剃光頭髮，穿上袈裟，依照沙門僧侶的規矩下葬，只願如此能稍稍彌補我的罪過！」

有很多事情，也許非要到快死的時候才能看得清楚。

第三章：北宋的憂患與黨爭

澶淵之盟以後，宋朝外患暫告平息，開始面臨內部的問題，太祖、太宗制訂的祖宗家法，守內虛外，重文輕武，到後來衍生出許多弊病，必須加以改革，只可惜自古相輕的文人，在這樣的場合裡，不能充分合作，致使北宋後期朝政的任何可取之處，全被不斷的爭執消磨殆盡。

遼朝每年接受供養，逐漸在優渥的生活下腐化，建國初年的那種驍勇，早已拋諸九霄雲外，他們醉生夢死，渾然不覺長白山上那群綁著辮子的野人，能對他們造成什麼威脅。

宋朝也同樣沒有注意……

積重難返

汴河的水緩緩地流動著，由西向東貫穿開封城，從江南滿載著糧食、茶葉、瓷器以及各色貨物的漕船，擠滿了窄窄的河道，綿延不絕。

不同的造型象徵它們來自不同的地點，有江浙福建來的，有江淮地區來的，也有嶺南兩廣來的，船東家操著各色口音，站在船頭大聲吆喝著，時而懇求，時而叫罵，無非是希望自己的貨物能夠趕緊送達。

「行行好吧，我這批貨得要在晌午前下艙，麻煩前面讓一讓！」

「讓一下？說得挺輕鬆！我這船可是嶺南進貢給朝廷的上好茶葉，要是給延誤了，你擔待得起嗎？」

「你唬誰啊？進貢朝廷的漕船有你這麼寒酸的嗎！我早打聽過了，宮裡的貢貨昨兒個就送進去了，你想趕路誰不想趕？別拿這種話唬人！」

河道北岸的相國寺附近，擠滿了看熱鬧的民眾，他們並不是為了擠進寺裡去給那五百尊銅羅漢上香，而是聽說這回的市集上，有人從南洋運來許多大珍珠，準備販賣給出得起價錢的達官貴人，據說這種珠子原產自北方契丹境內，輾轉流通到海外，又讓商人給買了回來。

圍觀的人們雖然大部分都沒有這種財力，但他們都抱著這樣的想法：只消能瞧上一眼，就能在茶餘飯後的閒談裡，講得比別人更大聲。

茶肆、酒樓裡表演雜耍的與說書先生愁眉苦臉地對望著，他們最不高興，大家都擠到相國寺那裡去了，誰還來看雜耍，誰又想聽說書？不過只要相國寺的集子再也擠不下了，人潮往這裡湧過來，他們的生意自然會轉好。

櫛比鱗次的茶肆、酒樓與客棧，散佈在這座大城的每個角落，熙來攘往的行人便是他們每天生意興隆的保證，有些出了名的店家做生意脾氣大得很，非得要訂席才能進店裡喝杯茶，牆上文人墨客的題字，似乎就是這些店家身分地位的象徵。

相國寺往北沿著御路出封丘門，越過那座金碧輝煌的開寶寺木塔之後，便是五丈河，河邊有處悅來客棧，取「近悅遠來」之意，在此經營三十餘年。此地已然出了皇城，不在鬧區，生意很難像它的店名那般昌盛，風韻猶存的老闆娘笑臉迎人，倒也還能維持一定的收益。

一些喜愛清靜的雅士，途經此處，往往會來店中歇歇腿，喝碗茶潤潤喉；那些進京趕考的舉子，來到五丈河看看傳聞天下的糧倉，也會來店裡小憩。至於朝廷裡的達官貴人，往來各地的富商巨賈，在這裡就比較少見了。

二樓東面的角落裡，面對面坐著兩名儒士打扮之人，一名已屆中年，鬢髮略見花白，眉宇間散發著一股化不開的憂愁，另一名是個二十郎當歲的青年，瀟灑自若，氣度不凡。兩人一進門點了些簡單的小菜與兩壺酒，就吩咐店小二不要打擾，老闆娘越瞧越覺得面熟，卻又不敢貿然指認。

其實這兩位都是當今鼎鼎大名的人物，中年人名叫范仲淹，字希文，真宗大中祥符八年進士，如今權知開封府，乃是京師百姓的父母官，由於他個性耿直，多次不顧自己官微言輕，越權上諫，兩次被貶出京，如今開封府尹任內，又因爲得罪了宰相呂夷簡，被貶爲饒州知州，即將第三次丟官。

青年儒士名叫歐陽修，字永叔，仁宗天聖八年進士甲科及第，文章與古詩名冠天下，與梅堯臣、尹師魯等人號稱「洛陽七友」，當時在京師擔任館閣校勘之職，聽說范仲淹被貶，憤恨不平，寫信痛罵諫官，說他們失職太甚，不但不出言相救，反而幫著呂夷簡詆毀范仲淹，「不復知人間有羞恥事」！這件事被呂夷簡知道了，馬上將歐陽修貶爲夷陵知縣。

兩人的年紀、資歷與官位都有差距，卻是忘年之交，此番相聚范仲淹乃是東道，因此先舉杯相敬：「永叔爲我仗義執言，竟受牽連，如此盛情，范某無以爲報，只有先乾爲敬。」說罷，仰頭乾了一杯。

歐陽修連忙回敬，並說道：「范公忠心爲國，竟三度遭黜，這一杯理當由晚輩相敬才是……」

范仲淹一擺手：「你我平輩論交，直喚我希文便是。」嘆了一口氣道：「其實呂夷簡逐我出京，也是因爲國事紛擾，不願我多加生事！奈何拘泥祖宗家法，朝政積弊叢生，他不願容我，也只能因循舊規了。」

歐陽修笑了笑：「他們不是說咱們是『黨人』麼？君子以同道爲朋，小人以同利爲朋，孰是孰非，公道自在人心。」

范仲淹又嘆一口氣：「其實呂夷簡也非小人，機敏能斷大事，實爲朝廷柱石，皇上親政那年，他奏列八事：端正朝綱、杜塞邪路、禁止賄賂、明辨奸佞、杜絕內宮干政、疏遠宦官、減省力役、節減度支開銷，倒也頗似將有一番作爲，只是他辦起事來綁手縛腳，並非社稷之福。」

「人啊，換一個地位就換一副腦袋！」歐陽修搖頭苦笑：「他老人家現在可是宰相老爺啊，如果變動得太大，萬一他地位不保，那可就乖乖不得了！」

「以個人榮辱作爲行事準繩，爲官之悲，莫大於此。」范仲淹道：「讀聖賢書，所爲何來？不能以天下之榮辱爲己任，也只能尸位宿餐而已了。北方兩大強敵虎視眈眈，朝廷每年雙手奉送歲幣數十萬，自以爲能讓賊寇心滿意足，從此換得萬年太平，這實在是……」他往樓台之外望去，街道上的行人，臉上掛著滿足的笑容，開寶寺上的木塔，在陽光下閃耀著輝煌的光芒，彷彿象徵著大宋天下將可永享安穩逸樂。「看吧，百姓只要能安居樂業，也就心滿意足了，咱們讀書人，難道也能像他們一樣嗎？」

「是啊，中樞大臣只看得見這些歌舞昇平，朝廷怎麼會有指望！」

「如今我大宋朝廷，有幾項重大弊病。」范仲淹正色道：「第一，武備不修，百姓不習戰事，萬一有變，不堪設想；第二，內外奢侈，鋪張浪費，卻又苛征猛斂，人民負擔沉重；第三，賢才不得其門而入，在上位者也不懂得廣開言路，接納忠言；第四，糧食、布帛價格居高不下，一般人想要吃好一點，穿好一點，都沒有辦法；第五……」他搖了搖頭：「毛病太多了，說也說不完。」

「你我二人如今同遭罷黜，待得有朝一日希文復起，我必將竭力以追隨先生。」歐陽修道：「閣下先天下之憂而憂的情懷，足爲我等後生晚輩之榜樣。」

人們把范仲淹三次遭到罷黜，稱之爲「三黜三光」，當時朝中許多文士出身的大臣普遍認爲范仲淹直言敢諫，因爲這樣的原因而遭到罷黜，這是一件很光榮的事。

不少人開始學習范仲淹的風骨，直接當著皇帝的面，冒著丟官的危險抨擊朝政，他們倒不擔心皇帝一怒之下宰了他們，因爲宋朝向來優禮讀書人，不會做出殘害讀書人的事，他們這樣不但可以藉機引起當政者注意，同時也能獲得清流的名聲，久而久之，朝廷之中養成了一種崇尚名節、敢說敢言的新風氣。

其實范仲淹與歐陽修都是讀書人，他們在較爲有利的大環境下取得進身之道，雖然充滿著一腔的憂國憂民，卻還是有著盲點：他們所談論的固然是當今天下的諸多弊病，然而眞正拖垮朝廷的，卻是過渡膨脹的人事費用所帶來的財政赤字。

自從重文輕武、強幹弱枝成爲國策以來，朝廷爲了禮遇讀書人，往往不依照實際需要，設置各種名目的官位，用來安插人數日漸增加的讀書人。

宋代的科舉，每三年舉行一次，每次都要錄取數百名進士，每一名進士都得要安排官位，久而久之，人數就變得十分可觀，許多官員掛著中書令、侍中、尙書令的頭銜，實際上根本不能參與朝政，至於中下階層的頭銜，那就更多了。

即使不謀其政，這些官員支領的俸祿仍然相當可觀，號稱「二府」的宰相和樞密使，每個月的俸祿，便足以購買上等良田一百多畝，至於那些空有頭銜卻不做事的，俸祿雖然沒有那麼多，卻仍然非常豐厚。

除了本身的固定薪水之外，官員們動輒又有各種名目的賞賜，而且享受著許多的特權，「這些文官十年寒窗，好不容易才能金榜題名，得到多一點的禮遇，也是理所當然。」當時不論士大夫或者宰相甚至皇帝，幾乎都有這樣的想法。

宋眞宗是這種想法的實踐者之一，在他任內確立的「磨勘」制度，所有官員每隔三年必須考核一次，這種考核徒具形式，只要沒有犯下太大的錯誤，通常都能升官，也就是說即使什麼事也不做的官員，只要活得夠久，也有機會逐步爬向高官的行列。

到了宋眞宗的兒子宋仁宗的時代，官僚機構已經發展得臃腫不堪，但是他還是覺得科舉取士的門檻定得太過嚴苛，有些讀書人考了大半輩子的科舉，頭髮都白了，仍然考不上，這位「仁慈」的皇帝於是下令：那些多次參加考試的舉子，即使文章不合格，也不宜任意宣布落選，應當向皇帝報告，由皇帝給予他們「賜及第」的名目，加以錄用。

眞宗大中祥符年間，官員數量已達九千七百多人，到了仁宗時代，更是達到了一萬七千三百多人，這些數字還不包括那些尙未委任職務的候補官員在內。

許多官員爲了求取一個顯赫的職位，往往不擇手段，有的攀附權貴，有的謊報政績，更有人在皇帝面前虛僞造作，有個名叫王博文的官員，擔任龍圖閣學士，一日獲得宋仁宗接見，在皇帝面前聲淚俱下地說道：「臣已年老，沒有機會登上兩府之門，替皇上盡忠啦！」

宋仁宗心軟，沒過幾天就委任王博文爲樞密院副使，遂了王博文的心願。當時有人作詩諷刺，其中有「龍圖雙淚落君前」一句，就是在描寫王博文的醜態。

官員們用盡手段獲得高位，達到目的之後，便是他們享樂的時候。宋仁宗時，參知政事宋庠的弟弟宋祁也擔任龍圖閣學士，生活極爲奢侈，某年上元節，宋祁在家點滿了蠟燭，邀請許多客人，與家中歌姬們徹夜狂歡，飲酒作樂。

宋庠聞聽，不大高興，第二天派人去對弟弟說道：「聽說你昨夜窮奢極侈，燒燈夜宴，不知道你還記不記得，多年前的上元夜，我們兄弟二人同在州學之內，只有鹹菜飯可吃的日子呢？」

宋祁笑著說道：「回去轉告大哥，問他記不記得當年咱們吃鹹菜飯，爲的是什麼呢？」

寒窗苦讀，爲的就是升官發財，在當時，已經成爲一項「共識」，當官的大老爺們一個比一個有錢，小老百姓看著眼紅，倒也並不反對，因爲只要他們願意，也有機會讀書識字，當大官，賺大錢。

這種心態，才是范仲淹這類士人的隱憂，只是他的膽氣還不夠大，讓他能起身和這種群體的觀念對抗。

「冗官」是一大問題，「冗兵」則是更大的弊病。

開國皇帝宋太祖有個想法：「荒年時的善政，莫過於養兵，只要沒飯吃的百姓都來當兵，那麼飢民沒有了，國家的兵力也會充足了。」

中國地方大，即使豐收的年月，也會有某些地方爆發災荒，宋太祖天眞的想法，讓他開創的帝國，背負了越來越沉重的重擔。

開國初期，全國兵力爲二十二萬人，作戰能力十分強大，也因此能順利統一天下，到了開寶年間，全國大致底定，兵力擴充爲三十七萬八千，這還算是一個統一國家可以忍受的範圍，到了二十年後的宋太宗至道年間，兵力已經成六十六萬多，此時的宋軍，戰鬥力量已明顯下降，多次對外戰爭，都以失敗告終。

澶淵之盟訂立以後，對外並沒有爆發大規模戰爭，但是宋太祖的觀念卻遺留了下來，兵員量持續膨脹，宋眞宗天禧年間已達到九十多萬，到了宋仁宗在位時，更多達一百二十六萬人，其中禁軍有八十二萬之多。

武將在那時已經很不受重視了，而且還受到朝廷嚴密的防範，所以他們不敢對士兵太過要求，怕有人心生不滿，任意誣告。

士兵的來源幾乎都是災民，或是一些遊手好閒不肯唸書也不願工作的市井之徒，他們投身軍隊，不過只是爲了混一口飯吃，既沒有勇氣也沒有力氣，又得不到良好的訓練，平時就在街上打鬧嬉戲，毫無紀律可言，甚至有騎兵不會騎馬，弓弩手拉不開弓的。

號稱全國精銳的禁軍，展現出來的樣貌即是如此，地方上那些連維持治安的能力都沒有的廂兵，那就更不用提了。

這種一點作戰能力也沒有的軍隊，國家每年卻必須花費大筆費用供養。

大臣蔡襄曾經做了一個統計，他說每年爲了養活禁兵、廂兵的開支，多達四千八百多萬，占朝廷每年稅收的六分之五，即使不作戰，龐大的開銷也讓朝廷難以承受，萬一周邊有事，這些看上去排山倒海的士兵，全都成了膿包，還沒和敵人交戰，自己就先嚇得腿軟了。

冗官、冗兵，光吃飯不做事，宋朝政府每年必須花費大量的金錢供養這些老爺們，這些開銷再加上年年繳納給遼、西夏的歲幣與贈禮，即使不斷增加各種名目的稅捐，讓百姓的負擔無比沉重，還是只能讓這個政府的財政維持在一個極端危險的平衡點上。

當時的金錢流通十分龐大，人們都把制錢用細繩串起來使用，每一千個制錢叫做一緡，到了宋仁宗時期，朝廷每年的虧空已經超過三百萬緡，嚴重的財政赤字導致朝廷的「積貧」，強大的外患與士兵的戰鬥力低弱導致國家的「積弱」，使得這個表面上歌舞昇平的統一朝代，在開國六十餘年後，面臨了空前的危機。

有志之士都想要改變眼前的困境，但是，在各種制度都已經形成了以後，大家都習慣了這樣的日子，改變豈是容易的事？

「苟且偷安，乃是朝政之大賊！」歐陽修道：「因循怠惰，不知進取，士大夫之恥，是謂國恥。」

「可不是嗎？邊虜強盛，西夏僭號，契丹蠢蠢欲動，朝廷每年花大把銀子，去填這兩個無底洞，如此怎算長久之策？」

范仲淹長嘆一聲，喝完最後一杯酒，與歐陽修道別，兩人各自離開京城，前往他們遭貶的地方就任去了。

西夏建國

正當宋朝面臨著內憂外患，遼朝享受著國勢強大帶來的各種好處之時，西北的党項羌族，則在艱苦當中奮鬥，並且邁向建國之路。

在李繼遷之子李德明的策略之下，党項族同時與契丹和宋朝保持著和平的關係，他向宋朝皇帝稱臣，接受冊封爲定難軍節度使、西平王，並且和宋朝討價還價，獲得優厚的封賞。宋眞宗爲了嘉勉李德明主動稱臣，授給他許多偉大的頭銜：檢校太師兼侍中、持節都督夏州諸軍事、行夏州刺史、上柱國，又賜與「推忠保順翊戴亮節功臣」的稱號。

在與宋朝和談的同時，李德明又接受部下的建議：「假北朝威令以震懾諸部族」，派人前往遼朝請求冊封。

算起來，遼聖宗還是李德明的舅父，因爲李德明的庶母義成公主乃是遼聖宗的姊妹，有了這層親戚關係，遼朝對待党項羌的態度也就十分友善了，契丹人不像宋朝皇帝那樣喜歡搞一堆繁文縟節，直接順著李德明原有的地位，封他爲西平王，並且囑咐李德明好好奉養義成公主。

這種暫時的卑躬屈膝爲李德明的政權帶來極大的好處，那些稀奇古怪的封號，連他自己都弄不大清楚，所以毫不在乎，眞正的好處是雙方賞賜的大量金錢物資，可以讓他用來鞏固已經佔據的地區，並且繼續擴張勢力。

他的父親生前留下遺命：「西掠吐蕃健馬，北收回鶻鋭兵」，爲了完成這個目標，李德明在二十五年內一共出兵甘州（今甘肅張掖）五次，直到宋仁宗天聖六年，公元一〇二八年五月，才將回鶻夜落紇可汗擊敗，奪取了甘州。

除了對回鶻的戰爭之外，李德明統治期間，西夏對外的關係大體是和平的，與宋朝的關係一直保持得不錯，雙方的使節經常往來，李德明以西夏所產的馬、牛、羊、駱駝等牲口進貢，換取布帛、藥材、瓷器與金銀飾物。

在李德明的請求下，宋朝比照對契丹的辦法，在宋夏邊境的城鎮，設置「榷場」，進行貿易，雙方的和平長達三十餘年，邊境的城塞都成爲良田，百姓過著安居樂業的生活。

不過，李德明的兒子李元昊對於這種臣服於他人之下所換來的和平，十分不以爲然，有一次父子二人閒話家常，李元昊趁機對父親說道：「宋朝每年賜給我們許多金錢，父王應當善加利用，用之招納部族，習練弓矢，將來或可入宋地劫掠，甚至可以侵奪宋朝疆土。」

李德明指著身上的華服說道：「咱們家三十年來身上穿的錦繡絲綢，都是與宋朝貿易得來的啊！我們實在不應辜負大宋的恩惠。」

李元昊說道：「身穿皮毛，從事畜牧，這是我們族人的天性！英雄之生，當圖霸王之業，難道是爲了身上穿的錦繡綢緞嗎？」

對於兒子的無禮，李德明非但不生氣，反而很欣賞，「英雄之生，當圖霸王之業……」他反芻著兒子的話語，越思量越有味道，霸王之業他何嘗沒有想過？只是如今時機未到而已。

早在十幾二十年前，李德明就在為「霸王之業」打算了，他動用數萬民夫，在延州西北的山上，修建了華麗的宮殿，綿延二十多里，儼然是皇帝的制度規範。

有人向他報告，說懷遠鎮（今寧夏銀川）北方的溫泉山上，曾經有龍出沒，此乃祥瑞之兆，於是李德明派人到懷遠鎮祭祀，並且興建城池、宮殿與宗廟，等一切完成以後，便將懷遠鎮改名為興州，遷都於此。

党項族受到漢人的影響頗深，為了稱帝，他們也開始塑造各種祥瑞傳說，除了龍出沒的事件以外，當時夏州一帶的百姓，流傳著一首民謠：「火星入南斗，天子下堂走。」剛巧天象顯現，李德明便以天子自居，出避賀蘭山，用「下堂走」的方式，祈求災禍不要發生。

他在西北的各種舉動引起了開封朝廷的注意，宋朝判斷李德明已有稱帝野心，於是派出使節，宣布冊封李德明為夏王，規定他的儀仗旌旗必須要「降天子一等」，以限制他稱帝。

然而就在此時，李德明去世，那位富有才略且雄心勃勃的李元昊繼承了地位，對於宋朝的冊封，他根本不予理會，繼位之初，便去掉了唐、宋以來的賜姓，自稱嵬名氏，並且展開一連串的建國措施：建立年號為大慶元年，將興州改名為興慶府，立為國都；設立官制，建置文武百官；訂定兵制，立各軍名目；制訂禮樂，規定官民服飾，並且頒佈「禿髮令」，回復党項族的傳統服裝，推廣西夏文字。

大慶三年，公元一〇三八年十月，元昊正式修築祭壇，昭告天地，宣布登基爲帝，是爲夏景宗，國號大夏，改元「天授禮法延祚」，不再使用宋朝年號，大封群臣，追尊祖宗諡號，冊立皇后、妃子與太子。

這樣的舉動大大刺激了宋朝，在中國人的想法之中，天下只能有一個皇帝，如今遼朝稱帝已成事實，而且契丹國力強盛，真的想要與中華上國並立，雖說觀念上不能苟同，但形勢比人強，澶淵之盟的簽訂表示大宋朝廷已經同意二帝並立。然而小小的西夏如今竟然也要僭越名號，這就不是長久以來始終以自我爲中心的中國人所能接受的事。

因此，當夏景宗派來使者，要求宋朝對於他稱帝的事實予以承認，宋仁宗根本無法接受，於是下詔削除元昊的賜姓與所有官爵，停止宋夏邊境的榷場貿易，並在邊境發佈文告，宣布只要能捕殺元昊，就可以繼承定難軍節度使的地位。

兩國之間三十多年的和平就這樣被撕破了，宋仁宗寶元二年，公元一〇三九年，早已做好準備的夏景宗，聯合党項各部首領，舉兵進攻宋朝邊境的保安軍，宋夏戰爭正式爆發。

宋朝守內虛外、強幹弱枝的國策，在這時暴露出它的弊病，地方軍隊將官怯懦，士兵羸弱，兵器腐朽不堪，西夏軍隊如入無人之境，接連攻擊宋朝的渭州（今甘肅平涼）、延州（今陝西延安）、麟州（陝西神木縣北）、府州、豐州（陝西府谷縣）等地，宋朝負責防禦的范雍缺乏謀略，乃至於在三口川（陝西延安以西）一戰，宋軍全面潰敗，大將劉平、石元孫遭到俘虜，邊境要塞幾乎不保。

「邊境兵力足有三四十萬之多，竟然說敗就敗？」宋仁宗沒有看出問題的癥結，只以兵力的多寡加以評斷：「范雍這傢伙，一點用處也沒有，簡直是個飯桶！」

君主的暴怒無法解決問題，底下的大臣也吵成一團，呂夷簡長年以來排除異己的手法，已經讓很多人覺得看不下去，他們利用這一次失敗，竭力攻擊，最後終於說服宋仁宗，啓用素有聲望的韓琦擔任陝西安撫使，協助身爲主帥的陝西經略安撫使夏竦主管當地防務。

韓琦是天聖五年的進士，當時他還不滿二十歲，如今也不過三十出頭，卻已是名滿朝野，他不避朝中朋黨之說的攻擊，向宋仁宗推薦范仲淹負責延州一帶的防務，宋仁宗本人也覺得范仲淹是個人才，於是同意了這樣的人事佈局。

范仲淹來到延州，把當地的士兵編組成六路，由六名將領分別領導，嚴格訓練，又根據地形，修築防禦工事，綿延的城塞相互支援，使得延州的防線穩固下來。

西夏的將帥看見這樣的防務，知道這回宋朝派來的將領不是等閒之輩，打聽之後知道是范仲淹，紛紛議論道：「這個小范和當初的老范不一樣啦！小范老子，胸中自有數萬甲兵。」爲了避免損傷，西夏軍隊不敢進犯延州。

身爲文人的范仲淹，搖身一變成爲獨當一面的將領，他十分重視拔擢人才，那時有一名小將名叫狄青，在作戰當中屢次立下戰功，他臨陣作戰，總是披頭散髮，戴著一副青銅面具，殺進殺出，驍勇異常，范仲淹認爲他是個可造之才，給予他十分優厚的待遇，並且不斷提升他的地位。

范仲淹召見狄青入帳，看見他一副頂天立地的模樣，笑著問他：「你都讀過些什麼書啊？」狄青乃是小兵出身，西瓜大的字認識不了一籮筐，更遑論讀過什麼書，范仲淹取過一本《左氏春秋》遞給他，對他說道：「將帥不知古今，不過是匹夫之勇，如今你已經是大將了，可不能空有一身蠻力。」

對於范仲淹的勉勵，狄青十分感激，從此經常利用時間，努力苦讀，將秦漢以來各家兵法融會貫通，終於成爲一名了不起的將領。

多年以後，身爲大將的狄青，獲得宋仁宗的召見，宋仁宗如願以償地看見了這位聲名遠播的名將，卻發現他臉上竟然刺著字，這才想起，原來宋朝軍人地位低下，爲了防止逃兵，都會在士兵臉上刺字，狄青乃是小兵出身，臉上的字竟然還留著。

「狄愛卿，長年替朕分憂解勞，也許是忘了修飾得體面些吧！」宋仁宗溫言道：「回頭讓宮裡的御醫給你開個方子，回去敷用，把臉上的字除掉。」狄青躬身答道：「陛下不嫌棄末將出身低微，讓末將能有今天的地位，末將銘感五內。至於臉上這些黑字，末將寧可留著，讓底下的兵士們見了，知道應該要上進！」

宋仁宗聽了，十分讚賞狄青的見識，對他更爲器重。

這些都是後來的事了。

范仲淹把糜爛不堪的軍務整頓得井井有條，然而他的職權僅能負起整體作戰的一部份，宋軍各路主帥之間仍然不能協調，延州的防禦穩固了，范仲淹老成持重，認爲全線都應當著重防守，韓琦卻認爲應當集中各路兵力，給予敵人致命一擊，夏竦身爲統帥，拿不定主意，只把前線的情況向上回報，等待開封的宋仁宗作出裁決。

好不容易命令下來了，宋仁宗採納韓琦的看法，下令出擊，那時正好夏景宗親自領軍，進攻渭州，於是慶曆元年，公元一〇四一年二月，韓琦派遣大將任福領軍一萬八千人，深入敵後，打算截斷夏景宗的退路。

任福帶領數千騎兵疾行前進，見到一股敵兵，雙方交戰一陣，西夏軍隊丟下戰馬、駱駝，往反方向撤退。任福派人偵察，聽說前方敵兵不多，求勝心切，在後面緊緊追趕，追了三天三夜，來到好水川（今寧夏隆德西）時，天色已暗，於是他命令將士就地休息，打算等第二天一早與友軍會師，將敵兵殺個片甲不留。

第二天，任福帶領全軍沿好水川向西前進，來到六盤山下，並未發現敵兵蹤影，只發現路邊有幾只盒子，封得十分緊密，兵士們走上前拿起盒子，裡面發出怪異的聲音。

兵士將盒子呈給任福，任福命令兵士將盒子打開，只見一百多隻鴿子，從盒子裡飛撲而出，在宋軍的頭上盤旋飛翔，鴿子身上帶著哨子，不斷發出尖銳的聲響。

原來，小股敵兵的敗退，不過是夏景宗的詐降之計，在六盤山下，夏景宗帶領十萬精兵，早已埋伏妥當，待鴿子飛起，西夏兵從四面八方一齊殺出，將宋軍緊緊包圍。宋軍中了埋伏，奮力突圍，從清晨一直戰到日正當中，又有大批西夏兵從兩邊殺出，將他們團團圍住，推向懸崖邊，許多人墜落深谷而死。

任福浴血奮戰，身中十多支箭，兵士見毫無退路，勸他逃跑，他朗聲說道：「我身為大將，肩負重託，卻遭逢此敗，只有以死報國。」說罷，衝入敵陣之中，被敵兵所殺。

這場敗仗讓宋軍折損一萬多人，全陝為之震動。韓琦聞聽任福之死，十分難過，上表自請處分，宋仁宗罷黜了夏竦的統帥職務，也將韓琦降調為秦州（甘肅天水）知州。

本來這場敗仗與范仲淹沒有直接關係，卻有人告發他擅自修書，招降夏景宗，因此宋仁宗也將他貶為耀州（今陝西耀縣）知州，這又是政治鬥爭所導致的結果。

韓、范二人同時去職，宋軍防禦突然軟弱下來，多次遭到夏軍擊敗，朝廷不得不重新任用韓琦與范仲淹。慶曆元年十月，陝西邊境防禦重新調整，劃分為四個區域，分別由韓琦、王沿、范仲淹、龐籍擔任秦鳳、涇原、懷慶、鄜延主帥。

那時歐陽修擔任諫官，聽見這樣的安排，上表指出：「軍無統制，分散支離，分多為寡，此乃兵法之所忌。」只可惜沒有人採納他的意見。

不久，夏景宗大舉進攻涇原路所轄的鎮戍軍（今寧夏固原），涇原路安撫招討使王沿命令副使葛懷敏領兵抵禦。葛懷敏兵分四路，迎擊夏軍，結果在定川砦（位於固原西北）遭到夏軍包圍，葛懷敏戰死，九千多名宋軍將士遭到俘虜，夏景宗乘勝進攻渭州，沿路燒殺擄掠，並且發佈文告：「我軍將親臨渭水，直取長安！」

宋朝各地守將大爲驚恐，閉壘自守，不敢出戰，只有范仲淹臨危不亂，從慶州出兵增援，這才逼得夏景宗撤退回去。

定川砦慘敗的消息傳到開封，宰相呂夷簡嘆道：「一戰不如一戰，這可怎麼得了啊！」歐陽修的意見總算得到重視，王沿必須對戰敗負責，因此被撤職，韓琦、范仲淹與龐籍三人留任原職，總領四路軍事，終於把指揮權統一了起來。

有了先前失敗的教訓，韓琦爲首的主戰派也不敢輕舉妄動，遂與范仲淹通力合作，加強防守，修築壁壘，安撫士兵，在邊境建築起強大的防禦工事，經過他們的努力，邊境士兵的作戰能力提高，西夏軍隊也就不敢輕易對宋朝發動攻擊了。

那時西北邊境的居民，流傳著一首歌謠：「軍中有一韓，西賊聞之心膽寒；軍中有一范，西賊聞之驚破膽！」范仲淹當時兼任龍圖閣直學士，因此邊境群眾都將他尊稱爲「龍圖老子」。

宋夏之間的戰爭，西夏獲勝次數較多，可是往往無法取得決定性的勝利，也不能佔領更多的土地，長年出征的結果，使得西夏軍民死傷慘重，生產力大爲衰弱，財政也面臨嚴重的短缺，西夏人民早對這種日子厭倦，也對夏景宗產生不滿。

宋朝方面的問題也一樣沉重，從開國以來，宋朝對外政策便是議和求安，宋仁宗早就不想繼續進行這樣毫無意義的戰爭，尤其當遼朝趁人之危，派了使者前來索取更多的歲幣之後，朝中一致響起停戰的聲浪。

知諫院大臣張方平首先提出議和的主張，宋仁宗聽了很高興，對他說道：「這與朕的心思不謀而合。」呂夷簡也十分贊同，他稱許張方平道：「閣下提出這樣的意見，眞乃是社稷之福啊！」

從慶曆三年，公元一〇四三年春天開始，雙方展開談判，經過一年多的討價還價，在慶曆四年年底達成協議：夏景宗同意向宋朝稱臣，由宋朝冊封他爲夏國主；宋朝每年賞賜給西夏銀七萬兩、絹十五萬匹、茶葉三萬斤；榷場貿易重新展開，兩國結束戰爭狀態，回復從前的交流。

和平危機

夏景宗之所以會願意以臣子的地位接受宋朝的條件，固然是因爲西夏國力畢竟較弱，能夠獲得優厚的物資金錢，對於國內的穩定十分重要，另一方面也是因爲東方的遼朝不願意西夏太過強大，威脅到契丹人在東亞地區的霸主地位。

那時是遼聖宗之子遼興宗耶律宗眞在位的時候，他承繼了父親奠定的強盛之勢，國內戶口繁盛，兵強馬壯，看見宋夏之間連年交戰，自己不甘寂寞，想起了許多年以前，後周世宗打下的瓦橋關以南的燕雲十六州之地。

後晉的石敬瑭把燕雲十六州全部割讓給遼，到了後周世宗北伐，又搶回了其中十個縣，然而這在遼宋之間已經是不存在的問題，因爲澶淵之盟訂定得十分清楚，兩國之間州、軍從此「各守疆界」，也就是承認了既定的領土劃分問題。遼興宗此時舊調重彈，只不過是想要從中獲取利益。

契丹使者蕭英、劉六符在重熙十一年，宋朝的慶曆二年出發，前往開封要脅宋仁宗。在此之前，宋朝已經得知遼朝的企圖，呂夷簡強調：「如今局面雖於我朝不利，我朝仍不宜示弱，應密令河北周邊嚴加準備，陛下也當做出御駕親征之態，以示捍衛澶淵之盟的決心。」

「這個嘛……」宋仁宗面有難色：「一定得御駕親征的話，朕會好好琢磨的，如今可有萬全之策？」

商量的結果，決定建大名府（今河北大名東）爲北京，嚴加準備，表現出堅決抵抗的態勢，但是在決定出使遼朝人選之時，又面臨了困難，沒有什麼人願意承擔這種吃力不討好的工作。

知制誥（官名）富弼毛遂自薦，請呂夷簡轉告皇帝，宋仁宗親自召見，把自己所擔心的一切告訴了他，富弼朗聲說道：「主上憂慮，乃是臣子的恥辱！如今北虜如此囂張狂傲，臣又怎能貪生怕死，讓皇上擔心呢？」

蕭英、劉六符抵達開封，下榻行館，富弼隨同宋仁宗的宮廷使臣前往拜訪，那蕭英覺得自己是大國使者，不肯向攜帶聖旨的使臣下拜，藉口自己腳上有毛病。富弼冷冷說道：「當年我曾去過你們上京，水土不服臥病在床，貴國皇帝派了使者來探視，我還曉得答禮，如今你只不過有點小病痛，就這麼大大方方的坐著，太不懂得禮數了吧？」

蕭英聞言，慚愧萬分，連忙參拜。後來他見富弼氣度不凡，而且總能對遼朝使者團以禮相待，心中對富弼產生好感，便把遼興宗的眞正意圖告訴富弼，並且說道：「你們能夠答允的便答允，不能答允的，可以想些法子應付過去，讓我回去能交差就好。」

富弼趕緊把這個消息告訴宋仁宗，宋仁宗把御史中丞賈昌朝找來，對他說道：「你趕緊去遼使行館，和他們談條件，記著，只許增加歲幣，萬不可答應割地。」

雙方使者你來我往，蕭英先是說一定要宋朝割地，賈昌朝與富弼說什麼也不肯答應，於是蕭英又建議，不如雙方皇室和親，結爲婚姻之好，或者增加歲幣也無不可，兩邊人馬都只是在試探對方的意圖。

這年四月，宋仁宗升任富弼爲資政殿學士、戶部侍郎，讓他出使遼朝，作爲談判代表。富弼到了遼都，遼朝以劉六符負責接待，同時代表談判，劉六符問道：「閣下此番前來，莫不是爲了和親與歲幣之事吧？」

「是啊。」富弼答道。

「不如我這麼說吧，我皇堅持一定要割地，你們可曾打算答應嗎？」

富弼堅定地說道：「如果貴國堅持割地，那就是破壞了當年澶淵盟約，我朝以信義立國，只有用兵刃迎接貴國的無理要求了。」

劉六符皺眉道：「兩朝都這麼堅持，那還怎麼談下去呢？」

「貴國違約在先，我朝未曾立即以兵刃相向，反而提出許多優厚條件，那是我們不願背棄盟約，如果你們還要堅持，那就是你們的事了。」

劉六符說不過富弼，反覆爭論，沒有結果。

後來富弼得到遼興宗的接見，在朝堂之上，富弼侃侃而談：「南北兩朝約為兄弟之邦，友好已近四十年，不知為何陛下突然要求割地，今日還望陛下賜教。」

遼興宗傲然道：「南朝在邊境屯兵修城，拓展水塘，分明不懷好意。我朝大臣爭相議論出兵，寡人不願輕啓干戈，提出割地，也是為生靈著想。」

富弼說道：「屯兵邊境，那是要防範西夏入侵，修城，修水塘也只不過是將舊有的城垣河道加以維修，並未增加防禦工事，陛下此言，恐怕未曾打聽清楚吧？」

遼興宗頓了一下，「呃……這個寡人不清楚……」想了想又道：「寡人想要取回祖宗故地，這難道有錯嗎？」

富弼道：「晉高祖以燕雲十六州割讓北朝，周世宗領兵奪取關南之地，這些都是前朝舊事，我大宋立國已九十年，怎能把前代所取得的土地割走？如果各自都要求恢復舊有疆土，我朝奉華夏正朔，若是要求北朝歸還我漢唐時代的疆土，只怕對北朝也不會有利吧！」
回復漢唐疆域，那契丹得把全國領土都割給宋朝了，遼興宗當然不可能答應，但他卻已詞窮，無以應答，只好強詞奪理地又說一些割地的理由，富弼一一分析，把遼興宗說得心頭火起，直接了當地吼道：「你如果不答應割地，我們馬上就要出兵了！」

「陛下請三思而後行。」富弼拱手說道：「輕啓戰端，只不過是讓兩國分別承擔損失而已，貴國大臣吵嚷，只是想要在戰爭當中建功立業，所以兩國開戰，對他們有好處，對陛下卻是只有損失而已。」

遼興宗默然不語。

富弼進一步分析道：「陛下想要南朝割讓土地，乃是爲了土地的稅收，既然如此，每年由南朝雙手奉上遠比稅收還要豐盛的歲幣，不是省去很多麻煩嗎？如此既不會讓兩國人民死傷，兩朝之間仍能保持兄弟友好，一舉兩得。」

這句話深深對了遼興宗的胃口，他終於改口：「其實寡人也不願戰爭，如果……兩國可以和親，那就可以保證將來永久的友好。」

宋仁宗曾經說過：「只要能避免戰爭，就算將朕唯一的公主下嫁番邦，也是值得的。」不過富弼瞭解其實宋仁宗並不希望這樣的結果出現，於是他說道：「自古以來，和親都不會圓滿，徒增兩朝困擾而已，而且公主的嫁妝，怎會有歲幣來得豐厚呢？」

他終於成功地說服固執的遼興宗。

七月，富弼第二度出使遼朝，這回他帶著國書，準備與遼朝正式簽訂合約，走到半途，他突然覺得有些不對勁，命人拆開國書觀看，竟然發現國書內容與當初朝廷之內討論的口傳命令有所不同。「差點貽笑大方……」富弼冷汗直冒：「這到底是誰做的手腳？」

他二話不說，立即折返，氣憤地上奏：「如果朝廷必要置我於死地，我死不足惜，但國家大事該怎麼辦？」

呂夷簡推辭道：「這恐怕只是一時筆誤，改正便可……」

宋仁宗對這個答案不滿意，詢問樞密使晏殊：「晏愛卿，你覺得如何？」

晏殊乃是當時政壇、文壇領袖，朝中名臣范仲淹、韓琦、歐陽修、宋祁等人，都出自他的門下，擅長清新雅淡，含蓄委婉的詞句，有不少流傳後世。他人如其文，廣結善緣，八面玲瓏，不願意得罪人，因此說道：「呂相既說是筆誤，那就一定是不小心弄錯了。」

富弼後來輾轉得知晏殊的態度，勃然大怒，厲聲斥責道：「晏殊也不是個好樣的，竟然和呂夷簡結黨欺騙皇上！」他的指責十分嚴厲，態度也異常堅決，算起來晏殊是他岳父，與他私交也很好，但是富弼把國事擺在第一，公而忘私，受到當時許多士人的稱許。

後來富弼帶著修改好的國書前往遼朝，遼興宗竟然又想在交換文書上搞花樣，遼朝的國書上寫著：「宋朝每年『納』歲幣若干」，這是上國對藩屬的口吻，富弼看了，說什麼也不肯同意。

遼興宗的使者說道：「不然改成『獻』字也可。」

富弼搖頭道：「南北兩朝約爲兄弟，獻字也好，納字也好，都是以下奉上，哪有兄長獻弟的道理？」

遼興宗早就領教過富弼的硬脾氣，索性不與他爭辯，直接派了劉六符前去開封，向宋仁宗提出要求。

富弼趕緊追了回去，極言不可答應這種文書，然而，宋仁宗在和呂夷簡討論過後，覺得遼朝願意接受增加歲幣而不用割地，已經是很值得慶幸的事，文字上的斟酌可以不用這麼講究，於是答應了遼朝的要求，在每年三十萬的歲幣之上，另增絹十萬匹、銀十萬兩，和議乃告完成。

這件事稱做「慶曆增幣」，富弼盡了最大的努力，讓宋朝不需割地和親，但是澶淵之盟裡的「歲遺」卻被改成「歲納」，如此一來，宋朝的地位，便屈居在遼朝之下了。

遼興宗不費一兵一卒，趁著宋夏紛爭，從中獲取豐厚的利益，這讓他感到不可一世，覺得自己就是天下霸主！他也不願意西夏力量太過強大，所以對夏景宗施壓，強迫他與宋朝和談。

他的目的達到了，自尊心得到滿足，遼夏之間的關係卻緊張了起來，宋夏停戰後不久，遼夏雙方又因爲邊境問題爆發戰爭，遼興宗親自出征，均告失敗，而雙方的損失都很慘重，後來還是以和談收場。宋、遼、夏鼎足而三的態勢，其間關係的複雜詭譎，不亞於當年三國時代的紛紛擾擾。

慶曆新政

西夏的入侵與契丹的威脅，讓當時的人們普遍認清一個事實，原來宋朝的天下太平，只不過是一個隨時可以撕毀的假象，危機暴露出來，改革聲浪也日益形成輿論。

爲了應付龐大的歲幣、人事費用與軍隊的開銷，只好擴大徵稅範圍，凡百姓所有，無一不征，地租、人口、房屋、礦物商稅、酒稅、鹽稅、茶稅……百姓的生活本已困苦，又在他們的背上增加如此重擔。

在此同時，朝廷每年又大量鑄造劣質錢幣，這些錢成色差，價值就低，物價隨之上漲，開國之時，一石米一百九十文，到了慶曆年間，成爲兩千九百多文。上漲十五倍多，別說一般平民百姓，就連士大夫階級，也都叫苦連天。

難以謀生的百姓，只好落草爲寇，光是慶曆三年，就發生了三次的地方動亂，綿延數月之久，後來雖被朝廷以武力鎭壓住，但是有識之士仍然發出哀嘆：「百姓揭竿而起，一年多如一年，一伙強於一伙。」

危機的日益加深，讓向來抱持著多一事不如少一事的宋仁宗不得不正視這些問題，飽受攻擊的呂夷簡在慶曆三年三月解除宰相職務，仍有參議國政之權。歐陽修、余靖、王素、蔡襄等人出任諫官，這些人年紀尙輕，敢說敢爲，在他們的強烈堅持下，呂夷簡的職權也被拔除，以他爲首的保守派勢力受到重挫。

由於歐陽修等人與范仲淹親善，因此在他們的一再稱頌下，范仲淹一派的聲望如日中天，不久之後，范仲淹、韓琦都從西北邊境回朝，宋仁宗任命他們爲樞密副使，協助向來主張改革的樞密使杜衍，從事振衰起弊的努力。

改革派的領導核心形成，擁戴范仲淹的士大夫們欣喜萬分，他們聚在一起舉杯慶祝，歌功頌德，國子監官員石介揮毫寫下〈慶曆聖德詩〉，大肆抨擊呂夷簡一派，頌揚范仲淹等人憂國憂民的情操。

失勢的保守派官員，也拿到那篇文章，「這些人，處處與我們作對，當初要不是呂公堅持修築北京大名，如今契丹狗早就打到汴京城門口啦！這回呂公不與他們爭論，自願讓賢，他們居然大張旗鼓地謾罵起來。」曾經與韓、范等人共同負起西夏邊防的夏竦，不久前才當上樞密使，就被歐陽修等人彈劾丟官。

由於政治主張與范仲淹不同，再加上與改革派之間的個人恩怨，因此這時夏竦便和呂夷簡親近起來，他看見呂夷簡爲國事操心了十餘年，如今竟遭到罷黜的下場，心生不平，又想到自己的遭遇，禁不住牢騷滿腹。

呂夷簡從地方官開始，一步一步邁向中央，向來被認爲是個正直的好官員，也十分有才能。宋眞宗時代，王欽若、丁謂等小人當道，帶著宋眞宗東封西祀，搞得民窮財盡，人人怨恨，只因爲他們權勢熏天，人人都是敢怒不敢言。

好不容易宋眞宗死了，宋仁宗繼位，郭太后垂簾聽政，許多人便開始彈劾丁謂，呂夷簡表面上不動聲色，暗中蒐集丁謂的不法證據，等到罪證確鑿，一口氣便將這個權臣從宰相的位子上拉下來，讓他被流放到海南島去。

巧妙的政治手腕讓當時還很年輕的宋仁宗十分欣賞，把呂夷簡的名字寫在屛風之上，等他親政，便加以重用，呂夷簡也因爲這樣而成爲朝廷的中流砥柱。

多年的政壇浮沉讓他的心思練達通透，這時他已六十餘歲，對於自己的地位遭到剝奪，倒是沒有太大的震撼，只嘆道：「我老了，沒力氣去和那些後生晚輩爭執，皇上待我也算仁至義盡，我也到了該退隱的時候啦！」

八月，范仲淹升任參知政事，富弼則升爲樞密使，宋仁宗爲了展現自己改革的決心，開天章閣，當面召見兩人。

「二位愛卿，此次請你們前來，爲的是什麼，朕也無須多言。」宋仁宗道：「究竟你們能提出什麼辦法，好讓我朝重振大唐聲威？」

「這……」范仲淹自覺沒有這種能力，只好說道：「歷代朝政，沿用得久了以後，都會弊端百出，若放任弊端不救，則禍亂必生。即使是大唐，到後來也因爲節度使的弊病，流於四分五裂。」

宋仁宗點點頭，吩咐身旁太監端出兩張座椅，並取出文房四寶，擺放妥當。「愛卿坐著談，把你們所想，就當著朕面前寫上！」

范仲淹與富弼都是惶恐不安，從宋初開始，大臣晉見皇帝都只能站著說話，若不是建立了輝煌的功業，幾乎沒有賜座的，「臣未建寸功，豈敢造次？」兩人躬身下拜，不敢就座，范仲淹說道：「陛下，改革積弊，又怎能在朝夕之間？陛下要臣等當面上書，恐有思慮不週，未能切中要點的顧慮！」最後承諾將會上表提出具體方案，隨即惶惶退出。

「皇上這般器重，倒教人措手不及啊！」富弼苦笑道。

范仲淹捻著鬍子緩緩說道：「這是皇上在向咱們表示決心哪！」他看了富弼一眼：「呂夷簡乃是皇上最親信的大臣，如今為了革新，竟然連他都給革掉了，你說我們又怎能不戰戰兢兢？」

一個月後，韓琦、范仲淹以及富弼的奏章終於送達，韓琦寫了所宜先行七事與救弊八事；富弼寫了當世之務十餘條以及安邊十三策；至於范仲淹則提出〈答手詔條陳十事〉奏章，與韓琦、富弼等人的方案相互配合之後，成為慶曆新政的基本方針。

所謂的「條陳十事」乃是指：明黜陟、抑僥倖、精貢舉、擇長官、均公田、厚農桑、修武備、減徭役、覃恩信、重命令。與眾人討論之後，宋仁宗陸續依據范仲淹的建議，頒佈許多詔書，下達許多命令，正式開始推行新政，總體而言，改革內容包含三個方向：整頓吏治、加強軍備、提高生產。

不過，由於范仲淹似乎眞的比較關心吏治問題，對於另外兩項的的意見較少，因此整個慶曆新政，就是圍繞在整頓官僚體系上進行的，范仲淹認爲，政治想要改革，首先就該整頓吏治，裁汰官吏當中年老、病患、貪污、無能之人，把只會吃飯的傢伙從國家機構中徹底剷除。

對於選拔官吏，范仲淹的態度非常嚴格，慶曆三年十月，中書與樞密院共同研議了幾天，選拔各路的轉運使。范仲淹負責提名，在提名時，他翻閱名冊，凡地方官員庸碌無爲、沒有表現的，就一筆勾去。

富弼感到這樣有些過火，對他說道：「范公您可知道，您這麼輕輕揮一筆，就是一家子人的哭泣呢？」

范仲淹的態度十分堅定：「一家子哭泣，總比一路百姓的哭泣來得好。」路乃是宋朝地方行政的最高單位，各路轉運使相當於今日各省省長的地位，責任十分重大，因此范仲淹不願意以仁慈之心，放任無能官員就職。

在選拔官員的同時，朝廷又頒佈新法，改革從前的「磨勘」制度，對官員嚴格考察，政績卓越者可以破格晉升，政績惡劣者則加以罷黜或貶抑，不再像從前那樣不論如何都能晉升，讓一些官員因循苟且，只知道混日子。

十一月，宋仁宗下詔，官員的子孫必須年滿十五歲，弟姪必須年滿二十歲，而且要先到吏部參加考試，方才可以接受「恩蔭」，入仕爲官。此外，從前每逢皇帝的生日，都會廣開恩澤，遞補官員子姪爲官，此後這項措施予以取消，以免造成官員人數與流品的浮濫。

再來是針對科舉制度的變革，宋代的科舉有一項特色，重視才能忽視品德，重視詩賦文章卻輕視策論實務，使得官員們大多是風流瀟灑的文士，面對眞正的國家大事，反而沒有處理問題的能力。慶曆四年，公元一〇四四年三月開始，規定學子必須在學校內讀書三百天，才有資格參加考試；應考的士子需得到旁人擔保，在品德上沒有問題，才可以進入考場；考試的內容則以策論才識爲主，詩詞歌賦方面的才學，僅作爲錄用的參考。

伴隨這個制度而來的現象爲學校的興盛，各地接到朝廷命令，紛紛成立州學、縣學，國子監學生的名額也大幅度增加，名學素儒孫復、胡瑗、石介等人，受聘在太學任教，一時之間湧入許多慕名而來的學者，讓太學空前地興盛起來。

如此可以看出，從官僚的選拔、入仕到考核、任用，「慶曆新政」幾乎都顧及了，當然，范仲淹的心中絕對不認爲宋朝的問題僅止於此，但他的想法是，治病先治本，吏治澄清之後，再擴展到其他影響層面較廣的事項之上，才能按部就班，水到渠成。

然而即使改革層面並不算大，也足以刺激到守舊派的情緒了，官員們守舊不願改革，大多因爲他們是既得利益者，改革一定會影響並剝奪他們的權力，尤其范仲淹的改革全都指向「吏治」，更是直接挑向他們切身相關的問題。

新政實施了一年多，范仲淹與富弼紛紛遭受到許多無情且子虛烏有的誹謗：「這些負責實施新政的人，早已結成了朋黨，準備要禍亂朝政！」

「朋黨」問題是宋代朝廷極為敏感的一個話題，宋初以來設立了許多防微杜漸的政策，在在都是為了維護皇帝的專制統治，強幹弱枝也是，重文輕武也是，還有一項就是嚴格禁止臣僚們結成朋黨，他們以唐代牛李黨爭為借鏡，明令禁止科舉考試中主考官與考生之間結成座主與門生的關係，也不准朝中大臣之間往來過於密切。

宋仁宗聽說了這些謠言，有些將信將疑，早在六七年前，范仲淹與呂夷簡之間鬧得很僵的時候，他就曾經把百官訓誡了一頓，讓他們要以唐朝滅亡為鑒，不得擅自結為朋黨。這些月來與范仲淹常有互動，宋仁宗並不認為范仲淹眞的會像謠言說的那樣難聽，於是把范仲淹找來，開門見山地詢問他。

想不到范仲淹的回答竟然是：「自古以來，在朝者形成正邪兩派，兩派對立，形成自己的黨派，這實在是沒有辦法禁止的事情。」

他自覺無愧於心，直言無隱，這可犯了宋仁宗的忌諱，宋仁宗斜睨著他，心想：「你講得一派正氣凜然，說穿了不就是在結黨嗎？」表面上卻沒發作，對范仲淹道：「希望你一心為國，別犯下什麼不該犯的錯才好。」

宋仁宗此後開始流露出對范仲淹等人的不信任感，如此一來，朋黨之說更為甚囂塵上，范仲淹怨謗纏身，依然堅持自己改革的理念，他的朋友梅堯臣寫了一首詩〈河豚〉，把朋黨比喻為鮮美卻有劇毒的河豚，規勸范仲淹不要冒險，可是范仲淹不認爲自己有錯，依然很固執地堅持自己的作法。

善寫文章的歐陽修，爲了聲援范仲淹，竟然振振有詞地寫了一篇〈朋黨論〉，文中指出士大夫有所謂「君子之黨」與「小人之黨」，將自己以及志同道合的人詡爲君子之黨，並且以此規勸宋仁宗，應當要斥退小人之黨，進用君子之黨。

他自以爲這是策略，也能讓朝政從此轉濁爲清，誰知道宋仁宗以及反對派都不是這樣想的，他們認爲：「壞人也不會認爲自己是壞人啊！你們除了自抬身價之外，難道就不會別的了嗎？」

碩儒石介很贊成革新，他寫了一封信去給同樣飽受抨擊的富弼，信中指出希望富弼能夠像當年伊尹、周公那樣，努力輔佐朝廷，成爲棟梁。

這封信不知爲何落入了反對派夏竦的手中，他看了信的內容，動起歪腦筋，找來自己一個善於書法的侍女，叫他臨摹石介的筆跡，把信中提到的伊尹、周公改爲伊尹、霍光，霍光是西漢中葉的名臣，爲了國家前途毅然廢立皇帝，後世之人雖廣爲讚譽，但卻觸犯到皇帝的權威。

夏竦又叫侍女假造一封廢立皇帝的詔書，並將詔書與石介的書信一併公開。

如果這件事眞的如同傳聞，那麼就是一樁必死無疑的大罪了！幸好宋仁宗並不是一個昏庸無知的皇帝，雖然他也已對改革派的人有所不滿，但他並不相信富弼眞的會做出這樣的事。

但是，處在風暴中心的富弼與范仲淹，分別感受到繼續推行新政的危險，這一次，皇帝相信他們，那下一次呢？連詔書都能僞造，什麼樣的謠言不能製造？兩人乃向皇帝提出辭呈，請求外放邊境。

宋仁宗嘆了一口氣，彷彿很捨不得似地說道：「現在的局面，也很難讓你們繼續留下來了，好吧，既然你們心意已決，朕就讓你們回到原來的位子上去吧！」

這年六月，范仲淹出爲陝西、河東宣撫使，到了八月，富弼也出爲河北宣撫使，反對派趁機群起，對改革派大加撻伐，支持新政的文士如劉巽、王益柔、蘇舜欽等十餘人，是一些風流不拘的名士，喜歡聚在一起飲酒賦詩，高談闊論，結果這樣的舉動也成爲攻擊的目標，他們因此遭到彈劾，都被加以各種罪名，趕出中央政府，韓琦、杜衍、歐陽修等人，也都先後被貶官。

到了慶曆五年年初，范仲淹、富弼二人又以更張綱紀、紛擾國經等罪名，遭到罷黜，等於是全盤否定了慶曆新政的推行，一切又回復到原來的老樣子。

夏竦等人還想要趕盡殺絕，慶曆五年石介死去，夏竦就在京中造謠，指稱石介其實沒有死，而是接受了富弼的委託，前去和契丹勾結，企圖反叛。宋仁宗下令嚴加查核，派遣宦官前往石介的家鄉調查清楚。

宦官準備把石介的墳墓挖開，破棺驗屍，石介的鄰里鄉親忿忿不平，他們有的人以身家性命擔保，指稱石介確實已死，也有人大罵道：「國家無故破壞人民的墳墓，這樣難道可以面對後代子孫嗎？」

在他們百般阻撓下，石介的墳墓才沒有遭到破壞，可是富弼卻又受到牽連，再次被貶官，經過這一次風波，使富弼感受到人言可畏，他回想起當時和范仲淹共同主持新政時，有個官員犯了死罪，富弼堅持主張格殺，而范仲淹卻勸他：「我朝開國以來，從未濫殺臣下，這種規矩還是不要破壞的好，如果由於你的堅持，讓聖上開了誅殺大臣的先例，等到將來，難保哪一天我們不會遇到同樣的事呀！」

此時回想起來，感慨萬千，除了盛贊范仲淹的先見之明外，也很後悔自己如此的激進，從此，富弼喪失了改革弊政的勇氣，成為一位保守的官僚。

至於范仲淹則始終沒有放棄自己的理想，憂國憂民的情懷更加沉練，但是他一直到去世為止，都被朝廷排斥在外，沒有機會實現自己的抱負。慶曆六年，范仲淹來到鄧州（今河南鄧縣），受到朋友所託，寫下了膾炙人口的〈岳陽樓記〉，除了詠歎景物之外，更將自己的胸懷表露無遺：

慶曆四年春，滕子京謫守巴陵郡。越明年，政通人和，百廢具興，乃重修岳陽樓，增其舊制，刻唐賢今人詩賦於其上；屬予作文以記之。

予觀夫巴陵勝狀，在洞庭一湖。銜遠山，吞長江，浩浩湯湯，橫無際涯；朝暉夕陰，氣象萬千；此則岳陽樓之大觀也，前人之述備矣。然則北通巫峽，南極瀟湘，遷客騷人，多會於此，覽物之情，得無異乎？

若夫霪雨霏霏，連月不開；陰風怒號，濁浪排空；日星隱耀，山岳潛形；商旅不行，檣傾楫摧；薄暮冥冥，虎嘯猿啼；登斯樓也，則有去國懷鄉，憂讒畏譏，滿目蕭然，感極而悲者矣！

至若春和景明，波瀾不驚，上下天光，一碧萬頃；沙鷗翔集，錦鱗游泳，岸芷汀蘭，郁郁青青。而或長煙一空，皓月千里，浮光躍金，靜影沉璧，漁歌互答，此樂何極！登斯樓也，則有心曠神怡，寵辱偕忘、把酒臨風，其喜洋洋者矣！

嗟夫！予嘗求古仁人之心，或異二者之為，何哉？不以物喜，不以己悲，居廟堂之高，則憂其民；處江湖之遠，則憂其君。是進亦憂，退亦憂；然則何時而樂耶？其必曰：「先天下之憂而憂，後天下之樂而樂歟！」噫！微斯人，吾誰與歸！

時六年九月十五日。

政壇的浮浮沉沉，卻沒有讓他忘記「先天下之憂而憂，後天下之樂而樂」，這種以天下爲己任的胸懷，讓當時以及後世，永遠懷念。

包青天

慶曆新政雖告失敗，社會上的危機仍然存在，宋夏之間雖然停戰，邊防駐軍並沒有減少，反而還要多出一大筆歲幣，因而有識之士仍然不畏艱難，繼續主張變法圖強。

在這股改革聲浪中，有位名臣以行動展現自己的主張，慶曆革新時期，他的官位還不高，並未直接參與，可是卻默默的支持，並在自己的職權範圍內，不遺餘力地除暴安良，他就是後來被人們稱爲包青天的包拯。

包青天的形象，經過後人的神話，黑面長髯，額頭上有個白色的月牙印，這樣的造型已經深入人心，一部《包公案》更讓他成爲明察秋毫、鐵面無私的代表，彷彿人世之間的冤情，都能由他加以洗雪。

歷史上的包拯，並非如小說連續劇中的包公那樣無所不能，但他眞的是一位剛正不阿、清廉忠正的官員，年輕時代即以孝順父母聞名，二十九歲那年，他考中了進士，補爲地方官員，卻因爲父母年事已高，不忍心遠遊，因而辭官歸養，直到父母去世，才在親友勸說下爲官，那時候他已經四十歲了。

在他擔任天長（今安徽天長）知縣的時候，曾經碰過這麼一樁案子：有個農戶的耕牛半夜裡被人割去了舌頭，耕牛奄奄一息，農戶心疼不已，前來縣府請包拯明察。

「舌頭被割了，那牛也活不了啦。」包拯對那農戶道：「你快些回去，把牛殺了，把肉拿去賣吧！這樣還可以賺回一點。」

「這……老爺啊！」農戶說道：「私自宰殺耕牛，那是觸犯王法的……」

「這麼多話幹什麼？我說了就算！」

農戶不敢不依，回到家就殺牛賣肉。

過了一兩天，有個屠戶前來告狀，說有農人私自宰殺耕牛，還把肉拿出來賣，影響了他的生意，包拯先是靜靜聽著，忽然臉色大變，厲聲問那屠戶：「說，你爲什麼把人家牛的舌頭割了，現在還反過來告人家私宰耕牛？」

冷不防被這麼一問，屠戶心慌了，竟然說道：「大老爺我知道錯了，只是我見他的牛養得好，想和他買那頭牛，他不肯，這才……」話說至此，驚覺失言，抬頭看見包拯的炯炯目光，只得伏首認罪。

後來他調任端州（今廣東肇慶），當地生產的端硯十分著名，是進貢朝廷用的佳品。歷任地方官，都以此爲名，要求百姓製作數十倍進貢數目的硯台，運往京城去賄賂權貴，好讓自己獲得高昇的機會。

端硯之所以名貴，是因爲它的石材採集不易，在數丈深的地底之下，開採出來以後，又必須經過極爲繁瑣的加工，才能成爲可以上貢的好貨。硯工們爲了趕工，往往不眠不休，苦不堪言。

包拯在端州任上，從不要求硯工多製，只讓他們製作上貢所需的數量即可，百姓們負擔減輕，都很高興，想要贈送一些給包拯，包拯卻是不肯接受：「我乃父母之官，這本是分內之事，怎可因此向百姓索取贈禮？」

他在自己的官府牆上書寫了一首詩：「清心爲治本，直道是身謀；秀幹終成棟，精鋼不做鉤。倉充鼠雀喜，草盡狐兔愁；史策有遺訓，無貽來者羞。」藉以表明心跡以及他那遠大的理想。

回京任職以後，他先擔任監察御史，負責監察並彈劾不法官員。他對自己要求甚高，對別人的要求也高，對貪官污吏更是嫉惡如仇，他認爲，官員貪贓枉法，簡直如同盜賊一般，對國家，對百姓都有著莫大的危害。

他曾向宋仁宗上表〈乞不用贓吏〉，希望宋仁宗可以斥退所有的貪官，以正視聽。那時有個官員名叫王逵，擔任湖南轉運使，曾因貪污而被降調爲知州，不久之後又被赦免，此後仍能在官場上得意。包拯對此十分不滿，從慶曆六年開始，包拯連續七次上奏彈劾王逵，指稱他殘害百姓，強迫地方繳納超過規定的上貢物品，只是爲了朝廷重用，「心同蛇蠍」，希望朝廷對這類官員能夠嚴厲懲罰。

包拯的改革主張也很明顯，他曾經多次上書，表明自己反對因循守舊的政治立場，針對冗官、冗兵以及冗費三項弊端，提出許多變革的看法，並且相當尖銳地指出：「如果再這樣因循下去，不想辦法改變，將來國家必定會有不可挽救的禍患！」

後來他又外放到地方去當官，先後出任京東、陝西與河北轉運使，在每個不同的職務上，他都能針對當地的弊病，竭盡所能的加以變革，也多次爲民請命，要求朝廷制訂合理的制度，不要在百姓身上加諸沉重的負擔。

嘉佑元年，公元一〇五六年十二月，包拯受命權知開封府，也就是他最爲人所熟知的職位，開封府大堂上，黑臉包公端坐當中，一旁放著龍頭鍘、虎頭鍘與狗頭鍘，這樣的形象是人們所熟知的，實際上，包青天在開封府任職的時間不過一年多。

然而在這短短的一年多裡，他把號稱難治的開封府，治理得有條不紊。開封有六百名編制府吏，府中許多具體事物都要經過他們之手，他們因爲瞭解公務處理的內幕，經常欺上瞞下，把長官也搞得團團轉，聽說包拯是個嚴厲的長官，他們打算先給他一個下馬威，一等包拯到來，就抱著一大堆的文書前來試探。

以往的知府看見這麼多的文書，早就頭痛得不知所措，誰知包拯並不以爲意，命令負責的府吏排列成隊，隨後依照公文順序，進行審閱，只花幾天功夫，就把這些經年累月的公文看完。

「裡頭有一些積年檔案，早就批示過的，怎麼你們還拿出來？」

包拯的聲音低沉，不疾不徐，神情儼然，府吏們被他的威嚴震懾住，不敢說謊，只得照實回答。包拯聽完，冷冷地說道：「國家公事，就是被你們這些小人給怠慢了，該怎麼辦，你們自己心裡有數！」

不久，幾個帶頭搞鬼的府吏遭到懲處，其他的府吏見狀，自然不敢再冒險，從此府中文書流程簡化，公事的處理變得較爲方便。

在訴訟的制度上，包拯也做了改革。原本舊制度規定，舉凡民眾有了冤屈想要告狀，必須先寫好狀子，交由坐在開封府門口的府吏收取，由他們呈送長官過目，待長官看完批示之後，再由這些府吏轉告宣判。這樣一來，府吏夾在中間，就能從中作弊，造成冤案，沒錢的人不要想打官司。

包拯到任之後，下令打開知府衙門正門，允許百姓直接登堂陳冤，由他親自審理，這讓百姓的冤情不會遭到隱瞞，府吏想要在中間作弊也不可能，當然也就不能再欺負那些眞的有冤情，卻沒有錢疏通管道的平民百姓了。

京城之中到處都是皇親國戚，他們往往仗著自己的權勢，胡作非爲，勾結不法，一般人根本不敢去管他們。嘉佑二年，公元一〇五七年夏天，京師地區接連下起豪雨，流經開封城南邊的惠民河由於淤塞，致使洪水上漲，沖毀了城南的安上門，官舍民宅也有多處遭到淹沒，城中一片汪洋，得用竹筏才能行走。

包拯派人調查，發覺是因爲惠民河沿岸，修築了許多不合規定的建築，這才造成河道堵塞，他將實情上報朝廷，朝廷命他派人拆除。

然而此時卻有許多貴族表示反對，原來他們就是這些建築的主人，他們爲了自己遊樂休憩，在河邊建造了亭台樓閣，他們對宋仁宗說道：「我們都是在自家的地上修建亭榭，皇上您也常去遊玩的，怎麼那包拯不明就裡，皇上您也聽他胡扯呢？」

包拯聽說貴族們這樣謊報，倒也沒有急著分辯，派人探查沿河官地所設置的界標，雖被大水沖壞，倒還依稀可辨，並且找來當初的土地文書詳加對照，證實那些權貴們所說的全部都是謊言，隨即堅決拆除了那些不合規定的建築，並將權貴們的不法行徑呈奏給宋仁宗知悉。

包拯爲官清廉，剛直不阿，鐵面無私，不畏強權，具備了許多官員們沒有的特質，雖然並無位極人臣，卻是極受到百姓的愛戴，京城裡流傳著一句話：「關節不到，有閻羅包老。」已經形成青天老爺的形象，並且有許多的故事，不論是眞實的或者是創作的，都附會到他的身上，使他成爲一位傳奇性的人物。日後的話本、戲曲乃至於現代的電視連續劇，將包公塑造成一個無所不能的青天之神，這是政治昏暗的時代裡，小老百姓的一點點自我安慰的權力。

王安石與熙寧變法

宋仁宗在位四十二年，他算是相當的勤政愛民，雖然曾經企圖任用范仲淹、包拯之類忠正有爲的大臣，挽救積重難返的政經局面，但是他的改革決心不夠，沒有辦法堅持，一遇到挫折，立刻就退縮了，國家也就因此越來越衰弱下去。

嘉佑八年，公元一〇六三年三月，宋仁宗去世，他生前雖曾有過三個兒子，但都不幸夭折，沒有一個能夠長成，因此把皇位傳給一個皇族子弟，同時也是他的養子趙曙，這就是宋英宗。

宋英宗即位的時候，正值三十多歲的壯年，理想高遠，頗思能有一番作爲，可是他的身體很不好，經常臥病在床，好不容易能夠起身視事，又被外患的侵略與內部的紛擾煩得焦頭爛額，始終沒有辦法眞正面對改革的問題。

外患來自西夏，當時夏景宗去世，夏毅宗繼位，由於邊境榷場貿易出了問題，興兵進攻宋朝邊境，不斷騷擾陝西地區的秦風路、涇原路。

爲了抵禦西夏，宋英宗命人在邊境招募壯丁充爲兵源，可是當時人們心中普遍認爲「好男不當兵」，根本沒有人願意接受招募，因此負責招募士兵的官員，只好採取強硬手段，強迫百姓在臉上刺字，號稱「義勇」，這樣強拉來十多萬的義勇，根本沒有作戰能力，只能虛張聲勢。

後來，夏毅宗親自領兵攻打慶州，包圍大順城（今甘肅華池東北），宋軍方面頑強抵抗，同時派遣使節前往西夏興師問罪，終於在環慶路經略使蔡挺的指揮下，一戰擊敗夏軍，還在戰陣之中射傷了夏毅宗。夏毅宗不得已，只好退卻，並且以臣子的身分上表向宋朝謝罪。

外患侵襲暫告休止，內部紛擾卻越演越烈，吵嚷不休原是宋朝文臣的傳統，這次的爭議則稱做「濮議之爭」。

濮議之爭的起因，在於中國傳統的孝道觀念與帝王道統傳承觀念之間的衝突，宋英宗的皇帝寶座繼承自宋仁宗，毫無疑問的宋仁宗便是先皇，但是，宋英宗又想追封他的親生父親汝南郡王趙允讓，於是就在即位的第二年，在朝堂之上把這個問題丟出來讓大家討論。

朝臣們如同約好了一般立即分爲兩派，一派以臺諫官和侍從官爲主，另一派以行政官員爲主，兩派針鋒相對，互不相讓。

知諫院司馬光、侍御史呂誨等人，認爲宗法不可輕易變更，趙允讓雖是當今皇帝生父，但他並不曾當過皇帝，如今追封爲濮王已經足夠，如果皇帝一心彰顯孝道，那麼將濮王再追封爲「皇伯」，追贈高官，封給大國，如此也就仁至義盡了。

宰相韓琦與參知政事歐陽修等人則認爲，宗法固然重要，孝道卻是爲人之根本大節，如今皇帝有意追封生父爲先皇，這是皇帝德澤之表現，也可向天下人展現一種良好的典範，所以他們建議，應將濮王稱爲「先皇」，將夫人封爲「后」。

這其實只不過是皇帝的家務事而已，對於國計民生沒有什麼直接影響，但是看在當時的士大夫眼中，卻是頭等重要的大事，兩派大臣針對這個問題爭論不休，甚至相互傾軋，呂誨以諫官的身分，彈劾歐陽修，說他的建議乃是「邪議」，應當廢棄，至於附和的韓琦等人，那也是心術不正，動搖國本！

呂誨、司馬光這些人那時都是政壇上的後起之秀，哪裡參得動德高望重的韓琦、歐陽修等人？這件事驚動了深居後宮，卻十分有政治才能和野心的曹皇太后，在她面授機宜下，由她下詔，肯定歐陽修、韓琦等人的意見，同意將濮王追封爲「皇」，然後再由宋英宗出面表示謙讓，表示可將父親追封爲「親」即可，藉此平息紛爭。

可是呂誨這些人居然連皇帝的委曲求全都不買帳，他堅持自己的意見，對曹皇太后的裁示很不服氣，書生性格發作，索性關起門不見客，並且和一群臺諫官共同辭官表示抗議，宋英宗拗不過他們，只好照准，至於司馬光上表請求跟隨呂誨一同貶官，宋英宗則堅決不准。

表面上，歐陽修等政府官員在這場爭執中獲勝了，但是呂誨等人雖然丟官，卻贏得了直言敢諫，敢作敢爲的美名，聲譽四起。歐陽修沒好氣地說道：「這些傢伙，用一個諫官的地位來沽名釣譽，官雖然沒了，虛名卻給騙到了，以後還怕沒有起復的一天嗎？」

就這樣一樁雞毛蒜皮的小事，也能鬧得滿城風雨，這讓宋英宗虛弱的身體難以負荷，「連這種小事，朕都沒法擺平，又談什麼更大的改革呢？」他悲傷地說道。

所以他只有將希望寄託在長子趙頊的身上。

趙頊生於慶曆八年，宋英宗即位後被封爲光國公，隨即進爵穎王。他自幼不喜歡玩樂也不注重享受，好學不倦，每天清晨便開始讀書，直到日落也不肯釋卷，理解力很強，舉一反三，早已受到人們廣泛的稱讚。

宋英宗在治平三年，公元一〇六六年十二月冊封趙頊爲皇太子，這算是眾望所歸，而宋英宗也因爲病情惡化自知不久於人世，於是將趙頊叫來跟前，囑咐他道：「朕在位時間短，沒能做出什麼大事，你的秉性與朕最像，盼望你繼承朕的志業，爲我朝奠定萬世之基。」

「是，兒臣謹尊教誨。」

「朕替你提拔了一些有辦法的大臣，像韓琦、王珪、文彥博這些人，若是你想要辦些什麼革新的事業，他們應當會支持你的。」宋英宗用虛弱的眼神瞟了兒子一眼，見他臉色頗不以為然，隨即改口道：「這些大臣皆已暮年，也許銳氣已消，卻都是支撐國家的棟樑之材，你如有意勵精圖治，他們沒能幫你的話，你自然可以物色新的人選。」

「兒臣心目中已有人選，父皇無須掛心，安心養病要緊。」

宋英宗淡淡一笑：「朕這病，好不了啦，養它做甚？」

一個月後，宋英宗溘然長逝，在位只四年，年僅三十六歲，皇太子趙頊即位，還不滿二十歲，他就是後來的宋神宗。

登基不久，這位年輕的皇帝就展現出強烈的改革決心，他從不修造宮殿，也不到處遊玩，整日辦公，召見大臣，廣泛聽取他們的意見。元老當中，有不少當初曾經參與慶曆新政的，宋神宗對他們特別感興趣，經常向他們發問，只可惜常常不得要領。

熙寧元年，公元一〇六八年四月，前宰相富弼經過開封，宋神宗十分熱情地召見他，以十分敬重的態度，對這位當年的改革派大將虛心請教，他先問邊防問題，滿心以為富弼外交經驗豐富，必能提出振衰起弊的良策，想不到富弼竟然回答：「臣願二十年不言兵，也不希望邊防將領立下功勞，得到皇上的賞賜。」

他的意思是，對外戰爭就算獲勝，也不如維持和平來得重要。

這和宋神宗的想法大異其趣，於是他改問治道，期望富弼能夠提供一些長年爲官的心得，富弼說道：「治道首要，在於安內。」

安內的意思是，不要隨便提出一些容易引起大臣爭執的話題，以免朝政動盪，也就是說，諸如便法、革新之類的意見，能夠不要提出，就盡量不要提出。但他知道宋神宗不可能接受自己的意見，於是補充說道：「皇上的好惡，皇上的想法與意圖，切莫讓人看出來比較好，所謂天威難測，皇上應當要莫測高深，方爲天子榜樣。中外大事，漸有變動，這絕對不是一天兩天之內就能達成的，就算皇上有這個意思，也不要讓底下的臣子疑心才是。」

這樣的意見很不合宋神宗的胃口，他是個急性子，富弼卻要他靜觀時局變化，他一向直來直往，富弼卻要他莫測高深，話不投機半句多，富弼被請了出去，從當年的改革派變成今日的保守派，往日鋭氣不見蹤影。

「唉，這樣的人，怎能成大事？」宋神宗回想起自己在父親臨終前的對話，腦海中浮現起自己當時口中所說的「心目中的人選」，於是馬上命人宣召。

原來當初宋神宗還是太子的時候，東宮之中有一名書記官名叫韓維，能言善道，博古通今，經常對宋神宗講經論道，宋神宗對他十分佩服，經常誇讚他的才學，他卻謙虛地說道：「小臣哪有這麼好的才學？這都是小臣的朋友王介甫的意見。」

從此宋神宗對這位王介甫有了深刻的印象，後來他打聽出來，王介甫乃是字，本名叫做王安石，慶曆二年的進士，文章出眾，才氣縱橫，本可以靠著他那華美的文章謀取高官，王安石確認爲文章不過小道，無意於此。

慶曆新政失敗，人人避談改革，王安石卻毫不顧忌，暢言變法，甚至膽大包天地上了一份萬言書，也就是〈言事書〉，文中指出歷代治世從來沒有因爲財政不足而感到窘迫的，只有理財無道而已，宋朝的情況也是如此，財力之所以困窘，那是因爲風俗敗壞，不知法度，不能效法古代先王的德政，因此他堅決主張改革。「蓋因天下之力，以生天下之財；取天下之財，以供天下之費。」

他特別強調，自己的作法並非「變法」，而是「復古」，效法先王之政，這是爲了要避免讓那些反對革新的人感到恐懼。

這份萬言書對宋仁宗沒有太大的影響，倒是對後來的宋神宗啓發很大。這一日宋神宗把王安石召見而來，問他治國何以爲先，王安石想也不想立刻回答：「當然應當改變風俗，訂立法度。」

這樣一回答大大合於宋神宗的脾胃，宋神宗最崇拜的古代帝王就是唐太宗，他很希望替自己找來一位像魏徵那樣的人物，如今看著王安石在底下侃侃而談，彷彿魏徵轉世，因此把心中的理想都告訴王安石。

皇帝想要以唐太宗那樣的名君爲榜樣，自然是好事，不過王安石卻道：「堯舜之道，簡而不繁，臣願陛下以堯舜爲榜樣。」

宋神宗笑道：「盼你如當年諸葛亮、魏徵那般，爲朕之股肱。」

王安石說道：「臣願以傅悅爲榜樣。」

傅悅乃是殷商時代的中興名臣，王安石以傅悅自比，也就是希望自己能讓宋朝中興的意思。

君臣之間能有如此對話，王安石成爲宰相，只是時間的問題而已了。

當時的宰相是韓琦與曾公亮，兩人之間有所嫌隙，曾公亮想要藉由推薦王安石來排擠韓琦，而年老的韓琦也早有辭職的打算，後來韓琦去職出守相州，臨行之前宋神宗問他王安石適不適合擔任宰相，韓琦答道：「介甫爲翰林學士則可，處於宰輔則不合適。」

很多人都與韓琦看法相同，他們認爲王安石拘泥古制，談論迂闊，如果讓他爲政，必定會多做變更，擾亂天下，甚至還有人罵王安石沽名釣譽，包藏禍心，乃是奸邪之輩。

身爲翰林學士的司馬光，雖然在政見上與王安石多有不合，卻在這件事情上替王安石辯護：「我和王介甫相識已久，如果說介甫有些不知變通，那是實話，但說他奸邪，也未免太過份了。」

熙寧二年，公元一〇六九年二月，王安石被任命爲參知政事，皇帝的意向表明清楚了，那些攻擊王安石的聲音也就小了，隨之而起的乃是歌功頌德之聲，認爲王安石不起則已，起則可以立致太平。

御史中丞呂誨絲毫不改自己的牛脾氣，跳出來公開反對王安石，他認為王安石必定會帶來一場天翻地覆的變化，「誤天下蒼生者，必王安石也！」

司馬光和呂誨私交不差，勸他說道：「人人都喜歡王安石，你又何必如此？」

呂誨道：「我這是防微杜漸！身為言官，我不能放任他把朝政敗壞下去。」

結果呂誨遭到解職，王安石的的官階越來越高，並且展開他當初承諾宋神宗的變法圖強工作。

那時的官場暮氣沉沉，五位正副宰相被人戲稱為「生、老、病、死、苦」，除了銳意革新生氣勃勃的王安石之外，曾公亮年老，曾經多次請辭；富弼多病，無法處理朝政；唐介因與王安石不合，而神宗卻偏向王安石，一氣之下居然一命嗚呼；至於苦則是指趙抃，他眼見王安石將要多做變動，整天哀聲嘆氣，一聽說有什麼事更改，就愁眉苦臉地抱怨連連。

這樣的行政機構是沒辦法支持王安石的，因此他奏請宋神宗，成立一個新的機構，名為制置三司條例司，作為推行新政的中樞機構。此外他破格提拔了一批新人：素來支持新法，且具有美名的呂惠卿，被任命為檢校文字，總責制置三司條例司的制度規劃；章惇為編修三司條例官；曾布為檢正中書五房公事，協助王安石進行新政的推動。

反對的聲音很快就出現，大臣文彥博等人認為，制置三司條例司的權限，與朝廷許多機構重疊，這樣只會浪費公帑，造成更大的財政負擔，因此聯合上書請求撤銷此一機構。宋神宗並沒有答應，不過卻也做出部分妥協，把三司條例司的不少職權轉移到司農寺去。新法還沒推動，就已經爆發衝突，似乎預告著一個十分坎坷的未來。

當年七月頒佈了「均輸法」，規定東南六路根據物價的貴賤，收購各項物資，確保中央地區的物價平穩。原來從宋初以來，為了供應京城皇室宗親、文武百官以及軍隊的用度，在東南六路設置「發運使」一職，負責督運各地進貢的物資。發運司在各地收成好，物資充足的時候，不敢多辦，到了荒年，物資缺少價錢昂貴，仍得要維持一定的數目。貨物運到京城後，有時候會不合需要，只得賤價拋售，這讓一些富商大賈得以從中操控，囤積居奇，謀得暴利。均輸法的用意在於省勞費、去重斂、寬農民，既可保證中央所需物資的供應充足，又減少政府的財政支出和百姓的負擔。

到了九月，又頒佈「青苗法」，規定各地方政府每年夏秋兩季農作收成之前，可以依照農民需要，借貸錢穀，以半年為期，取息二分或者三分收還。這項辦法的目的，在於讓貧苦的農民在青黃不接的時候，可以不用被那些地主富商的高利貸壓迫，由官府出資借貸，還可以讓朝廷得到一筆「青苗錢」。

十一月頒佈「農田水利約束」，獎勵各地開墾荒地、興修水利、建立堤坊、修築圩埠，由相關百姓依照能力出資興建。如果工程浩大，農戶財力不足，可向官府借貸「青苗錢」，同時對修水利有成績的官吏，按功績大小給予陞官獎勵，凡能提出有益於水利建設的人，不論社會地位高低，一律論功獎賞。

十二月頒佈「募役法」，又稱免役法，熙寧四年正月先在開封試辦，同年十月頒布全國實施。原本的役法規定百姓依照戶等輪流充任官府的差役，讓百姓承擔很繁重的工作，有時甚至搞得家破人亡，募役法改變了這項惡性役法，讓人們可以繳納「免役錢」或者「助役錢」，再由政府利用這些錢去雇人服役，解決不少社會問題。

熙寧三年，公元一〇七〇年十二月，針對強幹弱枝政策所帶來的流弊，特別頒佈「保甲法」，將各地農村居民編制起來，十家爲一保，五保爲一大保，十大保爲一都保，選擇社會地位較高，且叫有能力的人擔任各保首領，家中有兩名男丁以上的，必須出一名擔任保丁，負責夜間巡邏與地方治安，農閒的時候還得要練習武藝。王安石希望藉由這個辦法的推行，改變宋朝百姓不習陣戰的風氣，並且逐漸以此取代軍隊，建立一套類似於唐朝府兵制的徵兵制度。

熙寧四年二月、三月，分別針對科舉制度與學校制度進行變革，科舉考試內容著重經義策論，不考詩賦；學校制度則依照〈太學三舍法〉，將太學分爲外舍、內舍與上舍，外舍學生成績優異的升爲內舍，內舍學生成績優異的升爲上舍，上舍學生品行學問都有優異表現的，可以免除科考，直接授官。這是因爲王安石認爲，科舉重視詩賦，並不能測驗出考生的眞才實學，他有意用學校教育來取代科舉考試。

熙寧五年，公元一〇七二年三月，頒行「市易法」，在京城設市易務，以一百萬貫作本，負責平價收購商人賣不掉的貨物，等到市場上缺貨，再拿出來販賣，政府賺取價差，也向商販發放貸款。商販向市易務繳納物品金錢抵押，每年納息二分，就可以大批賒購政府倉庫之中的貨物，拿到各地去販賣。市易法最初只在京師實行，後來又推行到其他較重要的商業城市，如杭州、成都、廣州、揚州等地。

八月頒佈「方田均稅法」，要求地方仔細丈量土地，製作清冊，依據土地的肥沃貧瘠程度不同，劃分爲五個等級，以此作爲徵收土地稅的依據。

此外還頒行了「保馬法」，養馬於民；設置「軍器監」以改進武器製作；公布《三經新義》作爲各級學校的教材與科舉考試的標準：以「將兵法」作爲禁軍訓練的原則……。總之熙寧變法是一場規模極爲宏大，以富國強兵爲目標，由上而下地推行，廣泛地涉及了政治、軍事、經濟、文化等層面。

王安石推行的各項新政，就統治者的立場而言，立意可謂良善，他針對宋朝立國百餘年來所累積的各種弊病，逐一加以改善，實施的結果，雖說並沒有把衰弱的宋朝軍事力量增強多少，但是「富國」的目標卻很順利地達成。「青苗法」、「募役法」和「市易法」爲朝廷帶來了豐厚的利潤，讓多年以來苦哈哈的政府財政狀況大爲好轉，出現了「中外府庫，無不充衍」的局面。

可是王安石並沒有注意到，任何政策的推動，絕對不只是上級單位的一紙命令，就可以毫無窒礙的執行，「政通」必須先要「人和」，王安石從很年輕的時候，就享有隆重的聲譽，也因此養成了自視甚高的態度，不肯輕易接納別人的意見，在他看來，那些極言反對變法的人，不過就是一群既得利益者，叫囂著自身受損的權力，不願意政經局面產生變化，如此而已。

的確，變法的直接衝擊，就是既得利益者，反對的聲浪中也有一部份是站在這樣的立場，然而並非全部。

有些人之所以反對變法，那是因爲他們對新法中的許多措施無法接受，歐陽修與韓琦就曾猛烈批評「青苗法」根本是政府聚斂，處廟堂之高而行高利貸之實，十分可恥；「均輸法」也被抨擊爲與民爭利，有失王者之道。曾經在「慶曆新政」之中扮演重要角色的富弼，這回竟然成爲帶頭反對變法的人物，利用自己的權力，迫使某些新法根本無法推展到地方。

有些人倒並不反對改革，他們只是對改革的步驟有意見，蘇軾、蘇轍兄弟，就是這類人物的代表。蘇軾就是那位以文章馳名天下，詩詞書畫皆爲上乘的大才子東坡居士，那時他還只是個小官，蘇轍則參與了三司條例司的編修。王安石變更科舉、興辦學校等制度，讓蘇軾覺得未免太過急躁，他上表宋神宗，表示這些改革的具體實施，有許多不便之處。蘇轍也上書表示：新法「所當先者失之於不爲，所當後者失之於太早」，不贊同改革的方法。

蘇東坡的大名宋神宗早有耳聞，因此當蘇軾上表之後，宋神宗即行召見，詢問他有些什麼具體建議，蘇軾毫不客氣地答道：「陛下求治太過躁進，採納意見太過廣泛，進用新人太過急切，恐怕有損陛下聖德。」

宋神宗皺皺眉，問道：「那依你看朕該如何是好？」

蘇軾說道：「陛下應靜待時機成熟，然後加以應對。」

宋神宗萬萬想不到名滿天下的才子竟然這般迂腐，和他積極變法的性格完全不能相容，不過他倒也沒有責怪蘇軾，只把他調去當開封推官，暫時不讓他參與中央朝政。

因為反對新法而被打為「保守派」的代表人物就是司馬光，早在宋英宗時代，他的才學便已嶄露頭角。他讀了很多書，覺得歷代史籍龐雜繁瑣，不便帝王閱讀，因此以編年體方式撰寫了《通志》八卷，進獻給宋英宗，宋英宗大喜，特別設置館閣，囑咐司馬光繼續修撰，宋神宗即位，將此書賜名為《資治通鑑》，還替書作序，讓司馬光每天進讀，因此成為宋神宗的親近侍從。

在變法這件事上，司馬光也很早就表露出反對的態度，熙寧元年的一場財政論爭裡，王安石表示：「國家財用不足，是因為沒有善於理財的人。只要能任用善於理財的人，就可以讓民間不用增加賦稅，而國家用度也能充足。」

司馬光不贊同，他說道：「天下財貨，皆有定數，不在民間，就在官府，如果說不加賦稅而能使國用充足，只不過是設法在私底下爭奪民利，這樣的危害比增加賦稅還要嚴重！」

兩人之間並沒有什麼心結，他們的年歲相近，志趣相投，私交也很好，與呂公著、韓維一同被當時的人們稱之為「嘉佑四友」，他們的爭執並不是爭權奪利，而是政見上的不同。

司馬光擔心，王安石變法之中標榜著「抑兼併」的態度，這樣會讓富有者變窮，而宋朝的財政向來依靠這些富有者的支持，如此一但遭受到突如其來的外患，朝廷急需的物資就沒有辦法調度；此外「將兵法」的實施，雖有將禁軍素質提升，但是卻有武將專權的危險，改變當年宋太祖「以文馭武」的用意；而「保甲法」的目的，是在防範盜賊，司馬光卻認爲，教民習武，只會助長盜賊的氣勢，適得其反。

總之司馬光站在保守的立場，認爲宋朝立國百餘年政局大體平穩，主要就是因爲祖宗家法的緣故，因此他用以反對他朋友的口號，就是極力地維護祖宗家法。

「祖宗家法不可廢！」他在進講《資治通鑑》的時候，趁機對宋神宗說道：「想當初曹參繼蕭何爲相，不變蕭何法度，得守成之道，這才取得天下太平，保得大漢聲威。」

宋神宗道：「難道漢朝常守蕭何之法，歷經四五百年都不曾改變？這樣成嗎？」

司馬光答道：「然也。不獨漢代，即使夏、商、周三代之君，亦常守堯舜禹湯文武之法，那些亙古不變的道理，即使在今天仍能適用。」

他爲了反對變法，所說的話未免有些強詞奪理，宋神宗只笑瞇瞇地聽著，沒多說些什麼。他並不相信司馬光所說的話，也堅信圖強必須變法，不過他倒很能體諒這些守舊派的想法，因爲他知道畢竟不是每個人都能有改變現狀的氣魄。

「朋黨」問題在宋朝向來是個禁忌，宋神宗很清楚，由於變法的緣故，他底下的大臣已經分爲兩派：新黨與舊黨。他對這樣的情況頗爲憂心，卻也不是毫無對策，他任用新黨的人從事變法，同時也起用舊黨的人加以制衡，即使舊黨之中的元老重臣倚老賣老，抗拒命令不肯奉行新法，宋神宗也不在意。

富弼的女婿馮京和他的老丈人一樣反對新法，宋神宗明知道這一點，還把他提拔爲樞密院副使，又出任參知政事，這讓王安石感到十分生氣，有一次竟忍不住埋怨起宋神宗來：「陛下，您任用的一些人物，實在不是什麼好人啊！」

這是王安石在說氣話了，他的個性就是這樣，覺得想說什麼就直說，覺得什麼該做就去做，不會在乎別人的想法，宋代讀書人「黨同伐異」的性格在他身上特別明顯，當舊黨的人物拿出祖宗家法來和他爭論的時候，他義正辭嚴地說道：「天變不足畏，祖宗不足法，人言不足恤！」

這種論調固然豪氣萬千，卻也把能得罪的人都得罪光了。

宋神宗想要任用司馬光爲樞密院副使，司馬光不肯接受，並說道：「只消陛下肯罷去制置三司條例司，雖不用臣，臣也感到受惠良多。」

王安石當然不願意停止新法，他對宋神宗說道：「陛下實在不應該任用司馬光之類異論之人，這對新法有害無利啊。」

宋神宗卻欣賞司馬光，他一再挽留，司馬光一再請辭，最後宋神宗讓司馬光擔任西京御史台判官，到洛陽居住，專心完成他的《資治通鑑》。

朝中的名臣一面倒的反對新法，就連皇室成員，也因爲利益遭到新法剝奪，起而攻訐王安石，太皇太后曹氏與神宗的母親高太后同時在宋神宗面前哭訴，說王安石變法將會危害天下，並舉出天象作爲例證，指稱變法的天怒人怨。

彷彿連老天爺都在和王安石作對，從王安石變法的那一年開始，天災就接踵而至。熙寧二年，河南發生大地震，死傷慘重；熙寧三年，江西大旱，並且爆發了大饑荒，百姓餓死無數；熙寧四年，山東「大風異常，百姓恐慌」；熙寧五年，華州少華山發生大地震，並且引起大山崩，住在附近的居民，房舍農田都被掩埋；熙寧六年，浙江竟然在應當春雨綿綿的時節，爆發了大旱災，連井水都枯竭了；熙寧七年，從春天到夏天，河北、河東、陝西、開封附近、淮南諸路連月不下雨，禾苗全都枯死，到了九月，竟然又發生旱災，浙江、河北、山東、河南、安徽等地還相繼發生蝗災。

宋神宗看著到處呈上來的災情奏摺，忍不住掉下眼淚，開始懷疑變法的可行性，自然也就不再對王安石那麼信任了。

王安石自己也體認到，這樣下去，他所堅持的一切恐怕將要付諸東流，因此多次向宋神宗請辭，不過都獲得宋神宗的慰留。

熙寧七年，公元一〇七四年大乾旱期間，皇宮門吏鄭俠，向神宗上了一幅《流民圖》，說這是他親眼所見的景象：流民扶老攜幼，衣不蔽體，充塞道路，他們吃草根、啃樹皮，景況無比淒涼。

這幅圖畫，鄭俠原本打算要送給王安石的，但是知道王安石的脾氣硬，聽不進別人的勸諫，索性把圖畫用公文卷宗包起來，假稱是機密文書，遞交給專門負責收取天下奏章的銀台司。

「眞的有這種事嗎？」宋神宗問身旁的大臣。他們正好也是反對新法的，因此回答道：「是啊，臣聽說，有些百姓賣老婆，賣孩子，就爲了攤還青苗錢的利息……陛下，恕臣直言，這是苛政啊！」

宋神宗的心情非常沉重，他支持變法，是爲了要讓國家強盛，也是爲了要讓百姓安居樂業，想不到變法了這麼些年，竟然是這樣的結果，那天晚上，他在龍床上輾轉反側，怎麼也睡不著，第二天一大早，就叫人草擬一份詔書，把青苗、雇役、方田均稅、保甲等十八項新法，一併廢除。

此項決定一經宣布，王安石知道自己沒辦法在朝廷待下去了，他再度向宋神宗請辭，這回宋神宗准了，語氣溫和地說道：「你就先去江寧府安養安養吧，朝中之事，朕自有主張。」

這是王安石第一次罷相，熙寧變法受到重大的打擊，不過事情還沒有結束，在王安石的建議下，由韓絳出任宰相，呂惠卿升爲參知政事。

呂惠卿向來是支持變法的急先鋒，他的學問高，口才好，出面和舊黨爭論的多半是他，當年司馬光提出「蕭規曹隨」的典故用來反對新法，呂惠卿辯駁道：「當初劉邦入關之時，與關中民眾約法三章，但是到後來增加爲九章；到了惠帝時，又廢除了挾三律、三族令；文帝之時，又廢除誹謗、妖言等法，這表示漢朝能夠強大，絕對不是全然因循舊規！」

幾番舌戰把司馬光等人辯得啞口無言，讓司馬光惱羞成怒地罵他是個奸邪小人，不過宋神宗倒是很欣賞他，稱讚他：「進對明辨，亦似美才。」

呂惠卿帶領著一群新黨人士圍在宋神宗旁邊哭訴，他們說道：「陛下這些年來，日夜辛勞，寢食難安，就是爲了要推行新法，這時候只因爲受到一些阻礙，就要把所有的政策罷廢殆盡，這樣多可惜啊！」

各地的官員也紛紛上書，極力指稱新法便民，不宜擅加廢除。宋神宗轉念一想，覺得也對，於是又下詔宣布重新恢復一切新法。

神宗的反覆，暴露出新法推行的困境，也顯示了新黨缺乏可以統合意見的人物。呂惠卿的政治才能高，政治野心也強，在新黨之中，他的地位僅次於王安石，與曾布相當，因此當王安石離開以後，呂惠卿便與曾布起了衝突。

經過一番權力角逐，曾布被鬥垮了，呂惠卿的權勢越來越大，這又威脅到韓絳的利益，韓絳對呂惠卿無可奈何，只好又把王安石抬出來，王安石在位的時候，一般士大夫都對他十分反感，可是當他罷相將近一年以後，朝廷裡的輿論又開始覺得王安石還算不錯，於是韓絳奏請宋神宗，讓王安石恢復宰相的地位。

這是熙寧八年二月的事。此次王安石復相，政治局面已經和一年以前大不相同，呂惠卿羽翼已豐，不再願意屈居在王安石之下，原本兩個合作無間的好友，成為政敵，各自樹立黨派，對立了起來。

連推行新法的人之間，都不能充分合作，舊黨自然群起圍攻，王安石靠著他和宋神宗之間的友好關係，雖然將呂惠卿一黨鬥垮，但是這無異於自斷手足，待在王安石身邊的，只剩下一些不值得信賴，又或者是能力不足的人物。

熙寧八年十月，天上出現彗星，這在古代被當作是極為不祥的徵兆，宋神宗心裡很不舒坦，要求內外臣屬直言朝政缺失。

舊黨抓住這個機會，對王安石的新法大加撻伐，宋神宗聽了這些意見，對王安石說道：「聽說民間對新法叫苦連天，如果真是如此的話，恐怕該要把一些條款廢止了啊！」

王安石很受打擊，卻也莫可奈何。

更大的打擊來自呂惠卿。那時，呂惠卿已經被貶為陳州知州，王安石的兒子王雱想要置他於死地，背著王安石到處羅織呂惠卿的不法證據，還想要假借宋神宗的名義逮捕呂惠卿。

呂惠卿知道了這件事，連忙上表自清，並且告發王安石欺君罔上。宋神宗看了呂惠卿的奏摺，很不高興地拿給王安石，對他說道：「不管怎麼說，你們從前都曾經共事過，如今要對他趕盡殺絕，這樣未免太過不近人情。」

王安石惶恐地說道：「奏摺中所說之事，臣一概不知，恐怕是有小人從中挑撥！臣與呂惠卿也只是部分政見不合，並沒有如此的深仇大恨啊！」

後來弄清楚，原來「小人」竟是他的親生兒子，王安石大發雷霆，把王雱叫來痛罵一頓：「你這樣做，豈不是要陷老父於不義？」

原來幾個月前，太學的教科書《三經新義》編成，宋神宗想要封王雱為龍圖閣直學士，王雱很高興，卻依著當時官場規矩，上表假意推辭一番，想不到那時還在當參知政事的呂惠卿竟然對宋神宗說道：「這王雱懂得謙虛退讓，是一件好事，陛下乾脆就准了他的推辭吧！」王雱的直學士地位落空，自然對呂惠卿懷恨在心。

被父親狠狠教訓了一頓，王雱心裡很難過，不久就生了重病，一命嗚呼，年僅三十三歲。

王安石為了推行新政，弄得心力交瘁，身體本就不好，竟然又遭逢年老喪子的打擊，仰天長嘆道：「難道我窮半生之心血，到後來真的只是弄得天怒人怨，非要遭到天譴不可嗎？」

熙寧九年，公元一〇七六年十月，王安石再度向宋神宗提出辭呈，宋神宗知道他的狀況，准他回知江寧，從此王安石退出朝廷的政治舞台，不再過問中央政局。

王安石雖然離開，新法仍然繼續推行，宋神宗本人負起了主持的責任，他對少數的措施進行了些許的更動，其他新政大體堅持下來，雖說新黨、舊黨之間的傾軋並未止息，不過那時宋神宗已經執政十年，對於各項政務都已充分瞭解，整體的政治局面倒也能維持順暢的運作。

從元豐元年，公元一〇七八年開始，長年的風調雨順加上天下太平，新法的好處逐漸顯露出來，宋神宗改革官制，整頓軍隊，國家財政充足，地方的府庫積蓄可以維持二十年的用度，以「富國強兵」爲目標的變法，至少達成了一半。

遠在金陵的王安石，得知新法推行終於有了成績，高興地寫下〈後元豐行〉：

歌元豐，十日五日一雨風；麥行千里不見土，連山沒雲皆種黍。

不過宋神宗並不以此爲滿足，他一向以唐太宗自詡，很希望能夠恢復漢唐時代的廣闊疆域，剛巧那時，西夏內部發生政爭，國主遭到囚禁，其母專政，這件事看在宋神宗眼裡，成爲一次提昇國際地位的好時機。

因此在元豐四年，公元一〇八一年七月，宋朝以宗主國的身分，發動陝西、河東五路兵馬，大舉討伐西夏。

然而宋軍指揮體系的缺失又在此時暴露出來，五路軍馬各行其是，朝西夏進發，當各路軍隊抵達靈州之時，作爲主力的熙河路經制李憲的兵馬竟然還沒有到達，西夏對宋軍發動猛攻，挖掘黃河以大水淹沒宋營，又截斷了宋軍的糧道，致使宋軍慘敗潰散，軍隊百姓死傷六十萬，軍器監營造的武器盔甲，這一戰中喪失殆盡，錢、糧、銀、絹等損失，更是不可勝數。

宋神宗大受打擊，從此再也不敢談論兵事，更不用說起而與遼、夏抗衡了。

元豐八年，公元一〇八五年三月，心情極度沮喪的宋神宗，在疲憊不堪的內政改革與理想漸行漸遠的雙重打擊下，生了一場重病，就再也沒有起來過，那一年他只有三十八歲。

惡性競爭

宋神宗死後，由年僅十歲的宋哲宗趙煦即位，太皇太后高氏垂簾聽政，高氏乃是宋英宗的妻子，向來對於兒子宋神宗的新法不表贊同，曾經多次以母親的身分企圖影響宋神宗的想法，可是都沒有成功，如今由她垂簾聽政，對於守舊派而言，無異是個絕佳的契機。

守舊派的精神領袖司馬光，那時候仍居住在洛陽，不久前才與一群志同道合的好友，將他那部偉大的著作《資治通鑑》二百九十四卷全部完成，這部鉅著花了他十九年的時間，「鑑前世之興衰，考當今之得失」，對於歷史學的貢獻極大。

洛陽的「獨樂園」，是司馬光著述讀書的地方，他宣稱不再過問政事，整日以文會友，在騷人墨客之間倒也傳為美談。其實他並非獨樂，舊黨的失勢政客富弼、文彥博等人，就是他獨樂園的常客。

司馬光在民間的聲譽也很高，田夫野老，婦人孺子都尊稱他為「司馬相公」，民間紛紛傳說司馬光從小就是個天才兒童，當年有個小朋友掉進水缸，別的小朋友都不知道該怎麼辦，只有司馬光知道要用石頭把水缸打破，救出了掉進缸裡的小孩，從小就這般明快果斷，對於眼前的政治困境，司馬光必定也能發揮破甕救人一般的謀略吧！

政治形勢驟變，留在京師的守舊派便寫信給司馬光，請他立刻前來，以因應時局變化。司馬光便以悼念宋神宗為名，前來開封，他的座車經過城門，衛士看見了，恭恭敬敬地向他行禮，京城的百姓知道是司馬光來了，紛紛湧上來，圍住他的車子，哀求地喊道：「司馬相公，您不要再回洛陽了，留下來輔佐天子，拯救百姓吧！」

由此可見，新法雖然讓國家富裕了，對百姓卻造成相當大的負擔，向來反對新法的司馬光，這時成為百姓眼中的希望，人人都將他視之為「真宰相」。

太皇太后高氏順應眾人的期望，把司馬光留在京師，讓他輔佐幼帝，並且派人向他詢問為政之道。

司馬光回答：「為政之道，在於廣開言路，進用賢才。」所謂的賢才，就是當初因為反對新法而被罷黜的人們。

高氏採納了他的意見，並且先後將他與呂公著、文彥博等老臣任命為宰相，在極短的時間之內，舊黨的臣子佔據了朝廷各個重要職位。

隨之而來的便是新法的廢除了，在司馬光的策劃之下，高后接連下詔，廢除保甲、保馬、方田均稅、市易法，這些新法久已為人詬病，但推行了這麼多年，此時突然說要廢除，有些人仍不免疑慮：「神宗陛下屍骨未寒，怎麼今上就要把父親畢生的努力全盤否定呢？」

有人勸司馬光，至少應該讓當今皇上遵守「三年無改於父之道」的古訓，司馬光卻辯駁道：「熙寧年間的新法，那是王安石、呂惠卿等人所訂定的害民之法，不是先帝本意，再者說，如今當政的是太皇太后，變更新法乃是以母改子，並不是以子改父，無損於陛下聖德。」於是，這場元佑年間廢除新法，回復舊法的活動，就被後人稱作「元佑更化」。

司馬光一心想要廢除所有新法，到後來不免顯得有些意氣用事，元豐八年年底，司馬光才擔任宰相沒幾個月，就積勞成疾，在疾病纏身之餘，他還信誓旦旦地賭咒道：「如果不把四患除去，我就算死了也不瞑目！」

他口中的「四患」是指青苗法、免役法、將兵法和神宗年間對西夏的政策，他感到自己去日無多，急忙上奏，請求對這四項問題作一解決，而高后竟然全部答應，如此一來，熙寧年間的所有新法，幾乎全部廢除。

這樣做未免有矯枉過正之嫌，遠在江寧府的王安石聽說司馬光把自己大半生的心血全盤否定，氣得頓足捶胸：「就算要罷廢新政，也不需要做到這種地步啊！難道我的所作所爲，竟然一無是處嗎？」幾個月後，王安石悲痛萬分地死在江寧。

王安石當然會對此表示反對，然而連舊黨之中的蘇軾、范仲淹之子范純仁等人都勸司馬光，應當慎重其事，范純仁寫信給司馬光，告訴他免役法不應當貿然廢除；蘇軾則告訴司馬光：「免役法和變法之前的差役法比較起來，兩者各有利弊，其實只要把免役法裡的部分缺失稍加改善，還是可以繼續推行的。」

可是司馬光吃了秤鉈鐵了心，非要廢除所有的新法不可，還把這件事看成自己人生最終的目標，氣得蘇軾罵他是「司馬牛」，而范純仁則感嘆地說道：「這樣做法，和當初王安石又有什麼不同呢？」

不只如此，舊黨得勢以後，也展開了報復的行動，當時新黨的章惇與蔡確還分別擔任宰相與樞密院使，由於不願意履行命令將新法全盤廢除，因而被舊黨人士咒罵為「朝中大奸」，對他們盡情地作人身攻擊，就連冬天不下雪也被說成是因為蔡、章二人在位的緣故，蔡確、章惇終於先後被高后趕出朝廷。

到後來，舊黨更進一步打擊新黨勢力，把呂惠卿、章惇等三十六人定為王安石的「親黨」，把安燾等六十人訂為蔡確的親黨，公佈他們的名單，列為永遠不得入朝為官的人物。

司馬光在相位上待了不到一年，便在元佑元年，公元一〇八六年九月病死在任上，他去世之後，朝中的黨爭日漸惡化，如果說熙寧、元豐年間的黨爭乃是政見之爭，那麼元佑年間的黨爭，則淪為意氣之爭，純粹是因為政治上的不合而引發的私人恩怨了。

除了政見上的新、舊黨之外，同屬於舊黨的官員，又分裂成朔黨、蜀黨與洛黨三派，朔黨以劉摯、劉安世等人為首，蜀黨以蘇軾為首，洛黨以程頤為首。

首先爆發程頤與蘇軾的對立，當司馬光在世的時候，對蘇軾相當重視，但是後來司馬光死了，呂公著當宰相，又對理學大師程頤特別敬重，凡事都要先向程頤詢問，這讓蘇軾感到有些吃味，於是就在一些公開場合上替程頤取綽號，嘲笑理學家凡事泥於古禮，不知變通。

蘇軾是出名的才子文豪，出口成章，一旦諷刺起人來，其尖酸刻薄的程度經常令周圍的人笑得前仰後合，可惜程頤並沒有這種幽默感，心裡一記恨，兩人之間就此結下樑子。

元佑元年十二月，蘇軾在學士院考試館出了一道策論考題，題目之中寫道：「欲師仁宗之忠厚，而患百官不舉其職，或至於偷；欲法神考之勵精，而恐閒監司守令不識其意，流入於刻。……漢文寬大長者，不聞有怠廢不舉之病；宣帝綜核名實，不聞有督察過甚之失。」

這讓程頤抓住了把柄，立即叫自己的門人朱光庭上表彈劾蘇軾，說蘇軾在考題之中數落本朝先皇爲政「偷、刻」，不如漢文帝、漢宣帝等前朝皇帝，這種思想簡直是大不忠，應當予以懲處。

籍貫四川的殿中侍御史李陶，基於同鄉的情誼，站出來幫蘇東坡說話，他指責朱光庭和程頤：「假借事權，挾怨報復！」

後來又有人跳出來幫程頤一方說話，一時之間有許多大臣捲入這場紛爭，你來我往的口水戰打了一個多月，最後是高后出面調停，她表示蘇東坡並沒有數落本朝祖宗的意思，風波才暫告平息，然而兩派之間，已然勢不兩立。

這種政治鬥爭對於國計民生並沒有任何幫助，卻是越演越烈，到後來蘇軾、程頤與劉摯都因為舊黨內部相互傾軋而去職，不過朝廷當中的內鬥並未因此而停止。

元佑八年，公元一〇九三年，太皇太后高氏去世，十七歲的宋哲宗親政，舊黨頓時失去靠山，人人都感到國家政策又將有重大轉變。原來元佑年間，舊黨當權派向來以高后馬首是瞻，並沒有把小皇帝宋哲宗放在眼裡，甚至有時候宋哲宗對他們說話，他們也是愛理不理。

對於舊黨大臣目中無人的態度，年紀漸長的宋哲宗越發覺得怨恨，心裡總是盤算著：「等朕哪天可以管事了，一定要好好整整你們這群老傢伙！」現在終於讓他等到了這一天，所以在他親政的頭幾天，就懲處了幾名守舊派的官員。

一個善於揣摩上意的官員楊畏看見這樣的情況，瞭解了宋哲宗的心思，於是上了一道奏疏，極力表彰宋神宗致力於變法的功業德澤，並且請求宋哲宗效法先皇，以成繼述之道。

「是嗎？」宋哲宗看了楊畏的奏摺，十分欣喜，問他具體應該如何做好？楊畏告訴皇帝應將章惇、曾布、安燾、葉清臣等變法派人物召回朝廷，重新予以任用。宋哲宗接受了這樣的意見，便利用科舉考試的機會，讓考生針對推行新法與恢復舊法的利害發表自己的看法。

主考官乃是舊黨人物，他把贊成元佑更化的考卷列為上等，宋哲宗看了之後搖搖頭，對楊畏說道：「你來審核一遍。」

楊畏怎會不瞭解皇帝的心思？上等下等完全調轉過來，贊成熙寧變法的考卷全都成為上等，宋哲宗這才拍手叫好：「如此才是朕的心願啊！」他當即下詔，明年起改元「紹聖」元年，公開表示他要「紹述先聖」，並且以章惇爲宰相，其他的新黨人物也都陸續被召回朝廷。

章惇在外地接到詔書，連忙坐船朝京師出發，朋友見他神色匆匆，問他：「你這麼樣趕著回開封，打算以哪一項政策做爲優先推行的項目？」

「優先推行的項目？」章惇冷哼一聲：「把司馬光那些奸邪之輩辦倒，這就是我優先推行的項目！」

抱著這樣的心情從政，政治哪有清明的道理？章惇等人回朝之後，眞的就把政治上的報復舉動視爲當務之急，那時司馬光與呂公著等人已然死去，章惇當然將他們的官爵全部追奪，甚至要求宋哲宗命人刨開他們的墳墓，開棺戮屍。

宋哲宗雖然沒有答應這樣的要求，不過對於元佑年間的舊黨，則是盡量的貶抑，劉摯、蘇軾、范純仁等等地位較高的官吏，一再地遭到流放，好比蘇軾，一路從中央朝廷被流放到海南島去；范純仁那時候已經七十多歲了，還被流放到嶺南邊疆，最後死在那裡。

紹述年間的恢復新法，並沒有起什麼實質上的意義，徒然使得新舊黨之間的怨恨，累積得更爲深刻而已。到後來所有反對新法的元佑舊黨，全部都被流放，章惇成爲最有權勢的人，可惜好景不長，宋哲宗親政僅僅六年就病死了，死的時候才只有二十四歲，沒有留下子嗣，章惇的地位也不保。

因爲在繼位問題上，章惇與神宗之妻太后向氏發生了衝突，向氏主張立端王趙佶，章惇主張立申王趙泌，向太后道：「申王趙泌身體不好，沒有福壽之相，還是立端王比較妥當。」章惇則表示：「端王言行輕佻，不是君臨天下的樣貌！」

吵嚷了半天，曾布跳出來指責章惇：「難道你竟敢違抗太后的旨意嗎？」於是，皇帝的人選決定了，就是端王趙佶，也就是後來的宋徽宗。

章惇因爲反對宋徽宗繼承，所以被免去宰相地位，趕出朝廷。

這只是一切的開始而已，與十八歲的宋徽宗一同處理軍國大事的向太后，本身是個守舊派，在她的主張之下，舊派的大臣又紛紛被召入朝廷擔任要職，韓琦的兒子韓忠彥被起用爲門下侍郎，不久之後又進爲右宰相。

在韓忠彥的努力下，死去的文彥博、司馬光、劉摯、呂公著等元佑黨人的封號皆予以歸還，追贈的官職也都恢復，政治態勢上似乎有舊黨復起的趨勢。

向氏僅僅掌政五個月，就生病死去，政權很快歸還給宋徽宗，宋徽宗親政後，眼見新黨舊黨之間長期以來鬧得不可開交，有心調和一下兩者之間的衝突，於是留任舊黨韓忠彥爲右相，任命新黨曾布爲左相，並且把年號改爲「建中靖國」，表示要大公無私，消弭黨爭的決心。

曾布的才學不低，但是投機性格很深，他本想順著宋徽宗的心意，調和元佑、紹聖黨人，但在政見上與韓忠彥發生衝突，想獨攬大權，於是又上書進言「紹述」的說法，鼓勵宋徽宗打擊舊派。

有個官員名叫蔡京，頗有幾分能耐，表面上是新法的支持者，實際上卻是個徹頭徹尾的牆頭草，宋神宗時變法派得勢，他就站在便法這一邊，等到司馬光主政，他又竭力迎合司馬光的命令，在開封知府的任上五天之內就將免役法全部改爲差役法，得到司馬光的讚賞：「如果人人都像你這樣奉公守法，還有什麼事情辦不成呢？」

到了章惇當權，蔡京又成爲新法的強力擁護者，這也就是爲什麼這樣一個沒有政治主張的人，會被看做是新黨份子而被向太后貶爲地方官的緣故。

曾布與韓忠彥之間的政治鬥爭，總覺得自己人單勢孤，想要找個人來協助自己，此時皇帝身邊的親信宦官童貫乃對曾布大力推薦蔡京的好處。

原來不久前宋徽宗囑咐童貫前往南方尋訪精妙字畫，剛好來到蔡京所知的杭州府，蔡京便花了很多錢買通童貫，又進獻許多字畫，託童貫帶回京師，讓他立下一個大功勞。

曾布想起蔡京的能力，就在宋徽宗前面極力稱讚蔡京的好處，想請宋徽宗召蔡京回朝，以加強自己政治上的實力。

想不到蔡京的能力遠遠超過曾布的預料，他不但幫著曾布把韓忠彥鬥垮，甚至連曾布自己也被他鬥垮，宋徽宗對於牙尖舌巧、能書善畫的蔡京大爲欣賞，覺得他比曾布有趣得多。

建中靖國的年號只維持了一年，接下來的年號就是「崇寧」，也就是尊崇熙寧變法的意思，調和兩派鬥爭的思想不復存在，政治權柄成爲投機政客用來滿足私慾的工具。

崇寧元年，公元一一〇二年五月，韓忠彥遭到罷免，兩個月後的閏六月，曾布也被罷免，七月，蔡京成爲宰相。

宋徽宗、蔡京、童貫這些人的登場，象徵著宋朝政局走進了另一個沉淪的局面，持續墜落進無可挽救的深淵。

女眞族崛起

正當宋朝的政局在新黨、舊黨之間的惡性競爭中日益趨向病入膏肓之際，北方強國遼朝的局勢，也發生了極爲重大的變化。

遼聖宗、遼興宗兩代奠定的強大基礎，傳到遼道宗耶律洪基手上，本可以很輕鬆地當個守成之君，只不過他的地位並不穩固。他的叔父耶律重元擔任天下兵馬大元帥，權勢熏天，並且有著竄位的野心，後來與其子涅魯古發動武裝叛變失敗，遼道宗這才得以穩坐皇位。

遼道宗的資質平庸，這場叛變並沒有讓他培養出辨別忠奸的能耐，只是一味的認爲參加平定叛亂的大臣，都是忠臣，這讓家境貧寒，外表出眾但內心狡猾多詐的耶律乙辛有了出頭的機會。

耶律乙辛在遼道宗面前，總是一副忠心耿耿的模樣，讓遼道宗對他異常信任，不但封他爲太師，而且還把兵馬調動的權力也賞給他，從此耶律乙辛的權勢震動內外，賄賂餽贈的人絡繹不絕，而朝中懂得巴結他的都能升官，忠厚正直的人都被排除在外。

遼道宗的皇太子耶律濬容貌端正，善於騎射，更知書答禮，百姓對他都十分仰慕，道宗大康元年，公元一〇七五年，皇太子兼領南院、北院樞密院職務，參與朝政，力行政治革新，耶律乙辛的一些胡作非爲的勾當便受到節制，使他對皇太子懷恨在心。

於是耶律乙辛安排了一樁陰謀，誣告皇太子的母親懿德皇后與宮中的伶人趙惟一有姦情，逼得皇后被賜自盡，連皇太子也受到牽連，被廢爲庶人，最後還是被耶律乙辛給害死。

耶律乙辛這樣的人能夠如此欺上瞞下，與遼道宗的昏憒有著絕對的關係，他極端的迷信佛教，在國內到處修建寺廟，養了幾十萬的僧尼，這些和尚尼姑不事生產，享受種種的優待，對於社會的生產力與經濟力，均造成不良的影響，而契丹人強悍勇猛的風氣，也在連綿不斷的誦經聲中，日漸消沉下去。

更有甚者，遼道宗任用官員，還有用擲骰子來決定的，哪天他的心情好，不管那人是個什麼下三濫的角色也能獲得高官；哪天他脾氣差，就算是再有才德的官員都會被他貶到遙遠的邊疆去，這樣的政治，這樣的領導人，國家怎麼會有強盛的可能？

直到晚年，遼道宗才發覺耶律乙辛的奸邪，命人把皇太子的地位重新恢復，並且將皇太子的兒子耶律延禧接回宮中，冊封爲皇太孫。耶律乙辛發現自己失勢，帶著自己的親信以及私藏的兵器，想要逃去宋朝避難，結果被發現之後處死。

壽昌七年，公元一一〇一年正月，遼道宗病死，皇太孫耶律延禧在靈柩前繼位，群臣上尊號為天祚皇帝。

這位天祚帝幼年遭逢不幸，曾經吃過不少苦，但是並沒有養成什麼堅忍不拔的性格，上任的第一件事，竟是報仇，他把所有曾經接受耶律乙辛提拔的官員全部免職，那些與耶律乙辛特別親近的則全部殺死，即使是已經老死病死的，也要開棺戮屍，以洩心頭之恨。

歷經了無數場的腥風血雨，砍下了無數顆腦袋以後，天祚帝覺得自己已替父親祖母報仇，可以告慰他們在天之靈，於是開始竭力補足他少年時代的人生缺憾，盡情的遊玩，盡情的享樂。

他喜歡遊獵，經常帶著大批隨從馳騁在森林原野之間，幾個月也不處理政事。

他喜歡女色，經常與心愛的寵妃膩在後宮，不願意上朝，寵妃的兄弟、家人，不管有沒有能力，一律封給高官，讓這些皇親國戚可以作威作福。

他喜歡排場，動不動就要出巡，還要召集遼朝境內各民族各部落的領袖前來，帶著各式各樣的貢品，向他表示祝賀與忠誠。遼朝的國土很大，民族很多，交通不方便，各部落都覺得苦不堪言。

天慶二年，公元一一一二年春天，北大荒的積雪初融，冰凍了一整個冬天的將面又重新開始流動，天祚帝心情大好，領著王公貴族來到春州（在今吉林省境）的混同江（松花江上游）舉行祭典，並且命令千里之內各部的酋長皆須前來晉見。

祭典的名目叫做頭魚宴，契丹人以漁獵起家，每到春天都會由皇帝親自捕魚，等到捕上第一條魚以後，就要舉行隆重的頭魚宴，象徵著他們不忘本。

祭典的內容不外乎祭天告地，隨後便是唱歌跳舞吃喝飲酒，這其實才是天祚帝最喜歡的項目，酒酣耳熱之際，天祚帝命令各部落的酋長依次跳舞為他助興。

這一帶居住的多半是生女眞族，他們屬於「化外之民」，不受遼朝直接管轄，卻得聽從遼朝號令，頭上編著辮子，人人能歌善舞，歌聲淒美，舞蹈帶著蒼勁的力與美。

天祚帝十分欣賞，一一賞賜了載歌載舞的酋長們，然而輪到完顏部首領阿骨打的時候，天祚帝竟然看見一個怒目圓睜的漢子，昂然而立，以十分無禮的眼神直視著他。

「這傢伙是誰？」天祚帝問一旁的官員：「他怎麼不跳？」

「他是完顏部來的，名叫阿骨打，完顏部的頭兒本不是他，是他的哥哥烏雅束，聽說烏雅束生病了，才讓他代替前來，想來是沒有過什麼世面，讓皇上見笑了！」大臣蕭奉先解釋道。

「喂！」天祚帝醉眼朦朧地看著阿骨打：「跳個舞都不會嗎？」

阿骨打欠了欠身：「不會。」

「唉，眞是掃興！」天祚帝皺著眉頭：「像這樣的野人，留著幹什麼？乾脆一刀殺了！」

「這可使不得啊！」蕭奉先道：「這些個野蠻人固然不懂禮數，卻也是陛下的臣民，如今為了這一點點小事就加以殺害，恐怕會傷了海內各部族的向化之心，還請陛下三思。」

「好好好，說那麼一大套！」天祚帝酒到杯乾又喝了許多，這才說道：「朕不過順口說說，你也別忙著勸阻嘛，其實朕也不想壞了今天的興致啊！」

天祚帝雖無殺人之心，但順口的一句話卻讓完顏阿骨打心裡頭七上八下，原來他早就有著反叛之心了，招兵練馬兼併各部落的舉動正在悄悄地籌畫著，遼朝那群契丹人，對於生女眞的壓榨十分嚴重，受不了的人們已經偷偷聚集起來，準備反抗契丹人的統治。

生女眞居住的地區，出產一種猛禽，名叫海東青，類似於獵鷹而更爲容易馴養，是愛好狩獵的契丹人打獵時不可或缺的良伴。遼朝每年都會派遣使者，號稱「銀牌天使」，來到生女眞的部落，向他們索取海東青。

海東青不是說有就有，爲了應付契丹人的要求，女眞人必須千辛萬苦前往寒冷的北邊搜索捕捉，有時入侵了那裡的部落，還要和他們發動戰爭，往往一次捕捉不到幾隻鷹，卻死了許多女眞獵戶與勇士。

除了海東青，女眞部落還出產一種十分名貴的珍珠，那種珍珠又大又圓，號稱「北珠」，深得宋朝上流社會的喜愛，願意出高價購買。契丹人爲了要賣珍珠給宋朝人，就會叫女眞人定期獻上珍珠，這也讓女眞人苦不堪言。

更令人難以忍受的是，銀牌天使們仗著自己是上國使臣，來到女眞境內，無比囂張，看見年輕貌美的女眞姑娘，不管是不是嫁人了，也不管她父母是誰，一律強拉進自己的帳棚裡陪睡。

「你們說這樣下去還得了嗎？」完顏阿骨打回到部落以後，召集了自己的親信，對他們說道：「這一趟我親自去會了會契丹人，覺得他們根本不如想像中那樣勇猛，從皇帝到士兵，每個人都喝得醉醺醺，一點紀律也沒有，這樣的士兵，怎麼會是我們女眞勇士的對手呢？」

酋長烏雅束病得厲害，也從病榻上撐起身子附和阿骨打的看法：「我們完顏部乃是女眞節度使，只要我們一聲令下，女眞勇士都會聽我們的號令行事，只要時機成熟，必能成功，兄弟，這些都得靠你啦！」

他們的三弟完顏吳乞買說道：「兄長這回前去會見天祚皇帝，不知是否有讓那天祚皇帝看出些什麼？」

阿骨打道：「他一直醉醺醺，也不知道在想些什麼。」

吳乞買道：「二哥你不肯跳舞，這招可做錯啦！只會惹來契丹人懷疑而已，他雖然放你回來，誰知道會不會對咱們有所提防？」

「那依你看應該如何？」

「想要起兵就得要快，不能讓契丹人有反擊的時間。」

不久之後，烏雅束病死，阿骨打自立爲生女眞節度使，此舉惹來遼朝的不快，派了使者前來指責：「你怎麼不替烏雅束發喪，就自己當上節度使了？難道不應該稟報上國嗎？」

阿骨打「哼」了一聲，說道：「我們部落裡有喪事，你們上國不派人來哀悼，反而派人來問罪，這樣難道是上國該有的態度嗎？」

遼朝不敢對阿骨打如何，只好正式任命他爲女眞節度使。

此舉讓阿骨打瞭解了契丹政權的腐敗與懦弱，因而決心反遼。天慶四年，公元一一一四年，阿骨打帶著女眞各族聯合起來的數千名軍隊，進攻遼朝的寧州（今吉林扶餘境內），他讓各部落領袖發誓：「我們一定要同心協力，建立功勳。有功的人，奴隸回復爲平民身分，平民則加官進爵，官員則進升高官！如果違背誓言，全家死於亂刀之下！」

寧州之戰十分順利，阿骨打有了第一個軍事據點，後來遼朝派來的軍隊，又被阿骨打在不遠之處的出河店打垮，貌似強大的契丹軍隊只不過是紙老虎，從前所向無敵，那是因爲對手太弱，如今遇上了強悍的女眞族，總算暴露出腐朽不堪的眞實情況。

「對付這樣的軍隊，用不著十年，我們就能搶下他們的皇帝寶座！」完顏阿骨打信誓旦旦地說道。

國相完顏撒改與他的兒子完顏宗翰會同了部族中的許多領導幹部，一起對阿骨打勸進：「如今我們一戰得勝，象徵天意在我們這邊，建立國號的時機已經成熟，請節度使定奪！」

阿骨打搖頭道：「才打贏一場仗，就要建立國號，這樣只會讓人家笑話我們見識淺薄！等我們多勝幾場仗再說吧！」

撒改等人覺得，如今起兵，名不正言不順，既然要擺脫契丹人的壓迫，就該要斷得徹底一點，此時不建立國號，更待何時？他們把想法對完顏吳乞買說了，吳乞買也表示贊同，於是一夥大臣又找了一個機會，聯合起來勸進，這一次阿骨打不再堅持，於是就在遼朝的天慶五年，公元一一一五年元旦，正式宣佈即位爲皇帝，國號大金，年號爲「收國」，意思就是要收服遼朝，建立金國。

爲什麼要用「金」作爲國號？那也不是因爲什麼典故、淵源、上應天象之類的傳說，只是因爲完顏阿骨打居住的地方位於安出虎水的發源地，而「安出虎」在女眞話裡的意義，就是「金」的意思，不過阿骨打替自己創建的國號下了一個十分有力的註解：「遼朝用鑌鐵作爲國號，以爲鐵就是堅不可摧了，其實再怎麼堅硬的鐵都會生鏽腐壞，只有金才是永恆不變的！」

多年以前曾經有人說過，只要生女眞的軍隊超過一萬，必定會無敵於天下。這時金朝建國，軍隊編組之後，剛好超過一萬人。天下的局勢，即將面臨天翻地覆的變化。

第四章：北宋滅亡

北宋中葉以來的黨爭，大體上是士大夫之間的政見之爭，只可惜發展到後來，成為等而下之的權力爭奪，使得沉醉在華靡氛圍之中的國家政治，再也難有起色。

金人一座座攻陷遼朝的城池，如摧枯拉朽，這看在眼光短淺的宋人眼中，成為一次「打落水狗」的機會，於是兩國之間有了「海上之盟」，更有所謂「聯金滅遼」的舉動。

在金兵前面如同病貓的契丹人，竟能把宋軍打得落花流水，宋金兩國的聯合行動，只是把宋朝的弱點暴露在金人眼前而已，滅遼之後，金人把目標指向宋朝，這個積重難返的國家，只好成為待宰的羔羊。

不適合當皇帝的宋徽宗

一個無能的政府，對於外界變化的反應能力，通常是非常遲緩的，這在宋徽宗時代的朝廷上，展現得最爲明顯。

宋徽宗是宋神宗的第十一個兒子，三歲那年父親就去世了，對父親沒有什麼印象，但在他成長的歲月裡，正值兄長哲宗皇帝「紹聖」的時期，朝廷裡不斷表彰宋神宗變法的決心與王安石等人的努力，耳濡目染之下，嚮往之情油然而生，內心對父兄十分崇拜。

可惜他實在不是一塊從政的料，他擅長的是書法與繪畫，瘦金體書法自成一格，花鳥丹青均爲上品，吟詩詠賦亦十分拿手，可以算是一位全才型的藝術家，宋人評論他的文采風流勝過南唐李後主百倍，但是對於政治卻是一竅不通。

當初章惇反對由他繼位，就是因爲知道他生性輕佻，不適合皇帝，其實他自己也這麼認爲，推辭了許多次，偏偏向太后喜歡他有福壽之相，執意要他繼任，這才讓宋徽宗坐上皇帝寶座。登基時的他已經十八歲，卻還不能親政，非要向太后拚著老命從旁協助。向太后攝政五個月就死了，國家政治的權柄於是落在他的手中。

剛開始，宋徽宗也曾經想要當一個有爲之君，「建中靖國」的年號表示他看出宋朝內部最嚴重的問題，企圖要調和數十年來的新舊黨爭。

這是個崇高的理想，非得要有十足的決心與魄力才能達成，而且在當時，這個目標幾乎沒有實現的可能，新黨舊黨幾十年來累積的仇恨，已經無法緩和。

舊黨以家法道統自詡，在他們眼中新黨人物都是奸邪小人，堅決反對「邪正雜用」，如右正言任伯雨半年之內，上書一百零八道，表示：「自古以來，從沒有聽說過君子與小人同朝爲官，而政治可以清明的！」

新黨也反對建中之政，他們比較務實，認爲如果舊黨和他們站在平等的地位，任何政策都別想推行了，於是新黨的起居郎鄧洵武向宋徽宗進諫，希望他能夠「紹述先志」。

既然非得要選邊站，宋徽宗少年時期對於父親的孺慕之情湧上心頭，他決定要繼承父兄的志業，推行新政，於是把年號改爲崇寧，尊崇熙寧時代的政治方向，推行新法。

毫無識人之明的宋徽宗，選擇了曾經擔任過開封知府、杭州知府與翰林學士的蔡京當宰相，來幫助他主持崇寧之政。

蔡京頗有才氣，書法堪稱一流，深得王羲之的筆意，又能自成一格。光憑著這一點，就讓宋徽宗萬分讚賞。可是蔡京的人品低下，靠著巴結宋徽宗的親信宦官童貫升官發財，又投宋徽宗之所好，引誘宋徽宗接近聲色犬馬，進一步取得信任，打倒政敵，在朝廷中站穩腳跟。

掌權以後，蔡京利用輔佐宋徽宗繼承父兄志業爲名義，不擇手段地清除異己，崇寧元年，公元一一〇二年九月，蔡京慫恿宋徽宗下詔，對過去的舊黨人士進行審核，結果不論是已經死去的或者是還活著的，無一倖免，把文彥博、司馬光、呂公著等一百二十人評定爲「奸黨」，他們的姓名由宋徽宗親自書寫，刻成石碑，豎立在皇宮的端禮門，這就是黨人碑。

崇寧二年九月，宋徽宗又下詔，命令天下各地都必須仿造端禮門石刻，立「元祐黨籍碑」，昭告天下，永爲後世子孫警惕。崇寧三年六月，蔡京主持重新審定元祐黨人，結果奸黨名單成爲三百零九人，除了元祐舊黨之外，連王安石的學生陸佃、章惇、曾布等新黨骨幹，只要曾經得罪蔡京的，一律成爲「黨人」，名字被刻在「元祐黨籍碑」上，作爲他們「奸惡罪行」的懲罰。

而那些對蔡京阿諛奉承、巴結賄賂的官員，蔡京對他們則很夠義氣，不遺餘力的提拔，使得朝廷各大重要職務全部都被蔡京的黨羽把持，政治風氣敗壞，國家也病入膏肓。

爲什麼蔡京這樣的人物能夠隻手遮天，爲所欲爲？原因在於他懂得察言觀色，他清楚地看出宋徽宗的本質，和當年的宋神宗截然不同，是個喜歡享樂多於治理國家的皇帝，舉凡聲色犬馬、飛禽走獸、奇花異石乃至於遊戲笑鬧，都是他所喜愛的項目，只要能夠投其所好，不管是大臣、宦官，或者是市井無賴，都能得到他的信任。

有個僕役名叫高俅，擅長踢毬（即蹴鞠）的遊戲，宋徽宗還是端王的時候，就經常和他玩在一塊，等他登基以後，就不斷提拔高俅，不消幾年就成爲殿前都指揮使，掌握統領禁軍的大權。

當年與高俅一同在端王府當差的僕役，眼看自己的同僚升官如此迅速，覺得眼紅，於是要求宋徽宗一視同仁，而宋徽宗竟然笑著答道：「你們腳法有他那麼厲害嗎？」

如果腳法厲害都可以成爲飛黃騰達的原因，那麼官員爲求地位穩固，只爲投宋徽宗之所好也不難理解了。

那時汴京城裡歌舞昇平，酒樓妓院林立，讓人們沉醉在一股糜爛的享樂當中，一代名妓李師師，也在此時聲名遠播，成爲京城才子英雄之間競相追逐的對象。

高俅和李師師相識，有意把她介紹給宋徽宗，就對宋徽宗說道：「陛下貴爲天子，有什麼事不能做呢？應該要及時行樂，這才不負少年風流，更何況人生如白駒過隙，若不尋歡作樂，將來老了只怕會後悔吧。」

宋徽宗甚表贊同，他嘆道：「朕身居九重，反而不如市井小民快樂，想要出宮去見識見識，但是又找不到理由。」

高俅笑道：「這還不容易嗎？陛下只要打扮成一個秀才的模樣，小的扮成書僮僕役，這不就能讓陛下欣賞欣賞民間春色嗎？」

眼見高俅笑裡帶著詭異，宋徽宗知道其中必有好處，於是欣然同意，當下就與高俅和另一名太監楊戩君臣三人改裝打扮，溜到皇宮外面去了。

汴京城的街上什麼都有，讓整天只在皇宮當中遊玩的宋徽宗大開眼界，四處設立的勾欄、瓦舍裡，雜耍的，變戲法的，說書的，甚至連那些上不了檯面只能在路邊擺攤賣藝的，宋徽宗都得要瞧上一瞧，有時候看得入了神，擋住身旁的其他觀眾，遭人白眼甚至挨罵，他也不以爲意。

高俅對這些毫不在意，拉著宋徽宗直往前走，宋徽宗皺皺眉，「你要帶朕……帶我上哪裡去？」

高俅壓低了嗓音，神秘兮兮地說道：「有個清倌人名喚李師師，想必……老爺曾經聽過吧？小的這就要帶您去和她相會。」清倌人指的就是青樓女子。

李師師的名頭可大了，連皇帝也知道，宋徽宗沉吟道：「這恐怕不大方便吧？此女名聲響亮，難道不會走漏我微服出宮的風聲？」

高俅咧嘴一笑：「保證不會，保證不會！」

他乃是青樓常客，妓院中的鴇母龜奴全都與他相熟，不敢怠慢，旁人要見李師師那是難若登天，他高俅卻是輕而易舉，隨便替宋徽宗編排了一個假名，當下登堂入室。

那李師師體態窈窕，面貌如畫，一雙媚眼勾魂攝魄，看得宋徽宗眼珠子都快要掉出來了。李師師微微一笑，對她來說，這樣看著她入了神的男子毫不稀奇，轉頭望向高俅。

高俅對李師師頻頻使眼色，李師師何等精明之人？立時瞭解，她想那高俅如今權勢熏天，任何王公大臣看了他都得禮讓三分，而他竟然在這名發了傻的男子身旁扮一名小廝，可見這名男子來頭不小，隨即對這名男子使出看家本領，百般挑逗奉承。

宋徽宗平日都是面對一些端莊賢淑的后妃，哪裡經歷過這個？只是一番巫山雲雨，他便沉迷在這調調之間。李師師號稱才女，擅長詞曲，有個奇怪的癖好，就是會要求她的客人留下一首詞。

這對宋徽宗而言根本不是問題，當下揮毫寫下一首豔詞，詞句內容淫靡至極，李師師見得多了不覺得如何，但是看見那一手蒼勁的瘦金體書法，就認出了宋徽宗的身分，不過她並不點破，只是更加的迎合，滿足宋徽宗身為男人的一切需要。

回到皇宮，宋徽宗整日茶飯不思，就連上朝的時候也是心不在焉，臉上表情忽而愁苦，忽而傻笑，忽而呆滯，害得底下一班文武大臣不知所措。

從此宋徽宗只要一有空閒，就會溜出去與李師師相會，皇帝是什麼身分？就算他刻意隱瞞，也是紙包不住火，漸漸的，朝中大臣都知道皇帝和李師師之間的事，大臣們原本和李師師相好的，也不敢去找她了，李師師自己也知道自己成了皇帝的人，也不敢再接其他的客人了。

然而在眾多恩客當中，李師師卻有一人難以割捨，那就是著名的大詞人周邦彥。周邦彥風雅俊秀，談吐不凡，精通音律，能自創新曲，寫的詞句精雕細琢，秀麗婉約，深得當時人們的喜愛，早在神宗時代便擔任太學正之職，如今已是個中年人，仍然風度翩翩，令李師師無比傾心。

他們兩人時常偷偷相會，也不管會不會觸怒皇帝。有一次周邦彥前來找尋李師師，正是濃情蜜意化不開時，忽然傳報聖駕光臨，周邦彥大吃一驚，李師師也驚慌失措，倉促之間，無處可躲，周邦彥只好鑽到床底下去了。

宋徽宗喜孜孜地進房，坐了下來，拿著一顆當時十分少見的柳橙送給李師師，道：「此乃江南新進來的貢品，讓你嚐嚐鮮。」

兩人調笑了半天，宋徽宗便要啓駕回宮，李師師說道：「天色已晚，都三更天了，馬滑霜濃，陛下身子不適，怎可再冒風寒。」

宋徽宗笑著答道：「朕就是因爲身體不適，這才得要回宮調養，不然朕怎麼捨得你呢？」

兩人依依不捨的一番調情話語從頭到尾被周邦彥聽得清清楚楚，宋徽宗一走，周邦彥從床底下爬出，酸溜溜地說道：「你得到皇上這樣的寵愛，可眞是千古風流佳話啊。」

李師師笑道：「我從前只以爲皇帝都是威嚴的老先生，那裡知道陛下也和你一樣的風流呢。」

周邦彥聽了，心有所感，知道自己與李師師之間的關係，並不容許他產生嫉妒之心，於是將剛才的情形，加以潤色，填成一闕〈少年遊〉詞：

並刀如水，吳鹽勝雪，纖指破新橙。
錦幃初溫，獸香不斷，相對坐調箏。
低聲問：向誰行宿？城上已三更。
馬滑霜濃，不如休去，直是少人行。

這闕詞填得情景眞切，清麗細緻，正是周邦彥詞句的特色，李師師十分喜愛，便依著譜，經常練習歌唱。

後來有一天，宋徽宗又來找李師師，讓李師師唱一曲助興，李師師一時忘情，竟然把〈少年遊〉唱了出來。

宋徽宗琢磨著歌詞，發現竟全是那天在房內的韻事，以爲是李師師的手筆，正待要誇獎，誰知李師師唱罷忽道：「此乃周邦彥所填之詞……」話一出口，就知道說錯，連忙掩口，顯得局促不安。

宋徽宗一看那種扭捏的神情，就把眞相給猜出來了，氣得想殺人，心道：「這周邦彥明知李師師是朕的女人，還敢來找她，這還得了？如果不好好整治整治，朕的皇帝尊嚴哪裡擺去？」偏偏這種事又不能明著來，宋徽宗只好派了自己的心腹，四處羅織周邦彥的罪行，不料周邦彥雖沒當過什麼大官，倒也沒犯過什麼大錯，到後來，只好隨便攀扯，說周邦彥寫的詞豔麗浮靡，爲官必定輕浮，以懈怠職務爲理由，將他貶出京師。

辦妥之後，宋徽宗得意萬分，又來到李師師處，卻發現她外出未歸，一直等到初更，方見佳人歸來，卻是神色寂寞，珠淚漣漣。

宋徽宗連忙問她爲何如此，李師師直言不諱：「妾身去送周邦彥離京了。」宋徽宗不以爲意，好奇地問道：「這次又填了什麼詞句嗎？」

李師師當即引吭而歌〈蘭陵王〉詞一闋：

柳陰直，煙裡絲絲弄碧。隋堤上，曾見幾番，拂水飄綿送行色？登臨望故國。誰識？京華倦客？長亭路，年來歲去，應折柔條過千尺。

閒尋舊蹤跡。又酒趁哀弦，燈照離席。梨花榆火催寒食。愁一箭風快，半篙波暖，回頭迢遞便數驛，望人在天北。

淒惻，恨堆積。漸別浦縈回，津堠岑寂。斜陽冉冉春無極。念月榭攜手，露橋聞笛。沉思前事，似夢裡，淚暗滴。

李師師一邊唱，一邊用手絹拭淚，當她唱到「又酒趁哀弦，燈照離席」時，幾乎泣不成聲，宋徽宗聽了，也感到淒然，隨即同情起周邦彥來了，一面安慰李師師，一面讚嘆周邦彥的才華。

李師師趁機爲周邦彥求情：「既然陛下愛才，又爲何將他貶官呢？知人善任，方是天子聖德啊。」

第二天，宋徽宗下詔，命周邦彥爲大晟樂正，負責整理宮中雅樂。

正要離京的周邦彥，突然接到新的命令，不僅不須遠離京城，而且官位還提升了好幾級，令他詫異萬分。不久，又獲得皇帝召見，和他討論詩詞歌賦，這些都是他最拿手的，自然獲得宋徽宗的青睞與讚賞。

關係十分特殊的君臣二人，竟甚爲相合，倒也不失爲一樁韻事。

花石綱之禍

高俅介紹李師師給皇帝，官位越爬越高，還被授與了「使相」的頭銜，這讓蔡京看在眼裡，不但眼紅，而且覺得不能落於人後，於是上書言稱，近日來他仔細推敲《周易》，發覺如今的繁榮在卦象之上，屬於「豐亨豫大」，也就是富足興盛，太平景象的意思，爲了上應天意，理當大興土木，盡情享樂，方能延續這樣的太平盛世。

宋徽宗對於易經的高深哲理瞭解不深，不過「大興土木，盡情享樂」竟然也能上應天意，這一點令他很感興趣，就把蔡京找來問個仔細。

蔡京說道：「大凡歷朝歷代聖明天子，都會興修土木，以表彰天地祖先德澤，依臣看來，我朝承平之日已逾百年，四海豐饒，百業俱興，此乃天地祖先之福。然而，這開封城中，宮殿狹小，即使祖先福德深厚，也難以積聚，應當修造新的宮殿，方能延續我朝萬世不朽之根基。」

「有這種事？」宋徽宗輕撫著下巴上稀疏的鬍子：「好，那這件事就交給你去辦，你瞧著怎麼好，就怎麼辦吧！」

蔡京彎腰拱手：「臣領旨！」語調之中掩蓋不住的是喜悅之情，這是一樁油水極爲豐沛的美差，生性貪婪的蔡京，已經開始盤算自己可以從這當中撈到多少的好處。

於是一連串的御用機關，就在蔡京的主持下成立。

首先在崇寧元年，宋徽宗就讓童貫主持蘇州、杭州一代設置的「造作局」，負責採辦與製造御用器物，舉凡象牙、犀角、玉石、金銀，乃至於書畫、雕刻、錦繡，大多都是強行徵用民間工匠連夜趕製出來，讓東南百姓叫苦連天。而蔡京與童貫就是在這樣的情形下相識而交好的，他們在朝廷中互相標榜，互稱賢能，自然越發受到信任，蔡京成爲宰相，童貫以一個宦官的身分，居然成了司空、太尉，喧赫一時。

崇寧四年，公元一一〇五年八月，用民間強徵而來的大量金銀銅器，鎔鑄而成的九個巨鼎宣告完工，宋徽宗以蔡京爲定鼎禮儀使，負責將九個鼎安放在皇宮九成宮中，安放完畢，宋徽宗親自前往大慶殿，接受文武百官朝賀。

那年十一月，造作局改了一個名字，叫做蘇杭應奉局，由蔡京的親信朱勔負責主持。朱勔當初就是因爲進獻了許多奇花異石，這才得到宋徽宗賞識，如今有了職權，更是竭盡全力的搜刮，於是有了「花石綱」的事。

宋代經濟已經是南盛北衰的局面，國都在北方，必須仰仗南方物資的運輸補給，當時陸運、水運各項物資都編組爲「綱」，如運送馬匹叫「馬綱」，運送米糧的稱「米餉綱」，馬以五十匹爲一綱，米以一萬石爲一綱。

而花石綱顧名思義就是運送花石的了，這完全是爲了迎合宋徽宗的喜愛，那時候大戶人家的庭園都喜歡布置爲山水造景，堆積石塊爲假山，以池塘爲江湖，泛舟其間，其樂融融，宋徽宗尤其酷愛此道，但是北方並不出產可供造景的石頭，而這類花石以江南太湖所產者爲上品，蘇杭應奉局就負責採辦這些花石，然後以花石綱運送至開封。

起初每年只不過命令地方貢獻幾次，每次也只不過幾樣，到了政和年間，居然展開大規模的搜刮行爲，每次搜刮的貨物以數十萬上百萬來計算。運送花石的船隻，每十船編爲一綱，從江南沿淮河、汴河而上，絡繹不絕，直到開封。

朱勔和他的一批手下，專門管理這項工作，聽說哪個大戶人家有什麼特別精巧奇異的石塊花木，就派遣士兵闖入那戶人家，在石塊花木上貼上黃色的封條，說這是要進貢給皇上的東西，一定得要認眞保管，如果有什麼閃失，就是「大不敬」之罪，輕則罰款，重則打入大牢。

有些人家遭到徵收的花木巨大，搬運起來很不方便，朱勔就命人把那一家的房屋拆掉，牆壁打掉，然後加以搬運。各級官吏趁機敲詐勒索，把江南許多百姓鬧得傾家蕩產，賣兒鬻女，到處逃難。

搜刮而來的花石，數量龐大，得用大批船隻運送到東京，如果運送的船隻不夠，就直接搶奪運河裡的糧船和商船，把船上糧食貨物倒掉，裝上花石，然後再強行徵調民伕，費盡千辛萬苦才把花石運送到北方。

花石綱之擾，波及淮河流域和長江以南的廣大地區，而以江浙一帶爲最甚，百姓的痛苦，換來的是朱勔的飛黃騰達，他辦事得力，自然受到寵信，官位也越做越高，在蘇杭一帶的權勢無人可比，只要對他阿諛奉承，想要什麼高官厚祿都能實現，只要與他作對，任憑再怎麼有才有德，都會遭到罷黜，久而久之，蘇杭應奉局就被人們稱做「東南小朝廷」。

朱勔是蔡京提拔的，朱勔發達了，蔡京的好處自然更多。

花石綱運來京城的大量奇木異石，佈滿在皇宮別院之中，這又成爲進一步大興土木的材料。政和四年，公元一一一四年，由蔡京主持，童貫、楊戩、賈詳等人分別督造，在開封城宮城北門之外，興建延福宮，宮中瓊樓玉宇，庭臺樓閣相望，鑿池爲海，疏泉爲湖，數不盡的怪石巖壑，珍禽異獸聚於其間，幽勝渾然天成，宛若人間仙境。

政和七年，公元一一一七年年底，有個道士劉混康對宋徽宗進言道：「加高宮城外東北部，如此當有多子多孫之福。」宋徽宗迷信道教比當年的宋眞宗更深，因此採納意見，下旨興建「萬歲山」，從東南採辦了更多的花石，由戶部侍郎孟揆主持營建。

這是一座特大號的假山庭園建築，其主峰仿造杭州鳳凰山，花石綱運來的物資，大多安排在其中，主峰位置依照道家八卦方位，立於艮方，因此六年後，宣和四年，公元一一二二年此山完工之時，又更名爲「艮嶽」。

艮嶽的特色，包含了天臺、雁蕩、廬山的雄偉，兩江、三峽、雲夢之壯闊，乃是全國名山大川的一個縮影，周圍十餘里，山高林深，鳥獸穿梭，雕梁畫棟更爲精雕細琢。

爲了展現自己與民同樂的氣度，宋徽宗下詔，每年冬至之後，從東華門以北，百姓皆可自由通行，衛兵不得攔阻，汴京居民可在皇城當中嬉戲，一直到第二年上元節方始停止。

其實這哪裡叫做與民同樂？只是助長京城一帶的奢靡氣氛而已，那些不堪其擾的東南百姓早對朝廷怨恨不已，宣和年間先後爆發了宋江與方臘的起事，雖說很快就遭到鎮壓，但也透露出危險的訊號。

有識之士眼見風俗如此糜爛，政治如此敗壞，都感覺到大禍即將臨頭，可是蔡京、童貫等人整天在宋徽宗耳朵邊歌功頌德，說他是千古聖君，迷湯喝多了，宋徽宗又怎會聽得進逆耳的忠言呢？

聯金滅遼

金人崛起之迅速，在歷史上堪稱一場奇蹟，收國元年，公元一一一五年，金太祖完顏阿骨打建國稱帝的時候，女眞族還是一群由各酋長統治的部落民族，阿骨打不過將這些部落初步統一，建立了「勃極烈」制度，作爲金朝的中央官制，統率著稱之爲「孛堇」的各部酋長，就自稱爲皇帝了。

相較於宋朝皇帝的奢華與遼朝皇帝的尊貴，他這個金朝開國皇帝簡直寒酸得可笑，吃的是山林野味，搭配著粗糙的糧食；居住的地方不是皇宮，而是「皇帝寨」，只是祖先留下來的茅草房子，能夠「冬暖夏涼」就非常滿足了。松花江流域白山黑水的苦寒氣候，養成這個民族堅忍刻苦、勇悍善戰的性格，阿骨打就算當了皇帝，也和部下們同甘共苦。

稱帝那天，許多勃極烈效法著中國的禮節，向阿骨打跪拜，阿骨打連忙上前，將他們一一攙扶起來，說道：「我能有今日，都是各位的幫助，怎能因爲換了頭銜，就改變我們舊日的風俗呢？」

樸實無華，就是這個民族的特色。

寧州戰役結束之後，完顏阿骨打重新編組女眞族的軍事組織，在部落組織的基礎上，規定每三百戶編爲一「謀克」，十謀克編爲一「猛安」，全民皆兵，統整了指揮作戰的體系，戰力更爲強大。

相較之下，自耶律阿保機建國以來，歷經兩百餘年的強盛，曾經席捲東亞，所向披靡的契丹人，長年享受著強國的榮耀與宋朝豐厚歲幣的供養，早年的驍勇強悍已然不復存在，能夠憑藉的只有祖先的光輝。

但這些光輝看在金人眼中，根本不值一哂。

稱帝之後，完顏阿骨打火速進兵，不久之後攻下了遼朝東方的重鎮黃龍府（今吉林農安），這一下大大刺激了遼朝君臣的自尊心，遼天祚帝耶律延禧那時還沒結束他最愛的遊獵活動，聽聞這個消息大吃一驚，一旁大臣頻頻進言，請求出兵征討，天祚帝答應了，卻又對征討之事不大有信心，於是先後派出兩名使者前去和金太祖商量議和。

議和歸議和，天祚帝仍放不下皇帝的架子，在送去講和的書信之中，嚴厲斥責金太祖的行爲，並且用命令的口吻要求金太祖率同女眞族重新回歸遼朝的統治。金太祖何等英雄人物，哪會接受這樣的議和？對使者說道：「回去轉告貴國皇帝，叫他洗乾淨脖子等著，我日後必將率領雄師殺入皇宮，砍下他的腦袋！」

議和不成，天祚帝也生氣了，於是停止遊獵，下詔親征，傾全國兵力號稱七十萬大軍，打算把人數不過一萬多的女眞族完全消滅。

先前的數度交手，金太祖根本不把契丹人放在眼裡，他清楚的知道，敵人來勢雖猛，卻只不過是個空殼子，由於天祚帝不通軍事，戰死的將領不給撫卹，逃亡的將領也沒有懲罰，使得契丹士兵毫無鬥志。

不過七十萬畢竟不是一個小數目，女眞各軍將領仍不免有些驚慌，金太祖把他們集合起來，抽出配刀，在臉上劃了幾道，登時血流滿面，仰天長嘯道：「我當初與爾等共同起兵，只是爲了要求生存，避免契丹人的暴虐，不料契丹狗皇帝竟然傾巢而出，說要殺盡我女眞族人，如果你們害怕的話，乾脆先把我完顏一族殺死，然後提著我們的頭前去投降，說不定會得到契丹皇帝的寬恕！」

將士們面面相覷，不知這位勇猛皇帝話中含意。

「如果你們肯相信我，那就隨我上戰場，讓我們一同與敵人廝殺，永遠不要再受契丹人的欺壓！」

各軍將士義憤塡膺，紛紛說道：「事已至此，我們都跟隨皇上，竭力死戰，絕對不會投降！」

於是金太祖領軍迎戰，人人拚死，士氣高昂。

正當兩支數量上極爲懸殊的軍隊，即將展開生死決戰的關鍵時刻，如同一盤散沙的遼軍陣營，竟然發生督監耶律章奴的叛變事件，他率領著自己的部隊，返回遼都上京（今內蒙古巴林左旗林東鎮），打算廢掉天祚帝，擁立皇族耶律淳。天祚帝只好率軍撤退，回師鎮壓耶律章奴。

金太祖趁著遼軍撤退的時機，發動猛烈進攻，在護步達岡大破遼軍主力，殺得遼軍屍橫遍野，綿延一百多里，擄獲大量的車仗輜重，牛羊馬匹更難以數計，而天祚帝僅能倉皇逃命。

這場戰爭乃是金盛遼衰的關鍵。

第二年，又發生渤海人高永昌佔據遼朝東京（今遼寧遼陽），自稱渤海國皇帝的事件，金太祖乘勢進兵，殺掉了高永昌，佔領東京，附近的州縣紛紛投降，渤海遼陽五十五州之地全歸金人所有。

收國三年，天祚帝集結了從渤海地區逃出來的遼朝百姓，組成一支軍隊，號稱「怨軍」，約有兩萬八千人，打算對金人展開反攻，金太祖不以為意，指揮若定，將怨軍擊潰，隨即又攻下春、泰、乾、懿各州，把遼河流域納為版圖。

金太祖建國僅僅三年之間，就把今日的東北地區完全佔領，其風捲雲湧之勢，著實令人震撼。

天祚帝逼不得已，只好提出和談的要求，而金朝方面，為了控制這片迅速打下來的領土，也答應暫時休兵，並改元天輔，派遣使者與遼朝展開和談。

這當然只是金太祖的緩兵之計，在往來國書之中，他提出了許多嚴苛的要求，先要天祚帝冊封金主為皇帝，又要遼朝對金朝以兄長之禮對待，還要求遼朝割讓上京、中京、興中府等地，同時每年必須進貢許多物資給金朝。

對於這樣的要求，天祚帝當然不肯完全同意，但是又沒辦法抵擋金人的強盛，只好勉為其難地冊封阿骨打為「東懷國至聖至明皇帝」。

接到詔書，金太祖冷笑一聲，說道：「東懷國？我們明明有著大金的國號，什麼叫做東懷國皇帝？這根本是輕視咱們啊！」

太祖之弟完顏吳乞買也在一旁說道：「而且契丹人也沒提到以兄長之禮對待的事，皇兄，依我看，這契丹皇帝只是在敷衍咱們！」

這段時間裡，金人的聲勢威震天下，向來對外界變化不甚敏感的宋朝，竟然也察覺了北方局面的驟變，不斷有人從遼朝方面傳來消息，說遼朝在金人的進攻之下，國勢岌岌可危，隨時可能會有滅亡的危險，宋徽宗等人還不大相信，覺得那麼一個泱泱大國怎麼可能說滅亡就滅亡，於是派遣端明殿大學士鄭允中擔任「賀生辰使」，童貫為副使，以祝賀天祚帝壽誕為名目，帶了許多禮品，前往遼國一探究竟。

從澶淵之盟訂立以來，宋遼之間維持了超過百年的和平，兩國朝廷之間也算相當友好，舉凡皇帝誕辰、喪葬，節慶祭典或是特殊儀式，雙方都會互相派遣使者慶賀弔問，可是就宋朝而言，這項友好的維持卻是屈辱的，每年用大筆的歲幣換來的和平，不但使國家財政負擔沉重，也讓朝廷的面子掛不住。

因此當鄭允中和童貫來到遼朝京城，看見官員百姓人心惶惶的景況，確認了遼朝的沒落，並把這項情報帶回開封之後，宋廷上下便興起了聯金滅遼的打算。

童貫在遼國結識了一個失意政客名叫馬植，他化名李良嗣，跟隨使節團返回宋朝，經童貫引見，獲得宋徽宗的接見，他在御座之前痛陳天祚帝荒淫無道，女眞如何遭受欺壓進而反抗，終有一天會將遼朝消滅。「陛下如念北方百姓生靈塗炭，便應遣王師北伐，如此不但弔民伐罪，且能收復燕雲十六州之地，此乃蓋世之業！」

宋徽宗聽了很高興，賜馬植姓趙，更名爲趙良嗣，並授與秘書丞之職，由他負責策劃與金人接洽事宜。趙良嗣建議道：「爲免啓契丹人疑竇，使節不妨從登萊渡海，繞過遼國境地，去與女眞結好，相約夾攻遼國，此乃上策。」

宋徽宗被「收復燕雲十六州」這樣的說法沖昏了頭，很想立即興師攻遼，不過朝廷中的穩健派官僚大多持反對的意見，他們認爲，北方安定百餘年，實在沒有必要做這種挑釁的行爲，正在此時，一群遼東地方的難民乘船漂流到山東半島，他們向當地官員報告了金人獲勝，遼人慘敗的消息，宋徽宗接獲奏表，大爲興奮，說道：「這還有什麼好遲疑的呢？」當下與蔡京、童貫商量，決定採用趙良嗣的建議，聯金滅遼。

使者武義大夫馬政在重和元年，公元一一一八年從登州（今山東蓬萊）渡海，以買馬爲名義，試探性地與金人接觸，並且獲得金太祖的接見，宋金之間稱做「海上之盟」的非正式外交關係，就此展開。

雙方的密使往來長達兩年，直到宋徽宗宣和二年，金太祖天輔四年，公元一一二〇年才由趙良嗣擔任專使，正式晉見金太祖，雙方約定南北共同出兵，金軍從松林往古北口，宋軍從雄州趨白溝，夾攻契丹，事成之後，宋朝將每年贈與遼朝的歲幣轉納給金朝，宋朝佔領遼朝南京（今北京市），金朝取得遼朝中京（今內蒙古寧城縣大名城），長城以南的幽州燕州歸中國所有，至於雲州西京（今山西大同）一帶的主權，則等滅遼之後再行商議。

宋金之間的「海上之盟」成立，金太祖自然不願再與契丹和談，於是金遼交涉破裂，金太祖就在這一年親自率領全軍攻打遼朝上京路，五月間進逼臨潢，而那時天祚帝居然還在外地狩獵，城中空虛，金軍不費吹灰之力就把遼朝的國都打了下來，懷州、慶州的遼朝宮殿，以及契丹皇族歷代祖先的陵寢，都被金人所摧毀。

天輔六年，公元一一二二年，金太祖繼續對遼發動進攻，攻下了中京大定府，天祚帝倉皇逃出，金太祖派大將粘沒喝追擊，一直追到了白水濼，在那裡又把天祚帝的衛隊擊潰，只是沒有抓到天祚帝。粘沒喝自覺立功不夠，回師的時候又把西京大同府打了下來，短短幾年的時間裡，遼的五京被金人奪取了四京，只剩下南京析津府一地。

天祚帝向西逃亡，躲進西夏境內，析津府的遼朝官員與皇帝失去聯絡，共同擁立南京留守耶律淳爲帝，暫時穩住一個小小的局面，從前是宋遼之間爭執焦點的燕雲地區，竟然成爲遼朝苟延殘喘的最後一絲希望。

海上之盟訂立之後兩年，金人幾乎把遼朝滅亡，可是宋朝方面卻一點動靜也沒有，那是因爲這兩年之間宋朝發生了方臘、宋江的亂事，童貫領兵鎮壓，以致於延誤了伐遼的軍事行動。

好不容易把方臘等人的亂事平定，金人的催促之聲也不斷傳來，宰相王黼建議儘速出兵，免得所有的戰果都被金人搶了去，於是宋徽宗在宣和四年三月，下詔以童貫爲河北河東路宣撫使，以蔡京之子蔡攸爲副使，以巡邊爲名義，領軍二十萬出兵伐遼。

那時還有人堅持認爲不可，王黼則認爲：「宋遼名爲兄弟，實爲仇敵，今日不取燕雲之地，必將被女眞人所得。」

此話說得有理，大軍隨即出發，童貫和蔡攸覺得，盤據在燕京的遼朝，只是一些殘餘勢力，只消進行招撫，敵人自會投降，根本可以不費吹灰之力，童貫還喜孜孜的對蔡攸說道：「此乃聖眷隆重啊，這場大功等於平白送到您的手中，將來發達的時候，可不要忘記我的好處啊！」

他們毫無作戰準備，就把二十萬人半推半擠的帶往燕京，由於大軍出發之前，宋徽宗曾對童貫表示，此戰招撫爲上，媾和爲中，交戰爲下，童貫決定貫徹宋徽宗的命令，就叫都統种師道嚴格約束各軍：「如敢殺遼軍一人一騎者，當以軍法處置！」

算起來，种師道才是這批軍隊的統帥，行軍打仗的事只有靠他，但是他卻另有想法，認爲這是一場不義之戰，受於脅迫才出兵，指揮調度全都不能與童貫等人配合。如此輕率的作戰，哪有勝利的可能？耶律淳派遣耶律大石與蕭幹發兵抵禦，一陣衝殺之下，人數眾多的宋軍遭到大敗，童貫只好將敗兵撤回邊境駐紮。

六月間耶律淳忽然病死，他的妻子蕭氏以太后名義臨朝聽政，惹來部下不服。宋朝以為有機可乘，又調集二十萬大軍攻打燕京，仍以童貫、蔡攸領軍，河陽三城節度使劉延慶為都統。

劉延慶一樣沒有作戰意願，到了前線只是閉營不出。不久之後有一名遼軍將領名叫郭藥師，因為與蕭太后不睦，率領部眾八千多人投降，被分派到劉延慶帳下，郭藥師向劉延慶建議道：「遼軍全體出動，燕京城必定空虛，請將軍給我五千兵馬，讓我帶兵繞道偷襲，必定可以一舉而下。」

劉延慶撥給郭藥師六千人，他帶兵繞道，過蘆溝橋，果然進至燕京城下，剛殺入城中，遼軍將領蕭幹得訊，派遣騎兵攻入城中與郭藥師展開巷戰，又把宋軍殺敗，折損過半。

劉延慶在駐地良鄉聽說了郭藥師兵敗的消息，驚慌失措，還沒遇見敵軍，就放了一把火將營地輜重燒掉，遁逃而去。遼軍在後面追趕，宋軍亂成一團，自相踐踏，死傷慘重，而熙寧變法以來在河北地區儲存的大量軍需品，喪失殆盡，全部拱手送給敵人。

敗相難看，童貫為了逃避罪責，秘密派遣使者去見金太祖，請他出兵進攻燕京，金太祖那時正在雲州以北督師追擊天祚帝，聽了宋軍使者的話，嗤地一聲冷笑：「我還想留一點戰果給你們呢！想不到你們那麼不爭氣！」

說是這麼說，其實金太祖也不大願意宋軍獨佔燕京，萬一對方將來以此爲藉口，不給歲幣，那對金國將是一大損失，就在這年十二月，領著金兵三路南下，從古北口、南暗口、居庸關同時進發，越過長城，如秋風掃落葉一般攻入燕京，耶律大石與蕭幹帶著蕭太后逃了出去，西奔出關，去和天祚帝會合，遼朝五京皆告淪陷，名存實亡。

宋金相約夾攻契丹，可是攻滅契丹完全都是金人的成績，宋朝除了丟人現眼之外沒別的成果，同時也讓金太祖看出了宋朝的腐敗與無能，「我本來還道那宋國乃是個人口眾多，物產豐富的強國，哼，我以十年滅遼，想要滅宋，大概只要兩三年就成了。」他極端輕蔑地說道。

自欺欺人的宋朝君臣

金太祖信守海上之盟的諾言，滅遼之後不久之後就退出燕京，同時接見宋朝派來交涉的使者趙良嗣。

趙良嗣乃是奉了宋徽宗的命令，前來討論土地分配的問題，他說道：「依照約定，燕雲十六州之地應當歸還中國，還請陛下降旨辦理交割。」

金太祖傲慢地說道：「幾年以來，我們兩國相約夾攻，爲什麼寡人帶兵來到燕京，竟然見不到貴國一兵一卒？」

「這個……」趙良嗣紅著臉說不出話。

左右奉上一張地圖，攤在桌上，金太祖指著上面寫的地名，說道：「寡人也不是不通情理之人，這燕京附近的薊、景、檀、順、涿、易六州二十四縣之地，你們的兵還駐在那裡，交給貴國倒是沒有問題，但是有一樣，此地既然是本朝兵力所下，州縣的租稅理當與每年的歲幣一同向本朝繳納。」

趙良嗣大吃一驚：「陛下說笑了，自古以來哪有土地和租稅分開的道理？」

一旁的金國大將粘沒喝說道：「燕京是我朝所取，賦稅當然歸我，如果你們不同意，那就趕快把涿州易州的兵馬撤走，不要留在我朝領地之內！」

趙良嗣不得已，只好與金國使者回朝商議，雙方往來辯論談判了許多次，金人的態度非常堅決，宋朝只好屈服，只把繳納租稅的規定，改以每年一百萬緡的代稅錢方式繳納，平白又多了一項特殊的歲幣。

宋宣和五年，金天輔七年三月，兩國達成協議，燕京以及周圍六州之地歸於宋朝；宋每年輸銀二十萬兩、絹二十萬匹，代稅錢二十萬緡；每逢過年與金主壽誕之日，宋朝必須遣使朝賀；兩國邊境設置榷場，比照過去的邊境貿易。

燕京的交割在四月份實施，在此之前，金兵將當地的官員百姓金銀財寶全部擄走，只留下一座空城交給宋朝，代表宋朝接收土地的又是童貫、蔡攸，他們怕這種情形讓朝廷知道，自己的面子不好看，因此接收之後上了一道奏章：「燕京百姓聞聽王師來到，紛紛扶老攜幼，迎謁慰勞，並且焚香稱頌陛下聖德。」

宋徽宗得到奏章大爲欣喜，下詔凱旋班師，並且大封「有功人員」，王黼封爲太傅，童貫進封爲徐豫國公，蔡攸封爲少師，趙良嗣拜延康殿學士。命令工匠雕刻「復燕雲碑」，立於開封延壽寺以紀念豐功偉業，又命文士撰寫華美的文章，將收復燕雲的事詔告全天下。

宋朝君臣自欺欺人地慶賀著，金太祖繼續追擊逃奔西夏的天祚帝，以剿滅遼朝殘餘勢力，然而就在這一年八月，金太祖在返回上京的途中病故，享年五十六歲，其弟完顏吳乞買繼任，改元天會，是爲金太宗。

金太宗追隨兄長到處征戰，向來主張迅速攻打宋朝，不過總在金太祖「莫忘記海上之盟」的叮嚀中做罷，此時登基爲帝，遼朝對他已經不再重要，因此專心展開對付宋朝的計畫。

除了不斷加強戰備之外，金太宗還派了許多名爲使者，實爲間諜之人，把侵宋的道路、宋朝的內部局勢、府庫虛實都摸得一清二楚，就在此時，發生了平州張覺叛金降宋的事件，給了金太宗絕佳的出兵藉口。

張覺本來是遼主耶律淳的部下，擔任平州興軍節度使，耶律淳死後，張覺感到遼朝已經難以爲繼，就召集了五萬多名壯丁，割據一方，金兵南下，張覺順勢投降金朝，金太祖任命他爲臨海軍節度使，仍然鎮守平州，對他十分籠絡。

後來金朝俘虜燕京官吏百姓北上，這些難民經過平州時，向張覺訴苦，說遼朝遺民之中，只有張覺有土地有兵馬，紛紛勸他與西方的天祚帝聯絡，又或者據地獨立，如此結果如何，尚在未定之天。

張覺一想有理，就恢復了遼朝的年號，在平州舉兵反金，並且派人去和宋朝聯繫，宋徽宗大喜，下詔平州軍隊爲太寧軍，任張覺爲節度使，自以爲平白無故得到了燕京以北的土地兵馬。

這些事發生在六月到十月之間，剛好金太宗即位，消息傳來，大爲震怒，十一月派遣大將斡離不領兵討伐，大破平州，張覺逃往燕京，宋朝的地方官便把他收留下來。

金太宗向宋朝提出嚴重抗議，宋朝隨便找了一個長相相似的罪犯，砍了腦袋送去給金人，卻被認了出來，使者咄咄逼人地對宋徽宗說道：「貴國這般作法，如同詐欺，休怪我朝起問罪之師，把燕京城奪回去！」

宋朝大爲惶恐，只好命人眞的把張覺殺了，將首級送往金朝。

此事傳揚開來，從前那些從遼朝降宋的將領，人人自危，郭藥師心寒地說道：「金人要殺張覺，朝廷就殺張覺，改天金人要殺我，朝廷想必也會照辦吧！」

人心渙散，士氣低落，宋朝舉棋不定的外交態度，兩面不討好，對內罵聲四起，對外失信且示弱，惹來金人的輕視與侵略。

徽宗退位

宋宣和七年，金天會三年，公元一一二五年冬天，金太宗以宋人失信，接納叛將等事為由，兵分兩路大舉南下入侵。

在此之前，邊境守將曾經多次上奏示警，奏表都被底下的官員攔阻下來，宋徽宗居然一無所知，為何會如此？那是因為每年歲末的郊禮即將展開，通常郊禮舉行完畢，就會推恩升官，大臣們不願意郊禮被這些緊急奏報所耽擱，是以隱匿不報。為了自己的權力，罔顧國家安全，被這樣一群大臣包圍，也難怪宋徽宗的昏庸。

金兵兩路南下，東路以斡離不領軍，自平州進攻河北燕山；西路以粘沒喝為統帥，自雲中攻河東重鎮太原。

那時童貫擔任兩河燕山路宣撫使，駐在太原，正在為自己得到的新尊號神氣萬分，還不知道金兵南侵的消息，派員前往金人陣營辦理交涉部分的邊境之地，雲州統帥粘沒喝見到宋朝使者，大聲吼道：「你們想要接收土地？搞清楚吧！這山前山後都是我朝領土，如果你們想活命，還得多送我們幾座城池！」

童貫被金人的態度弄得一頭霧水，詫異地說道：「這金人立國才多久，竟然這麼驕狂！」

不久後粘沒喝的使者前來見童貫，態度嚴峻地指責宋朝背信，並且告知問罪之師已經出發，不久便會抵達太原，童貫大驚失色說道：「這樣的大事，怎麼不早點來交涉？」

金國使者冷冷說道：「大軍出征，不需先行告知，宋朝識相的話，儘早割讓河東河北之地，兩國以黃河爲界，說不定可以相安無事！」

這等國家領土的大事，童貫哪敢作主？驚惶萬狀之下，便想撤身逃跑，便藉口要回京師稟奏，離開太原。

太原知府張孝純說道：「金人背棄盟約入寇，童太師身爲朝廷重臣，應當會同將士，奮力抵抗，如今交戰在即，就這樣離開，人心必會因此動搖，而河東必將淪於異族之手！」

童貫只求活命，太原的安危根本不放在心上，堅持離開。

張孝純看著車隊滿載著財物絕塵而去，嘆道：「平日童太師何等威風？今日局面有變，就抱頭鼠竄，有何面目去見天子？」

童貫離去之後，金兵接連攻下數座城池，邊境守將李翼奮力抵抗，遭到俘虜，不肯投降，以身殉國。粘沒喝長驅南下，包圍太原，張孝純竭力固守，以太原的堅固城垣抵擋敵兵，和金兵僵持不下，金人西路攻勢暫時受挫。

東路方面，斡離不從平州出發，接連打下檀州、薊州，隨即直指宋朝改名爲燕山府的燕京。燕山府駐守著三十萬大軍，對人數不多的斡離不而言，也許是一場硬仗，而他也已做好強攻的準備。

當時守在燕山掌握兵權的是郭藥師，自從張覺事件發生之後，郭藥師的內心早已動搖，看見金兵來勢洶洶，一不做二不休，劫持了燕山知府蔡靖，率兵投降金人，於是斡離不輕鬆入城，河北燕山府所屬州縣全都不戰而降。

郭藥師甚至成爲金兵的嚮導，引導著大軍長驅直入，繼續南侵，這是宋徽宗宣和七年，公元一一二五年十二月的事。

「這……這可怎麼辦才好啊？」端坐在開封，向來以爲太平無事的宋徽宗，接獲郭藥師投降，燕山府失守的消息，嚇得腿都軟了，朝野上下也是一片驚慌，有個參議官宇文虛中向他建議：「陛下此時應當收買人心，方有回天之力。」宋徽宗心領神會，連忙下詔罷諸路花石綱以及製造局等等弊政，同時讓宇文虛中寫了一篇罪己詔，頒佈天下：「沿路壅蔽，面諛日聞，恩倖持權，貪饕得志……災異迭見而朕不寤，眾庶怨懟而朕不知……能爲國家建大業，或出使疆外者，並不次任用，中外庶臣，並許直言極諫。」

他號召各地派兵勤王，熙河經略使姚平仲、秦鳳經略使种師道立刻帶兵從陝西往京師出發，京東、淮膝、兩浙等路實施募兵，上京防衛。

雖說做好了抵抗的準備，宋徽宗卻不敢戰，而是想逃，他把太子趙桓找來，發表他爲開封牧，同時派遣李梲前往金陵（今南京）先行布置，打算把開封的爛攤子丟給兒子，自己南下避難。

給事中吳敏與太常少卿李綱兩人堅決表示反對，吳敏義正辭嚴地對著所有的朝臣說道：「如果朝廷放棄京師，恕我抵死不奉詔！」

李綱對他說道：「皇上設立開封牧，顯然就是要讓太子來抵抗金兵，依我看今日敵勢洶洶，非正式傳位太子不足以號召天下。」

「這樣似乎太過……」吳敏問道：「建議陛下讓太子監國如何？」

李綱搖頭道：「記得唐朝安史之亂，肅宗靈武即位的事嗎？不建號稱尊，不足以恢復國家！只可惜當年肅宗自立，不出於唐明皇本意，今上聰明仁恕，您去勸勸他，想必他一定會同意的。」

吳敏就把李綱的意見告訴宋徽宗，宋徽宗聽完，召見李綱當面詢問，李綱帶來一封血書，上面寫道：「如今大敵當前，安危存於一線之間，如能令皇太子繼承大統，使其爲陛下守衛宗廟，收將士之心，以死抗敵，天下方能得保。」

宋徽宗本來就對皇帝的名位不大在意，李綱的意見正好對了他的心思，於是採納意見，宣布退位爲太上皇，由二十七歲的太子趙桓繼位，明年改元靖康，是爲宋欽宗。

宋欽宗的個性與他的父親一樣軟弱，即位之時就面對如此糜爛的政局，只能走一步算一步。他繼續從事收買人心的工作，解除了元祐舊黨的禁令，廢除了部分苛政，並將飽受多方指責的奸臣蔡京、蔡攸、王黼、童貫、趙良嗣、朱勔等人先後流放、賜死，宋徽宗時代的奸佞一掃而空，大快人心，但是國家積弊已深，頹傾之勢終難挽救。

城下之盟

靖康元年，公元一一二六年正月，斡離不率領的金兵浩浩蕩蕩南下，沒有受到任何阻礙，來到黃河北岸，他們的部隊多爲騎兵，渡河頗有不便，只好徵調附近百姓的小船，一船一船的分批渡河。渡河的時候，金人部隊可以說是完全沒有抵抗能力的，斡離不本還擔心會遭到偷襲，想不到全軍渡過黃河，竟連一個宋兵也沒瞧見，眾人笑道：「南朝沒人啦，大事可成啦！」

黃河距離開封不遠，京師危急，太上皇宋徽宗聽說這個消息，一溜煙就逃了出去，躲往鎮江避難，也有不少大臣勸宋欽宗出城避難，李綱堅決反對：「太上皇把宗廟社稷託付給陛下，陛下卻棄之餘不顧，如此甚爲不妥！」

宋欽宗沉默不語。

李綱又道：「唯今之計，當整飭兵馬，團結人心，堅守京城，等待勤王之師。」

宋欽宗問道：「誰可擔任將領？」

李綱道：「白時中、李邦彥身居宰府要職，雖未必熟悉軍事，卻應負起撫慰將士，抵抗外侮的職責。」

李邦彥咕噥一聲：「要害死咱們哪？」

白時中說道：「李綱堅持守城，難道不能帶兵嗎？」

李綱慨然道：「陛下如不嫌棄，臣願負起治兵之責，以死相報。」

就在此時，內侍來報說皇后也已啓程出京，宋欽宗臉色大變，起身說道：「局面這般危急，朕還能留在這裡送死嗎？你們誰也別留，朕要與皇后一同啓程。」

李綱跪下，流淚磕頭，極言不應放棄京師，宋欽宗心一軟，又坐回去，說道：「朕就依你，望你好好守城，不得有一絲疏忽。」任命李綱爲尚書右丞，東京留守，親征行營使。

第二天一早，李綱入朝，竟又看見禁軍整裝待發，簇擁著皇帝的車駕，知道宋欽宗還是打算逃跑，於是大聲質問禁軍將士：「你們願意留下來守衛家園，還是跟著皇上出去避難？」

將士紛紛說道：「我們父母妻子都在這裡，當然願意死守。」

李綱連忙入宮晉見宋欽宗：「陛下已然同意守城，怎可臨時變卦？禁軍妻小皆在京城，陛下卻要他們護駕出走，萬一出了城他們一哄而散，誰來保衛陛下？何況金人騎兵將至，皇上的車駕能不被他們趕上嗎？」

宋欽宗嘆道：「你說的是，朕沒想到這些。」

不久斡離不大軍到來，將汴京城團團圍住，多次攻城，都被李綱的奮力抵禦擊退。但在此時，有人來報說開封西北的牟駝岡失守，當地大批軍馬草料，都落入金兵之手，宋欽宗大驚，召集群臣商議對策，李邦彥說道：「京師之中兵微將寡，不能長期抗戰，勤王之師一時又無法到來，此時只好請陛下答應割地求和，別無他法。」

李綱反駁道：「金兵深入，糧食不足，無法持久，我們只要閉城固守，催促各地兵馬加速趕來，到時候一定可以擊敗敵軍！割地求和，如飲鴆止渴，萬萬不可。」

宋欽宗卻接受了李邦彥的意見，決定用割地的方式求得苟安。他派樞密院使李棁去與金人交涉，李綱說道：「金人兵臨城下，援軍尚未前來，暫時以議和與敵周旋尚可，但是條件必須恰當，並且說得敵兵退去。李棁乃一介柔儒，恐怕會任憑敵人提出苛刻要求，如此朝廷迫於威勢，將遭致輕視。請陛下派臣前往，臣必當不辱使命。」

宋欽宗道：「愛卿身負守城重任，豈可離開？況且朕知愛卿性格剛直，去議和只怕不合適。」

李綱的擔憂果然成眞，金人的議和條件讓滿朝文武傻了眼：黃金五百萬兩，白銀五千萬兩，牛馬萬頭，宋尊金爲伯父，割讓中山（河北定縣）、河間（河北河間）、太原三鎭，派遣親王宰相至金朝當人質。

「開什麼玩笑！」李綱大怒道：「竭盡天下之財，也湊不出五百萬兩黃金，何況京師？三鎭是國家屏障，割讓給敵人，我朝如何立足？宰相或許能當人質，親王怎可落於敵人之手？」

「愛卿休要急躁，此事還待繼續商議。」宋欽宗安撫著說道：「你且先退下，待朕仔細想想。」

李綱退出之後，李邦彥說道：「如今議和爲上策，國家尚難保存，三鎭何足道哉？留得青山在，不怕沒柴燒，我朝物富民豐，只要請求寬限幾年，金銀還怕湊不出來嗎？」

宋欽宗同意李邦彥的看法，派人去搜刮城中金銀，汴京也算眞富裕，把百姓剮了幾層皮之後，雖仍不足數，倒也湊出不少，足有黃金三十萬兩，白銀一千二百萬兩。但是親王當人質的事情，宋欽宗卻十分頭大，就在這時，宋徽宗第九子，也就是宋欽宗的弟弟康王趙構求見，說道：「皇兄莫要發愁，就讓我去敵營當人質吧！」

宋欽宗面露喜色，卻道：「金人說了，人質只是求個心安，帶他們渡過黃河之後，你就可以回來。」

趙構道：「國家危難，應當以身許國。」

當他出城之後不久，四方援軍陸續趕來，种師道與姚平仲率領的陝西大軍，號稱二十萬，數量遠遠超過只有六萬人的金兵，這時候宋欽宗的態度又轉變了，十分禮遇地請老將种師道入城，囑咐他一定要善加守禦。

种師道不愧是沙場老將，他嚴格治軍，與金兵對峙，劃清兩營界線，不許雙方越界，金兵見他頑強，也覺得害怕，就拔營退了好幾里地重新駐紮。

「金人雖然勇猛，卻不知兵法。」种師道對宋欽宗說道：「他們孤軍深入，就想要攻下開封，那根本是笑話！前些日子抓了幾個越界的金兵，發現他們身上只帶著馬飼料，卻沒有糧食，想必是他們的糧食已經吃完，只要我們繼續堅持，相信敵人一定會自行撤退。」

帶兵前來的另一名將領姚平仲，年輕氣盛，他的家族與种師道的家族都是陝西地區的豪門貴族，兩家子弟經常比來比去，各不相讓，此時姚平仲也怕功勞獨歸种師道所有，得到了宋欽宗的首肯，獨自帶領一萬兵馬偷襲金兵大營。

誰知道消息走漏，斡離不早有準備，見姚平仲一來，下令埋伏好的士兵一擁而上，把姚平仲殺得大敗，亡命逃走。

宋欽宗擔心此舉惹來金人興師問罪，連忙派了李邦彥當使者，去向斡離不謝罪，並且說道：「輕啓戰端，乃是李綱种師道這些人的計謀，並非朝廷本意。我朝皇帝已將李綱等人解除職位，希望將軍不要動怒，以和爲貴。」

李綱、种師道遭到解職，惹來城中士民的激憤，太學生陳東聚集了好幾百名同學，跪伏在皇城外宣德門前痛哭上書，爲李綱申冤，請求恢復李綱的地位。這件消息傳開，開封城裡的居民紛紛不請自來，聚集在一起聲援，他們越聚越多，到後來竟多達數萬人，在門外呼嘯怒罵，剛好李邦彥退朝出來，百姓撿起地上的石頭瓦礫朝李邦彥扔過去，大罵道：「像你這種貪生怕死的傢伙，哪裡配當宰相？該下台的是你啊！」

李邦彥抱頭鼠竄，躲回宮中，憤怒的居民有人繼續追打，有人在宣德門前鼓譟呼喊，聲勢驚人，那宣德門外有一面登聞鼓，是給人擂鼓鳴冤用的，這時竟被暴動的群眾給擊破。宋欽宗擔心暴動擴大，只好派人出外傳話：「你們的要求，朕都答應就是。」

人群不肯散去，有人喊道：「誰知道是不是騙人哪？要讓我們看見李右丞和老种才行。」老种是當時百姓對种師道的暱稱。

「李綱用兵失利，不得已而罷職，等金人稍退，就會官復原職。」

「誰說李綱用兵失利？要是沒有李綱，汴京城早就被金人拿下了。」

憤怒的群眾繼續糾結叫嚷，開封府尹王時雍對著他們打官腔：「你們難道想要脅天子嗎？還不快退下！」

陳東等人說道：「以忠義要脅天子，總比奸佞要脅天子來得好。」說罷，一旁之人也想上前動手打人，王時雍慌忙逃開。

宋欽宗別無他法，只好下詔恢復李綱尚書右丞職位，訓令种師道嚴加守城，平息了這場幾乎釀成民變的紛爭，同時也使金兵的攻勢稍稍退卻，然而大勢所迫，宋欽宗還是派了宇文虛中冒死去與金人交涉。

其實斡離不僅以六萬兵馬包圍著汴京，心中仍是忐忑不安的，對方雖按兵不動，但是人數正在逐漸增加當中，聽說已經超過二十萬。而自己的這支孤軍，雖說日前襲擊了宋軍的牟駝岡，得到不少軍馬草料，可是給士兵吃的食物卻已顯不足，支持不了幾天。

但他看準了宋欽宗的軟弱，在宇文虛中的面前姿態擺得相當高，執意要脅，讓宋欽宗答應割讓了三鎮之地，立了城下之盟，隨即在靖康元年二月，帶著數不清的戰利品揚長而去。

開封之圍暫告解除，朝廷鬆了一口氣，李綱派人去把宋徽宗接回來，準備要好好安頓社稷，並且繼續籌畫抵抗金兵的策略。

宋欽宗和他父親相同的昏庸無能卻在此時表露無遺，他不擔心邊防問題，卻擔心自己的權力地位，由於宋徽宗逃離開封的這段時間之內，宋欽宗殺了不少當初宋徽宗的親信，惹來宋徽宗的不快，幸虧李綱居中調處，這才沒有釀成宮廷變亂。

而宋欽宗竟然又猜忌起李綱來了，他為了趕走李綱，任命他為河東、河北宣撫使，強迫他在期限內到任，諫官認為李綱是朝廷棟梁，不應離開京師，宋欽宗就痛罵諫官：「你拿了他什麼好處？竟然為他遊說。」李綱到任之後，才三個月，又被調往揚州當知府，在揚州沒待多久，就被安了一個「專主戰議，喪師費財」的罪名，流放到建昌軍（今江西南城）去了。

這是朝廷中投降派大臣與宋欽宗共同導致的結果，無異於自毀長城，在這之後，開封朝廷又被聲色犬馬的享樂氣氛包圍，對於即將到來的大禍渾然不覺。

靖康之難

靖康元年八月，金人再度大舉入侵，仍以斡離不、粘沒喝領軍，由前一次的路線進發。

這次粘沒喝的攻勢終於讓太原難以固守，城中百姓死去十之八九，張孝純力竭被俘。打下太原之後，粘沒喝繼續南進，連陷河東州縣，如入無人之境，十一月間攻下了西京洛陽。

東路斡離不也是同樣順利，接連攻下眞定、中山，十一月間攻到汴京城下，與洛陽趕來的粘沒喝會師，再度包圍汴京城。

這一次，城裡可沒有李綱那樣的能臣了，朝廷裡的意見分歧，主戰派與主和派吵成一團，宋欽宗也拿不定主意，找了康王趙構擔任使者，與給事中王雲一同前往金營談判，又舉棋不定地籌畫作戰準備。

趙構往金營出發，途中經過磁州（今河北磁縣），磁州知州宗澤向來主張堅決抗金，他對趙構說道：「金人要求大王前去議和，這根本是混淆視聽之計，他們已經兵臨城下，和議對他們有何好處？請大王三思，不要誤入絕境。」

磁州百姓也攔住趙構的車駕，將他團團包圍，不讓他去求和，趙構也害怕金人失信，將他扣留，於是就在相州（今河南安陽）知州汪伯彥的安排下，轉往河南避險。

過不多時，金軍展開猛烈攻城，汴京城裡只剩下三萬禁軍，偏偏天上又飄著大雪，天寒地凍，禁軍士氣低落，逃亡不斷，宋欽宗親自穿戴盔甲，登城巡視，還把宮廷裡的御膳賞給士兵們吃，卻也無濟於事。

病急亂投醫，宋欽宗束手無策之下，竟然相信京城有個名叫郭京的神棍，他吹噓自己會使六甲之法，召集七千七百七十七人當作「神兵」，就可以擊退敵人，活捉金人二將。

一些朝廷大臣，居然也深信不疑，任命郭京爲成忠郎，讓他找來一些市井無賴，充當「六甲神兵」，然後大開城門，讓這些「神兵」出擊。金兵衝了上來，把六甲神兵打進六道輪迴，登時屍橫遍野，血流成河！郭京見狀，倉皇逃走，金兵也就順勢打下汴京城，時值靖康元年閏十一月廿五日。

雖說城池攻破，粘沒喝與斡離不並沒有立即入城，他們宣稱並無滅亡宋朝之意，只要宋朝答應割地賠款，而且讓太上皇前來金營相談，一切都可以商量。

「這怎麼能夠呢？」宋欽宗對使者說道：「太上皇已驚憂成疾，不便前往，不如讓朕親自前去吧！」眼看末日來到，他痛哭了一場，帶著幾個大臣手捧降書，前往金營。

粘沒喝要求宋欽宗把河東、河北土地全部割讓給金朝，並且向金朝獻金一千萬錠，銀二千萬錠，絹帛一千萬匹，宋欽宗一一遵從，這才放他回城。

帶著使者回到城裡，百姓與太學生夾道迎接，宋欽宗哭道：「宰相誤我父子！」一面向百姓搜刮金銀，一面派人分別前往河北河東去辦理割地事宜。

汴京城的財富早在上次金兵圍城時便已搜刮一空，這時哪裡湊得出來？而河北河東的百姓又紛紛抗命，不肯投降，一直拖到靖康二年正月，仍不能辦妥。金人覺得宋朝缺乏誠意，又把宋欽宗叫來金營，這一次宋欽宗扣押起來，成爲人質，表示金銀交足之前不能放人，城中一再派人前往迎駕，粘沒喝都置之不理。

到了二月，來自金太宗的命令，竟然下詔將宋徽宗、宋欽宗廢爲庶人，金兵派人進城宣旨，並且叫宋人另立異姓爲帝，強邀太上皇出城。

板蕩識忠貞，人性的光明面與醜惡面，都在這種時刻表現出來。京城巡檢范瓊爲求活命，受了金人指使，帶兵闖入宮中，強迫宋徽宗和皇后坐上牛車，驅趕出城，諸王、妃子、駙馬與皇親國戚一律隨行；開封府尹徐秉哲下令城中百姓不得藏匿皇室成員，搜查出三千多名與宗室有血緣關係之人，把他們用繩子一個一個串連綁在一起，趕往金營。

宋欽宗出城之前，曾經密令知樞密院事孫傅輔佐太子監國，待金兵入城，孫傅便將太子藏在民間，但還是被范瓊等人找了出來，押往金營，孫傅說道：「我乃太子師傅，應當與太子同生共死！」

太子還是個小孩，坐在車上大哭，用那童稚的嗓音對著城裡的百姓大喊：「你們誰來救救我啊！」百姓官員哭聲震天。

侍郎李若水也被抓進金營，他整天對著金兵破口大罵，被處以斷舌裂頸之刑，不屈而死。粘沒喝等人嘆道：「前幾年滅遼的時候，慷慨死節的有幾十人，而今南朝卻只有一個李侍郎而已。」

城中的投降派遵照金太宗命令，共同商議，推舉少宰張邦昌爲帝，金人就順水推舟地冊封張邦昌爲皇帝，國號「楚」，成爲金朝傀儡政權，四月，粘沒喝與斡離不劫持了宋徽宗與宋欽宗二帝、后妃太子宗親三千多人，並把城中金銀財寶、文書圖冊、歌妓樂工等等一併俘虜，呼嘯而去。

張邦昌率領文武百官，在開封城南薰門外拜別，望著絕塵而去的車隊，百官之中有人因爲悲痛而昏倒在地。

此一事件史稱「靖康之難」，北宋至此滅亡，享國一百六十八年。

國家圖書館出版品預行編目 (CIP) 資料

被消失的中國史 6: 藩鎮割據到靖康之難 / 白逸琦著 . -- 二版 . -- 臺中市 : 好讀出版有限公司 , 2022.08

面； 公分 . -- (中華文明大系 ;6)

ISBN 978-986-178-611-7（平裝)

1. 中國史 2. 通俗史話

610.9 111010761

好讀出版

中華文明大系 6

被消失的中國史 6：藩鎮割據到靖康之難

作　者／白逸琦
總 編 輯／鄧茵茵
文字編輯／莊銘桓
封面設計／鄭年亨
行銷企劃／劉恩綺
發行所／好讀出版有限公司
台中市 407 西屯區工業 30 路 1 號
台中市 407 西屯區大有街 13 號（編輯部）
TEL:04-23157795 FAX:04-23144188 http://howdo.morningstar.com.tw
（如對本書編輯或內容有意見，請來電或上網告訴我們）
法律顧問　陳思成律師

線上讀者回函
獲得好讀資訊

讀者服務專線／ TEL：02-23672044 / 04-23595819#230
讀者傳真專線／ FAX：02-23635741 / 04-23595493
讀者專用信箱／ E-mail：service@morningstar.com.tw
網路書店／ http : //www.morningstar.com.tw
郵政劃撥／ 15060393（知己圖書股份有限公司）
印刷／上好印刷股份有限公司
如有破損或裝訂錯誤，請寄回知己圖書更換

二版／西元 2022 年 8 月 1 日
定價：280 元

Published by How Do Publishing Co. ,LTD.
2022 Printed in Taiwan

ISBN 978-986-178-611-7